바이스마르의 존재론

— 일반 형이상학 또는 근본적 형이상학

IMPRIMATUR
† Petrus Chung
Archiepiscopus Seoulensis
Seoul, die 8 Feb. 2023

Ontologie

Grundkurs Philosophie 3, Kohlhammer, 1985.

Printed in THE CATHOLIC UNIVERSITY OF KOREA PRESS
296-12 Changgyeonggungro, Jongno-gu, Seoul, 03083, Korea

Béla Weissmahr

Ontologie

일반 형이상학 또는 근본적 형이상학

바이스마르의 존재론

벨라 바이스마르 지음 · 김형수 옮김

가톨릭대학교출판부

/일/러/두/기/

- '각주'는 모두 이 책을 옮긴 김형수의 '옮긴이 주'입니다.
- 내용과 인명의 '색인'은 해당 쪽수가 아니라 본문의 관련 '항' 번호로 표기하였습니다.

/옮/긴/이/의/말/

인간은 무언가를 알려고 하고 이를 위해 물음을 던지는 존재이다. 그러한 한에서 철학은 물음을 제기함으로써 알게 되는 인간의 자아실현을 목적으로 한다. 그러나 이러한 앎은 명시적인 형태의 지식이 아니라, '존재자로서의 존재자'에 대해서 묻는 존재에 관한 지식의 근원적이고 원형적인 형태이다. 형이상학은 이러한 앎을 다루는데, 이 앎은 항상 모든 앎에 전제될 뿐만 아니라, 주제적이고 가시적으로 나타나는 모든 앎에 비주제적으로 함축되어 함께 동반된다. 이렇게 형이상학이 다루는 '존재'는 우리의 모든 앎을 벗어나기 때문에, 아니 더 정확히 말하면 모든 앎을 다 합쳐도 파악할 수 없기 때문에, 가시적으로 고찰할 수 없다. 이러한 이유로 형이상학은 주제화될 수 있는 다른 대상을 다루는 학문들에 밀려서, 종종 추상적인 관념의 학문으로 취급당한다. 하지만 형이상학은 무엇보다도 인간을 비롯한 모든 피조물의 실존적 사안을 다룬다. 왜냐하면 존재에 대한 물음은 '없는 것'[無]이 없는 '있음'에 관한 것이며, 모든 있는 것은 그 존재 의미를 통해서야 비로소 자신의 고유한 실존적 면모를 지니기 때문이다. 그럼에도 불구하고 우리가 존재를 추적할 수 있는 것은 각 개별 존재가 드러내는 그때마다의 모습(존재 계기)을 통해서이다. 이는 마치 모자이크 조각을 맞추는 지난한 작업이기도 하지만, 다른 한편으로 형이상학의 작업은 각각의 존재자가 보여 주는 모습의 이면에 숨겨져 있는 초월적 면모, 곧 자신을 넘어서는 존재 본래의 모습을 추구한다. 이 존재 본래의 모습은 인간 자신의 초월적인 면모를 통해서야 비로소 파악되며, 형이상학은 이러한 인간의 초월적 반성을 통해서 무한한 존재 지평을 획득할 가능성을 지니게 된다.

이렇게 형이상학이 본래 지향하는 것은 각 존재자들의 존재 계기를 통해서 존재 자체의 지평을 확보하기에, '존재론'이라고 부르는 것이 더 정확할 것이다. 그런 의미에서 벨라 바이스마르가 쓴 이 책은 적합하게 '존재론'이라는 제목을 달고 있다. 저자가 서론의 제목으로 '형이상학의 기초가 되는 부분으로서 존재론'이라고 명시하듯이, 역자는 이해를 돕기 위해서 '일반 형이상학 또는 근본적 형이상학'이라는 부제목을 붙였다. 이는 소위 특수 형이상학으로서 철학적 신학은 따로 다루어야 한다는 점을 명시한 셈이다. 저자는 이 책을 통해서 존재를 향해서 본질적으로 열려 있는 인간이 자신의 정신적 인식을 통해서 이 존재를 해명함으로써 자기 자신을 실현할 수 있다는 근본적인 점을 밝히려고 한다. 그렇기 때문에 형이상학의 문제는 철학적 인간학과 인식론과 더불어 다루어져야 하고, 철학사적 맥락을 고려해야 한다. 그러한 점에서 이 책은 단순히 철학사에서 형이상학적 문제를 추려서 요약하거나 특정한 철학자를 다루는 것이 아니라, 이 두 가지 점을 배경으로 하면서 인간 정신의 인식과 존재에 대한 문제를 종합적이고 근본적으로 다룬다는 장점을 지니고 있다.

아무쪼록 이 책을 읽는 독자들이 철학에 대한 근본적인 물음들에 관심을 가지는 동시에, 이러한 물음들이 가리키고 있는 인간과 신에 관한 문제들로 나아가길 바란다.

혜화동 교정에서
김형수 신부

차 례

서론_ 형이상학의 기초가 되는 부분으로서 존재론

1 "존재론"이라는 이름은 17세기에 이르러서야 비로소 알려진다. 이 용어는 고클레니우스(R. Goclenius)의 『철학 사전』(*Lexicon philosophicum*, Frankfurt 1613)에서 처음 등장한다. 얼마 지나지 않아서 이 용어는 칼로비우스(A. Calovius, Rostock 1636)와 아멜(J.B. du Hamel, Paris 1687)의 저술에도 사용하게 된다. 클라우베르크(J. Clauberg)는 이 용어를 (처음에는 "*Ontosophia*"라는 형태로) 자신의 저서인 『형이상학』(Amsterdam 1656) 제목 안에서 사용한다. 하지만 이런 제목을 붙인 책들 가운데 1730년에 프랑크푸르트와 라이프치히에서 출판된 크리스티안 볼프(Ch. Wolff)의 『제일 철학 또는 존재론』(*Philosophia prima sive ontologia*)이 가장 영향력이 컸다. 이 책은 저자의 다른 라틴어 작품들과 함께 18세기의 강단 철학에 결정적으로 영향을 주었다(존재론이라는 용어의 역사에 대해서는 다음을 참조: Ch. Wolff 1962, V~IX 중 J. École).

이처럼 "존재론"이라는 이름의 역사는 짧지만, 이 책에서 다루려는 주제는 이보다 훨씬 오래된 것이다. 말하자면 존재론은 존재자 또는 존재에 대한 학문을 의미한다. 이로써 이 용어는 아리스토텔레스로 거슬러 올라간다. 아리스토텔레스가 죽은 후에 "형이상학"(Metaphysik)이라는 제목을 달게 된 작품의 제4권에서, 그는 "존재자를 그것이 존재자인 한에서"(*τὸ ὄν ᾗ ὄν, Met* IV 1, 1003a 21) 탐구하는 학문에 대해서 말하면서, 이를 가장 근본적인 학문으로 내세웠다. 아리스토텔레스는 최종적이고 초월적인 관점에서 실재를 전체로 다룸으로써 여타 학문의 근본적인 물음들에 답하는 하나의 학문이 있어야 한다는 것을 지적한다. 이로써 그는 그리스 철학이 시작된 기원전 6세기에 이오니아의 자연 철학자들 이래로 다양한 사물들의 하나의 '아르케'(*ἀρχή,* 근거, 원인)에 대해 질문해 왔던 전통에 이미 속해 있는 셈이다. 여기서 그리스인들의 철학적 반성은 이미 파르메니데스 이래로 우리에게 나타나는 모든 것의 통일적인 근거를 존재라는 용어로 표현했다. 이 존재라는 용어가 성공적으로 자리를 잡았기 때문에, 나중에 우리는 존재를 다루는 학문을 존재론이라고 부르게 된 것이다. 이렇게 해서 실재의 통일적인 요인은 그 고전적인 이름을 얻게 되었다.

2 서양 사상에 지속적으로 영향을 미친 두 가지 위대한 철학적 기획들은 플라톤과 아리스토텔레스에 의해 이루어졌으며, 이 기획들은 형이상학적 사유의 첫 번째 정점을 찍었다. 플라톤의 관점에서는 실재의 최종적 근거들과 신적인 것이 결국에는 구별되지 않는다는 것이 당연했다. 아리스토텔레스에게 있어서도 "제일 철학"의 주제가 되는 영역에는 세계 사물들의 내적인 원

리들에 대한 이론만이 아니라, 모든 실재의 가장 초월적인 일반적인 원인에 이르기까지 나아가는 철학적 숙고도 속했다. 이렇게 해서 형이상학은 그 최초의 포괄적인 동시에 고전적인 서술들에 의해 하나의 학문으로 자리를 잡았다. 이 학문에서는 존재론적인 탐구가 형이상학적 신론이라고 부를 수 있는 것으로까지 발전하게 되었다. 일반적인 존재론(Seinslehre)과 절대자에 대한 이론이 같은 학문에 속한다는 확신은 그 이후의 중세 전체 시기 동안에도 간직되어 있었다. 이 점은 당시에 형이상학이 그리스 고전 작품들에 대한 주석의 형태로 이루어졌다는 것으로도 알 수 있다. 형이상학에 대한 최초의 체계적인 논문인 수아레스(F. Suárez)의 「형이상학 논변」(*Disputationes metaphysicac*, 1597)도 이러한 견해를 나타내고 있다.

3 이후 근세에 이르러서는 분화 과정이 시작된다. 이 과정은 한편으로는 자연 철학과는 다른 자연 과학의 등장을 통해 자극을 받았다. 자연 과학은 실험에 의존함으로써, 사물들의 본질이 아니라 자연의 과정에서 이루어지는 일정한 양적 관계를 파악했다. 그 때문에 전통적인 자연 철학에서 다루어지던 물음들을 구별해야 한다는 인식이 대두되었다. 아리스토텔레스에 근거를 두는 스콜라적 자연 철학(이 철학은 무생물의 철학과 고대인들의 자연학, 생물의 철학, 곧 영혼론으로 구성된다)은 상당한 정도로 미분화된 요소들을 포함하고 있었다. 이러한 요소들에는 근대적 의미에서 자연 과학적인 인식들을 앞지르는 내용뿐만 아니라 엄밀한 의미에서 철학적인 사유 과정도 속한다. 여기서 어떤 구별이 이루어져야 한다는 것을 발견하게 된다. 이로써 죽은 자연

과 살아 있는 자연에 대한 고유한 철학적 숙고들이, 다시 말해서 자연학(*Physik*)과 영혼론(*De Anima*)이 형이상학에 '앞서서' 강독되었던 중세의 교육 방식에서 표현되었던 것보다 형이상학과 훨씬 더 밀접하게 연관되어 있다는 더 깊은 통찰에 이르게 되었다. 이렇게 해서 해당되는 철학적 문제들을 다루는 것을 "특수 형이상학"이라는 제목 아래에서 취급하려는 생각이 분명해졌다. 이 특수 형이상학에는 우주론(물질계, 곧 데카르트의 "연장된 것"[*res extensa*]에 대한 철학)과 철학적 또는 이성적 심리학(정신계, 곧 "사유하는 것"[*res cogitans*]에 대한 철학)이 속하며, 이후에 세 번째 부분으로서 철학적 신론이 추가되었다. 이렇게 해서 세 부분으로 구분되는 "특수 형이상학"에 대해서 이 시대에 "존재론"이라는 이름이 부여된 "일반 형이상학"이 순서상 먼저이게 되었다. 일반 형이상학의 과제는 특수 형이상학의 모든 부분에서 전제된 가장 일반적인 물음들을 다루는 것이다. 이러한 관점에서 볼 때, 일반적인 존재 이론으로서 존재론은 당연히 매우 추상적인 철학 분과가 될 수밖에 없다. 왜냐하면 구체적 존재자들(세계, 영혼, 신)을 철학적으로 관철시키는 것은 특수 형이상학의 개별 분야에 맡겨지기 때문이다.

4 존재론이 추상적인 원리론으로 된 데에는 또 다른 이유가 있다. 다른 한편으로 근세에 형이상학의 분화가 시작된 것은 데카르트적 합리주의[이성주의, Rationalismus]에 의해서도 영향을 받았다. 데카르트의 합리주의는 알려졌다시피 개념에 대한 명료하고 명백한 정의 또는 연역적 방법을 매우 중요시했다. 형이상학에서는 최종적 근거들도 명료한 개념으로 서술하며 이 개념

들에 대한 지식을 엄밀하게 연역적으로 전개하려고 노력한다. 이러한 노력은 형이상학을 가장 일반적인 원리들의 체계로, 곧 그 가장 중요한 특성을 개념적으로 무모순성(無矛盾性)을 기반으로 삼는 체계를 만들게 되었다. 하지만 이 때문에 일반적 형이상학으로 통용되었던 존재론은 추상적으로 사유 가능한 것에 대한 학문이 되어 버렸다.

5 이전에 이미 시작되었지만, 이론 철학을 일반 형이상학 또는 존재론과 우주론, 심리학, 철학적 신론으로 구성되는 특수 형이상학으로 분류하는 작업은 크리스티안 볼프에 의해 엄밀하게 수행되었다. 이와 같은 분류법은 칸트 이전의 독일 철학에서 일반적으로 통용되는 것이었다. 그 이후의 철학 사상의 발전에서 "존재론"이라는 명칭은 그때마다 존재와 존재자에 대해서 어떻게 생각했는가에 따라서 여러 가지 의미의 변화를 겪었다. 지난 200년 동안 "형이상학"이라는 용어도 여러 학파의 입장에 따라 그때마다 전혀 다른 의미를 띠게 되었다. 이로써 이 용어는 근거 없는 주장들, 주술적인 지식에 대한 서술 모음, 실재와 동떨어진 경직된 개념의 체계를 의미했지만, 아울러 전통적인 의미에서 존재론과 철학의 근본 학문도 의미할 수 있었다. 이러한 이유로 오늘날 우리는 형이상학이라는 명칭으로 무엇을 이해하는가를 특별히 말하지 않고서는 이 명칭을 더 이상 사용할 수 없다. 그러나 이때 간략한 설명은 기껏해야 사람들이 어떤 입장을 취하는가를 암시할 수 있을 뿐이라는 점을 유념해야 한다. 이러한 표현들의 정확한 이해는 전체 연구의 결과일 수 있을 뿐이다. 따라서 여기서는 다만 다음과 같은 점을 지적할 수 있

겠다.

6 이 책의 제목인 "존재론"이라는 용어는 두 가지 이유에서 선택되었다. 첫째로 이 용어는 우리가 존재 철학의 서구 전통에 의식적으로 서 있으려는 것을 표현한다. 둘째로 이 용어는 그에 대한 철학 분과의 기본적이고 일반적인 부분에 관련된다는 것을 강조한다. 이 철학 분과는 전통적으로 형이상학이라고 불렀고 절대자에 대한 숙고에서, 곧 철학적 신론에서 완결된다. 달리 말하자면 "철학적 신론"은 형이상학을 통합하는 부분이기 때문에, 그리고 형이상학은 실제적인 존재자에 대한 이론으로 전개되어야 하기 때문에, 우리는 이 책에 "존재론"이라는 제목을 붙였다. 이 책은 형이상학의 근본적 물음들을 다루기 때문에, "근본적 형이상학"이다.

이렇게 해서 "형이상학적"이라는 말과 "존재론적"이라는 말은 동일한 의미를 지닌다는 것도 말한 셈이다. 이 때문에 우리는 특히 이 책의 제1부는 철학적인 근본 원리들 또는 "존재 인식"이라고 부를 수 있는 것으로 안내하는 것에 관련된다. 따라서 이 부분에서 존재론이라는 용어를 아직은 사용하지 않고 형이상학이라는 용어를 쓸 것이다.

7 이 책은 두 부분으로 구성된다. 첫 부분(제1부)은 독자적인 학문인 형이상학의 자기 정초(Selbstbegründung)와 관련된다(엄밀하게 말하자면 항상 이미 주어진 정초성을 보여 주는 것과 관련된다). 그리고 동시에 형이상학의 대상 또는 방법을 규정하는 것과도 관련된다. 두 번째 부분(제2부)은 인간에게 가능한 한에서, 인간에게 주어진 근원적인 존재 이해를 전개한다. 이러한

존재 이해는 처음부터 형이상학이 매진했던 고전적인 주제들을 다룸으로써 이루어진다. 여기서는 특히 초개념적이며 항상 유비적인 인식으로만 접근 가능한 존재 이해가 개념적으로 명확하게 표현되는 언어로 어떻게 표현될 수 있는가 하는 점이 밝혀져야 한다.

이 책 전체 내용에 대한 /참/고/문/헌/

Brunner 1950.
Mark 1952.
Nink 1952.
Van Steenberghen 1953.
Heimsoeth [5]1965.
Krings 1954.
Conrad-Martius 1957.
Ramsey 1961.
Möller 1962.
Coreth [2]1964, [3]1980.
Martin 1965.
de Finance 1966.
Heidegger [5]1966.
De Petter 1972.
Haeffner [2]1981.
Metaphysik 1977.

— 제 1 부 —

학문으로서 형이상학의 가능성에 대한 증명

제 1 부

학문으로서 형이상학의 가능성에 대한 증명

8 칸트가 『순수 이성 비판』(*Kritik der reinen Vernunft*)의 서론에서 언급하듯이(참조: A VIII), 형이상학은 한때 학문들의 여왕으로 여겨졌다. 그러나 형이상학은 이러한 지위를 지난 200년 동안 상실했다. 뿐만 아니라 형이상학은 항상 다시금 자신이 정말로 학문으로 불릴 자격이 있는가를 스스로 묻지 않으면 안 되었다. 따라서 오늘날 존재론(Seinslehre)의 의미로 형이상학을 전개하려는 사람은 이러한 도전을 받아들여야 한다. 하지만 격렬하게 논쟁적인 형이상학의 문제점에 대응하기 위해서는 무엇보다도 형이상학이 무엇이며 본래 무엇이고자 하는가를 알아야 한다.

제1장_ 형이상학이란 무엇인가

9 이 문제만 해도 대답하기가 어렵다. 왜냐하면 "대표적인" 형이상학은 존재하지 않기 때문이다. 오히려 분명히 여러 가지의, 종종 서로 현저하게 상이한 철학 체계 또는 기획들이 있을 뿐이다. 이러한 체계나 기획들은, 비록 "형이상학"(또는 "존재론")이라는 이름이 여러 가지 이유에서 거부되더라도, 스스로를 형이상학이라고 부르거나 적어도 서구 형이상학적 전통에 속함을 고백한다. 형이상학이 원래 무엇이어야 하는가에 대한 정확한 이해는 그때마다 취한 입장에 따라서 다르기 때문에, 여기서 당장은 형이상학을 정확하게 규정하려고 시도해서는 안 된다. 그러한 시도로서 객관적이고 역사적인 연구로 자신을 위장하더라도(예컨대 참조: Takatura Ando, 1974), 이러한 시도는 형이상학에 대한 자신의 선행적 이해에 의해 명백하게 될 것이다. 그 때문에 이러한 시도는 앞으로의 숙고에 대한 성과가 되어야 할 형이상학에 대한 이해가 단정적으로 선취될 것이라는 결론으로 어쩔 수 없이 빠지고 말 것이다.

10 따라서 여기서는 세 가지의 일반적 특징들만 거론할 것이다. 이 특징들이 형이상학에 대한 대부분의 찬성자뿐만 아니라 대부분의 반대자 견해에 따라서 형이상학에 특징적이라는 것이 쉽게 증명될 수 있다(이러한 특징을 규정하는 것을 입증하기 위해서 가장 기본적인 철학사적 지식만으로도 충분하기 때문에, 일일이 증거를 제시하지는 않을 것이다).

(1) 형이상학자는 자기 분야를 철학적인 근본 원리로 이해한다. 이러한 근본 원리의 과제는 존재하는 모든 것의 최종적인 근거들 또는 최종적 근거에 이르기까지 침투함으로써 포괄적인 실재 해석을 제공하는 것이다.

(2) 형이상학자는 "인식론적인 낙관주의자"이다. 말하자면 그는 자신이 이러한 과제도 해결할 수 있다고 확신한다. 다시 말해서 그는 실재의 근본 구조에 대한 자신의 통찰들을 학문적으로 인정될 그러한 형태로 언어화할 수 있는 가능성을 의심하지 않는다. 따라서 그도 자신의 연구가 다른 모든 학문에 유효한 통찰들을 제공한다고 생각한다.

(3) 형이상학자의 진술들은 보편타당한 것과 필연적인 것, 곧 영원하고 불변적인 것과 관련되기 때문에, 그의 고유한 대상은 우리에게 그 대상의 우연적인 모습으로 주어진 것이 아니라 "그것을 넘어서 있는" 어떤 것, 곧 비경험적인 것 또는 초월적인 것이다.

11 이 세 가지 특징들은 물론 서로 밀접하게 연관되어 있다. 이 특징들의 배후에는 하나의 유일한 근본적인 확신이 있다. 이러한 확신은 필연적이고 일반적인 계기들 또는 경험적 연구로는

원칙적으로 접근할 수 없는 실재의 계기들을 일정한 방식으로 언어화하는 것이 가능하다는 것이다. 이러한 방식은 발설된 진술들이 근거 지어 있기 때문에, 그리고 이 진술들이 체계적으로 제공될 수 있기 때문에 학문적이라고 불릴 수 있다. 간략하게 말하자면, **형이상학자는 경험적으로 검증될 수 없는 실재의 계기들에 대해서도 무제약적으로 타당한 진술들을 표현할 수 있다는 점에서 시작한다.** 이로써 그는 경험으로 접근할 수 없는 실재의 영역 또는 측면들이 있다는 확신도 표명하는 셈이다. 우리는 이러한 연관에서 "감각적 경험" 또는 "경험적"이라는 용어를 사용할 때, 우리에게 대상의 방식으로 주어진 것을 관찰함으로써 성립되는 경험의 방식을 의미하는 것이다.

오늘날 (그리고 이미 오래전부터) 우리는 경험적으로 증명할 수 없는 실재의 계기들에 대해서 무제약적으로 타당한 진술들을 말할 수 있다는 점으로부터 당연하게 갑자기 시작할 수는 없다. 따라서 이렇게 중요한 주장의 타당성이 검증되어야 한다. 그 때문에 형이상학의 첫 번째이자 가장 근본적인 물음은 다음과 같다. **그 타당성이 경험적으로 증명될 수 없음에도 불구하고, ("주어진" "존재하는") 실재에 대한 참된 진술들이 가능한가?** 이 물음이 형이상학적인 근본 물음이라는 것은 의심의 여지가 없다. 왜냐하면 모든 형이상학적 체계에서 이러한 가능성은 공공연하게 긍정되거나 암묵적으로 받아들여지기 때문이다. 그런데 형이상학을 거부하는 모든 사람은 이러한 가능성을 명백히 부정한다. 따라서 가능성에 대한 이러한 물음에서 형이상학의 운명이 결정된다.

이에 대해서 세 가지 견해를 덧붙인다.

12 **(1)** 이러한 물음을 제기함으로써 어떤 관점에서, 말하자면 물음의 방식으로 이미 형이상학을 하고 있는 것이다. 따라서 형이상학이 적어도 물음으로 가능하다는 것, 그리고 형이상학이 인간의 근본적인 요구에 해당된다는 것이 이미 확정된다. 형이상학을 인간의 본성적 소질로서 주어진 것으로 보았던 칸트도 이 점을 인정한다(*KrV* B21). 물론 제기된 물음이 긍정적으로 답해질 수 있을지, 이 물음에 표현된 요구가 충족될 수 있을지는 해결되지 않은 채로 남아 있다.

13 **(2)** 위에서 언급된 근본적인 물음은 형이상학의 방법이 그 긍정적인 대답을 통해 규정될 수 있는 한에서 결정적인 의미를 지닌다. 형이상학이 가능하다면, 그것은 이 근본 물음에 대한 대답으로 이끄는 방식으로만 가능하다. **경험적인 연구로 접근할 수 없는 실재(Realität)에 대한 참된 진술들이 이루어질 수 있다는 것이 증명됨으로써, 형이상학이 가능하기 위해서는 어떻게, 어떤 방식으로, 무슨 방법을 통해서 형이상학을 해 나가야 하는가도 결정된다.** 따라서 형이상학이 자신의 대상으로 접근하는 방식은 (다른 학문에서도 마찬가지이지만) 형이상학의 방법을 규정하는 것이다. 그 때문에 형이상학은 자신의 고유한 방법을 경험적 연구로는 접근할 수 없는 실재와 관련되는 참된 진술들의 가능성에 대한 물음에 답하면서 발전시켜야 한다.

14 **(3)** 여기서 아주 원칙적으로 유의할 점은, 유일하게 타당한 근거를 마련했다는 주장과 함께 등장하는 것으로서, 구체적인 개념과 언어를 통해 형이상학의 근거를 마련한다는 것은 있을

수 없다는 것이다. 형이상학은 최종적으로 항상 전체와 관련되기 때문에, 필연적으로 특수할 수밖에 없는 각각의 구체적인 출발점은 어느 정도 자의적인 것이다. 더 정확하게 말하자면, 모든 출발점은 역사적으로 제한된 논의의 맥락 안에 있다. 이러한 맥락이 변한다면, 선택되어야 할 출발점도 변하게 된다. 하지만 형이상학을 근거 짓는 근본 구조는 언제나 동일한 것이어야 한다. 왜냐하면 형이상학은 근거가 마련되어야 하는 것이 아니라, 형이상학의 불가능성을 주장하는 이들에 대해서 옹호되어야 할 뿐이기 때문이다.

/참/고/문/헌/

Walsh 1967.

Weingartner 1969, 1974.

Brugger 1968.

Muck 1968.

제2장_ 형이상학의 가능성에 대한 반론들

15 우리는 경험으로는 접근할 수 없는 실재에 대한 참된 진술을 서술하는 것이 가능하다는 것을 입증하려고 해야 한다. 하지만 그 전에 형이상학에 대한 가장 중요한 반론(이러한 반론은 항상 형이상학의 가능성에 대한 반론이기도 하다)을 살펴보는 작업이 필요하다. 당연히 여기서는 매우 한정된 선택지만 있을 수 있지만, 그렇다고 이러한 선택이 특별히 어려운 것은 아니다. 그런데 형이상학에 대한 비판과 관련될 때, 칸트를 지나칠 수 없다. 그리고 형이상학에 대한 가장 극단적인 공격이 1920년대와 1930년대의 논리 실증주의에서 나왔기 때문에, 논리 실증주의의 진술들도 언급되어야 한다. 그다음에 칸트와 논리 실증주의의 관심사를 극복함으로써 모든 형이상학 비판의 근본 동기가 본질적으로 발견된다는 것이 밝혀질 것이다. 칸트를 제대로 평가하기 위해서는 그가 형이상학의 폐기가 아니라 형이상학의 근거를 새로 마련하는 데에 관심을 가졌다는 것이 특별히 언급되어야 한다. 말하자면 그는 볼프와 바움가르텐(A.G. Baum-

garten)에 의해 그에게 전해진 형태의 형이상학이 아니라, 신과 자유와 불멸성을 해명해 주는 형이상학의 과제를 아주 높이 평가했다(참조: *KrV* B 17). 물론 그의 연구 결과는 형이상학이 이론적으로 토대를 두는 학문으로서는 가능하지 않다는 의미에서 부정적으로 귀결된다. 반면에 실천 이성의 길은 완전히 개방되어 있지만, 이 경우에도 이론적으로 타당한 진술을 할 수 있는 권리가 주어지는 것은 아니다.

1. 학문으로서 형이상학의 가능성에 대한 칸트의 견해

1.1. 칸트의 사유에서 형이상학의 지위

16 『순수 이성 비판』 제2판의 머리말에서 칸트는 다음과 같이 확신한다. "형이상학은 … 이제껏 그렇게 좋은 운명을 얻지 못해서, [논리학, 수학, 물리학과는 달리] 학문의 안전한 길을 갈 수 없었다. 비록 형이상학이 다른 어느 학문보다 더 오래되었으면서도 말이다. … 왜냐하면 형이상학에서 이성은 끊임없이 궁지에 빠지기 때문이다. … 사람들은 형이상학에서 몇 번이고 가던 길을 되돌아올 수밖에 없었다. 왜냐하면 그 길이 가려고 하는 곳으로 이끌지 못한다는 것을 발견했기 때문이다. 그리고 형이상학 추종자들의 주장 일치 여부에 대해서 말하자면, 그것은 일치와는 거리가 멀어서 오히려 싸움터와 같다. … 이 싸움터에

서는 어느 군인도 아직 손바닥만 한 땅조차 차지하지 못했고, 승리를 기반으로 소유지를 구축할 수 없었다. 따라서 의심의 여지 없이, 형이상학의 수행 방식은 지금까지 한낱 더듬거리면서 헤매는 것일 뿐이었고, 더욱 고약한 것은 개념들 가운데서 그렇게 하고 있었다는 것이다"(B XIV 이하). 칸트는 왜 형이상학이 단지 몇 가지 근본적인 물음에서조차 일치에 이르는 데 실패했는가에 대한 이유도 제시할 수 있다고 생각한다. 그는 다음과 같이 말한다. "지성(Verstand)의 원칙들을 이용하기 위해서 우리의 이성(Vernunft)을 경험의 대상들에만 사용하지 않고 경험의 한계를 넘어서까지 확장하려고 시도한다면, 그때에는 교묘한 이론들이 나오게 된다. 이 이론들은 경험에서 어떤 확증도 기대하지 못할 뿐만 아니라 어떤 반박도 두려워할 필요가 없다. 그리고 이 이론들 각각은 나름대로는 모순이 없을 뿐만 아니라 심지어 지성의 본성에서 자신의 필연성의 조건들과 만나게 된다. 다만 불행하게도 자신의 편에서 그 반대도 마찬가지로 이 주장에 대한 타당하고 필연적인 근거들을 갖고 있다"(B 448 이하). 이렇게 칸트에 의하면 학문으로서 형이상학이 실패한 고유한 이유는 다음과 같다. 형이상학이 실재의 최종적 근거들에 대해서 또는 실재(Wirklichkeit) 전체에 대해서 자신의 이론들을 발전시킴으로써, 형이상학에는 불가피하게 모순들이 등장하게 된다. "이러한 모순들로부터 형이상학은 그 어딘가에 숨겨진 오류들이 근본적으로 놓여 있을 수밖에 없다는 것을 알아차린다. 그러나 형이상학은 이 오류들을 찾아낼 수 없다. 왜냐하면 형이상학이 사용하는 원칙들은 모든 경험의 한계를 넘어서 나아가기에 더 이상 경험에 의한 검증을 인정하지 않기 때문이다"(A VIII).

1.2. 칸트는 학문적 인식을 어떻게 규정하는가

17 칸트는 스스로 학문적 인식의 이상(理想)에 충실해야 한다고 생각했다. 이때 학문적인 인식이 무엇인지는 그에게 있어서 처음부터 확정되어 있었다. 수학과 경험적 원리들 위에 근거를 두며 그 가장 탁월한 형태가 물리학인 자연 과학은 그에게 있어서 학문의 전형이었다. 이러한 근본적인 선택은 그 어디에서도 분명하게 정당화되지는 않지만, 이러한 선택에 대해서 확실한 결정적인 동기는 제시된다. 말하자면 이 학문들에서는 전문가들 간의 의견이 일치되고, 그 때문에 이 학문들은 뚜렷이 진보한다. 칸트에 의하면 그 이유는 다음과 같다. 이 학문들의 영역에서 의견의 차이는 합의를 이루어서 해결될 수 있는데, 그것은 이 학문들의 성과가 공허한 개념들로부터 이루어진 구성물에 불과한 것이 아니라 그 진리가 경험을 통해 검증될 수 있는 진술들이기 때문이다. 이로부터 칸트에게 있어서 이 학문들의 성과가 경험될 수 있는 것(이는 앞으로 보게 되겠지만 항상 직관적인 것이기도 하다)에 관계될 때에만 학문적 인식에 대해서 말할 수 있다는 결론이 도출된다. 여기서 이 경험될 수 있는 것은 공허한 개념들을 서로 결합시키고 있지 않다는 데 대한 기준이다.

18 그것 없이는 어떤 학문도 있을 수 없는 진술의 보편성과 필연성에 대해서 칸트는 다음과 같이 설명한다. 우선 그에게서는

학문적인 명제의 보편성과 필연성이 경험으로부터 나올 수 없다는 것은 확실하다. 왜냐하면 그에게 경험은 본래 개인의 감각적인 지각일 뿐이기 때문이다. 그리고 이러한 경험이 아무리 자주 반복된다고 하더라도 어떤 사건이 그와는 다르게 진행될 수 없다는 것을 결코 보증할 수 없다. 이러한 의미에서 경험은 항상 가정적인 진술로 이끌 뿐이며, 엄밀한 필연성과 보편성에는 도달할 수 없다. 그러나 칸트가 확신하는 바로는, 엄밀한 필연성과 보편성은 의심의 여지 없이 우리의 학문적 인식에 있기 때문에, 이러한 인식은 경험 외에 다른 곳에서 유래해야 한다. 칸트가 생각하듯이, 자연 과학도 당시에 자연 과학자들이 "지성은 자신의 기획에 따라서 스스로 산출하는 것을 통찰할 따름이다"(B XIII)는 것을 이해했을 때에야 비로소 확신한 학문의 길에 도달했다. 이로부터 칸트는 다음과 같이 결론을 짓는다. 경험적인 것을 넘어설 수 있는 학문적인 인식은 필연적이고 보편적인 진술들을 정식으로 만듦으로써 가능하다. 그것은 근저에 놓여 있는 "순수" 개념들, 곧 인간의 지성 안에 "마련되어 있으며"(B 91), 그렇기 때문에 경험에 의지하지 않고서도 만들어지는 개념들에 도달하기 때문이다. 『순수 이성 비판』 전체는 우리가 어떻게 그러한 개념들에 도달하며, 어떤 개념들이 그러한 것이며 그러한 개념들이 어떻게 객관적인 타당성을 지닐 수 있는가를 입증하는 과제에 매진한다. 물론 객관적인 타당성을 입증하는 과제에 대해서는 "순수" 개념들과 경험 간의 연관성이 규정되지 않으면 안 된다. 이에 대해서는 다음과 같은 견해를 제시할 수 있겠다.

19 칸트에 의하면 우리의 인식은 감각적 지각과 지성(사유)의 자발적 활동의 종합이다. 인식의 모든 내용은 감각적 지각으로부터 유래한다. 왜냐하면 감각적 지각을 통해서만 우리에게 대상들이 주어지고, 감각적 지각만이 우리에게 직관을 제공하기 때문이다. 이와 달리 인식의 형식적 규정은 인식하는 자 자신의 인식 구조로부터 도출된다. 이러한 형식적 규정은 순수 직관이거나 순수 개념이다. 여기서 순수 직관은 그것의 도움으로 지각되는 모든 대상이 우리에게 시간과 공간 "안에 들어 있는" 것으로 나타난다(그 때문에 칸트는 시간과 공간을 "감성의 선천적 형식"이라고 부른다). 그리고 순수 개념은 우리 지성의 본성에 속하는 질서를 세우는 원리로서, 이 원리에 의해 이미 시공간적으로 파악된, 감각적인 지각의 질료는 자신의 필연적이고 보편적인 규정을 받아들이게 된다. 앞서 언급된 순수한 개념들에는 우리 사유에서 선험적인, 곧 경험으로부터 독립해서 주어진 질서의 원리라는 역할이 주어지기 때문에, 칸트는 이 개념들을 "범주"라고 부른다.

우리 인식의 이 두 가지 근본적 원천은 상호 의존적이다. "감성이 없다면 우리에게는 어떤 대상도 주어지지 않으며, 지성이 없다면 어떤 대상도 사유하지 못할 것이다. 내용이 없는 사유는 공허하고, 개념 없는 직관은 맹목적이다"(B 75). 물론 이 두 원천은 확실하게 구별되지 않으면 안 된다. 왜냐하면 "지성은 어떤 것도 직관할 수 없고, 감관(感官)들은 어떤 것도 사유할 수 없기"(같은 곳) 때문이다.

20 인간 인식의 두 원천에 대한 이론은 비록 서로에게 속하지만,

근본적으로는 상당히 독립적으로 나란히 병립한다. 이 이론은 칸트로부터 유래한 것이 아니라 철학 사상에서 적어도 플라톤에게까지 소급되는 전통적인 입장이다. 이 이론의 기원은 인간학적인 것이어서, 그 안에 육신-영혼의 이원론에 대한 이해가 표현된다. 이 이론에 대해서 많은 중요한 근거들을 말할 수 있겠지만, 이 이론이 전체 진리일 수는 없다. 인식하는 인간은 온갖 이원성에도 불구하고 자신의 인식 활동에서는 **하나의 단일한 존재**이기 때문에, 인간 인식의 서로 다른 두 계기를 제시하기만 하고(당연히 이 점도 수행되어야 한다) 이 계기들의 통일성을 추구하지 않는다면 아주 이상할 것이다. 칸트는 어느 구절에서 인간 인식의 두 근간인 감각과 지성이 "아마도 공동적이지만 우리에게 알려지지 않은 뿌리로부터 나왔을 것"(B 29)이라는 점을 언급하지만, 그렇게 추정된 통일적인 근거를 찾으려고는 하지 않는다.

21 앞서 설명한 인식에 대한 이해는 칸트가 그렇게도 큰 가치를 부여한 선천적 종합 판단에 관한 규정의 배후에도 도사리고 있다. 그는 우리의 인식 구조에 대한 그의 견해에 상응하도록, 어떤 판단이 필연적인지 그렇지 않은지, 또는 우리의 인식을 확장시키는지 그렇지 않은지에 따라서 다음과 같이 네 종류의 판단을 구별한다.

명제의 술어가 주어의 개념 속에서 비록 아직 명백하게는 아니지만, 이미 실제로 함께 생각된 것만을 명시적으로 진술할 때(예를 들어 '모든 물체는 연장되어 있다'), 그 판단은 **분석적** 판단이다. 이 분석 판단은 우리의 원래 지식에 어떤 새로운 것도 추가하지 않는다. 일단 우리가 그 개념을 가지고 있다면(우리가 어떻게 그 개념에 이르게 되는가는 칸트에게는 별로 문제가 되지 않는데, 이 개념은 경험적인 기원을 가질 수 있지만, "순수한" 개념에도 관련될 수 있다), "설명 판단"의 진리는 경험에 의존하는 것이 아니라 선천적으로 주어져 있으며 그래서 필연적이다.

술어가 주어의 내용에 새로운 어떤 것을 추가하는 명제들을 칸트는 **종합** 판단 또는 확장 판단이라고 부른다. 종합 판단 없이는 어떤 새로운 인식도 없기 때문에, 종합 판단은 학문에서는 필수 불가결하다. 이 판단은 두 종류로 구별된다. 먼저 **후험적(*a posetriori*) 종합 판단**은 술어가 주어에 추가하는 것이 경험으로부터, 더 정확하게 말해서 개별적 지각으로부터 나오는 판단이다. 이에 대해서 칸트가 항상 인용하는 예는, '모든 물체는 무겁다'는 것이다(참조: B 11 이하 또는 Prolegomena §2). 이와 같은 판단은 우리의 지식을 풍부하게 해 주지만, 이런 판단만으로는 학문을 수립할 수 없다. 따라서 우리의 지식을 확장시키면서도 보편적이고 필연적인 인식인 학문적 인식의 불가결한 조건은 **선험적(*a priori*) 종합 판단**이다. 이 판단에서 술어는 주어에 대한 어떤 것을 진술한다. 이 어떤 것은 한편으로는 주어에 포함되지 않지만, 다른 한편으로는 주어에 필연적으로 포함되는 것으로서 아무리 자주 반복되더라도 개별적 경험으로부터 나올 수 없다. 칸트는 이에 대해서 다음과 같은 예를 든다. '두 점 사이를 잇는 직선은 가장 짧은 선이다'(칸트는 순수 수학과 기하학의 명제들은 모두 종합적이라고 생각했다). 또는 '모든 물체는 실체이다.'

22 이상에서 언급된 것에 따르면, 칸트에게 필연성과 보편성이 어떻게 학문에서 가능하냐는 물음이 선험적 종합 판단이 어떻게 가능하냐는 물음과 동일시될 수 있는가를 쉽게 이해할 수 있다. 지금까지 칸트의 숙고는 학문적인 인식의 구조와 한계 또는 선험적 종합 판단의 가능성과 적용 영역에 대한 것이다. 이를 요약하면 다음과 같이 말할 수 있겠다.

1. 학문적 명제의 불가결한 특성인 필연성과 보편성은 쉽게 설명될 수 있다. 필연성과 보편성은 개별 사물들의 경험에서 나오지 않고 지성에서 나온다. 지성은 감각적 인상들을 자신에게 (그리고 모든 인간의 지성에) 고유한 선험적 원리들인 범주에 따라 질서 지음으로써 자신의 대상에 이르게 된다. 물론 이러한 설명으로부터 지성의 범주에 따라 질서 지어진 필연적이고 보편적인, 학문적 인식이 "물자체"(Ding an sich)에는 이르지 못하고, 항상 "현상으로서의 물"(Ding als Erscheinung)에만 관련된다는 결론이 나온다. 달리 말해서 ("물자체"라는 문제 있는 개념을 피하기 위해서) 학문적인 진술들은 있는 그대로의 실재에 관련되는 것이 아니라 우리에게 나타난 대로의 실재에만 관련될 수 있다.

2. 학문적 인식은 "가능한 경험의 한계 내에서"만 가능하다. 왜냐하면 "직관 없는 개념은 공허하기" 때문이다. 그렇기 때문에 무제약자를 향한 우리 지성의 갈망을 따라 우리 개념들의 타당성을 가능한 모든 경험의 한계를 넘어서 확장시킨다면, 이 개념들은 불확실하게 되며 입증될 수 없고 따라서 학문에는 무용한 것이 되고 만다. 그럼에도 이 개념들을 구체적인 경험에

적용시킨다면, 서로 다르고 서로 모순되는 결론들, 곧 이율배반에 처하게 된다. 이로써 이 개념들을 부당한 방법으로 사용했다는 것이 드러나게 된다.

23 따라서 칸트가 의미하는 학문적 인식은 다음과 같이 기술될 수 있겠다. **학문적인 인식은 명료하고 감각적으로 지각될 수 있는 것을 관련되는 개념들로 서술되며, 필연적이고 보편적이지만 사물을 나타나는 것(현상물)으로만 파악하는 인식이다.**

1.3. 학문으로서 형이상학에 대한 이러한 규정으로부터 어떤 결과가 나오는가

24 칸트에 의하면 형이상학은 완전히 고립된 사변적 이성의 인식으로서 "전적으로 경험의 가르침을 무시하며 더욱이 순수한 개념만으로써 그렇게 한다"(B XIV). (여기서 형이상학이 사유 가능한 것에 대한 학문이라는 볼프의 생각이 나타나는) 형이상학에 대한 이러한 규정으로부터, 그리고 방금 서술된 학문적 인식의 기준들로부터 다음과 같은 결론이 나온다. 형이상학은 학문적 지식을 제공하려는 자신의 주장을 이행할 수 없다. 말하자면 형이상학은 모든 경험을 넘어서서 "순수한 개념들 배후에서 탐구함"(B 634)으로써 근거가 마련된 지식에 이르지 못하고 오히려 가상적 지식에만 도달할 뿐이다. 따라서 원리들에 토대를 두는 이론적 학문으로서 형이상학은 가능하지 않다.

25 하지만 이러한 부정적 확신이 칸트가 연구한 유일한 성과는

아니다. 칸트는 형이상학에서 최종적으로 관련되는 것으로서, 실존적으로 중요한 확신들을 받아들이는 데 가장 중요한 장애물을 제거하는 데 성공했다고 확신한다. 그에 의하면 도덕적 경험에 근거한 순수 이성은 실천적으로 이용되며, 이러한 실천적 이용에서 이성은 감성의 한계를 넘어선다. 그래서 인간은 인간의 자유, 신의 존재, 영혼의 불멸성에 대해서 이론적으로 근거를 마련할 수는 없지만, 책임 있는 행위를 위해서 충분히 확신할 수는 있다. 물론 이러한 통찰을 거슬러서 제기된 모든 이론적 근거들이 중요하지 않다는 점이 전제된다. 칸트에 의하면 이러한 통찰은 타당하다. 왜냐하면 자신에 의해서 관철된 이론 이성의 권한을 "제한함"에서 다음과 같은 사실이 귀결되기 때문이다. 그것은 초감성적인 것(이에 대해서 이성이 적극적으로는 어떤 것도 말할 수 없지만)을 부정하는 것은 이성에게 허용되지 않는다는 것이다. "따라서 나는 신앙에 여지를 마련해 주기 위해서 지식을 제한하지 않을 수 없었다. 그리고 형이상학의 독단주의(Dogmatismus), 그러니까 형이상학에서 순수 이성의 비판 없이도 잘 될 수 있다는 속단은 언제나 독단적인 것으로서 도덕성을 부정하는 모든 불신앙의 진정한 근원이다"(B XXX).

1.4. 칸트는 어떤 전제들을 내세우는가

26 칸트는 극도로 예리하고 철두철미한 사상가였다. 그의 성과에 이의를 제기하려는 사람은 그의 전제에서 출발할 때에만 기

회를 얻게 된다. 그러므로 칸트에게 자명했던 것, 따라서 칸트가 아무런 근거 마련 없이 받아들일 수 있다고 생각한 것을 명백하게 밝히는 것이 우리에게 중요하다. 여기서 우리는 어느 정도의 반복이 불가피하다는 것을 감수해야 한다. 칸트는 다음과 같은 전제를 타당한 것으로 수용했다.

27 **1.** 실재(Realität) 또는 일반적으로 말하자면, 주어진 것에 관련된 인식은 시공간적으로 주어진 대상이라는 의미에서 대상에 대한 인식이다. 칸트는 인식하는 주체로부터 주어진 인식 조건들을 탐구하지만, 이러한 조건들을 그 형식적 요소로써만 평가한다. (인식 자체도 일종의 실재이기 때문에) 그러한 인식 조건들이 실재(Wirklichkeit)에 대한 정보도 제공할 수 있다는 점을 칸트는 미처 생각하지 못했다. 주체 존재 자체 또는 상호 주관성(Intersubjektivität)은 그의 인식 분석에 속하지 않았다. 여기서 이미 칸트의 인식 이해가 얼마나 강력하게 자연 과학적 인식 방법에 의해 규정되는가가 드러난다. 이 첫 번째 근본 전제는 다음의 세 전제도 제한한다. 물론 이 세 전제도 서로를 제한한다.

28 **2.** 대상에 대한 인식만이 주어진 것에 대한 인식으로 인정된다. 그래서 인식하는 자인 우리가 직접적으로 실재(칸트는 대상들이라고 말한다)와 관련되는 인식 행위, 곧 직관은 **감성적** 직관일 수밖에 없다. 이는 직관이 대상으로부터 나오는 감성의 촉발 작용을 통해서만 야기될 수 있다. 칸트에 의하면 이는 우리 본성으로부터 나오는 결과이다. 그는 이러한 확정이, 대상에 대한 인식이 시공간적으로 규정된 대상들에 대한 인식일 뿐이라고

처음부터 확정했기 때문에 타당할 뿐이라는 것을 알아차리지 못했다.

29 **3.** 동일한 근본 전제로부터 명료하게 정식화될 수 있는 지식[앎]만이 학문적으로 의미 있는 것으로 간주된다는 것은 자명하다. 따라서 학문에서는 분명하게 정의되고 명백하게 규정되는 개념들만 허용될 수 있다. 이러한 점은 논리학에서 쉽게 실현될 수 있다. 왜냐하면 "논리학에서 지성은 자기 자신과 자신의 형식 외에는 어떤 것도 다루지 않기"(B IX) 때문이다. 주어진 것과 관련되는 학문들[과학]에서는 사정이 더 어렵다. 내용적으로 분명하게 규정된 개념들은 직관도 얻게 되는 곳으로부터만 얻을 수 있고, 이 직관에서 실재가 우리에게 나타나기 때문이다. 그런데 (앞서 언급된 전제들을 근거로 삼아서) 우리는 그러한 직관을 다만 감성적인 직관으로서만 얻게 된다. 그 때문에 우리의 인식이 내용적으로 규정되어야 하는 한, 이 인식은 결코 가능한 경험(감성적 직관의 가능성을 통해서 제한되는 경험)의 한계를 넘어서 나갈 수 없다는 결론이 도출된다. 이와 같은 결론은 위에서의 첫 번째 전제 안에 이미 내포되어 있기 때문에 결코 놀랍지는 않다.

30 **4.** 내용적인 인식은 분명하게 표현되고 감성적 직관에 관련된 대상 인식으로부터 규정된다. 이로부터 나오는 결론은 경험의 개념이 항상 개별적이고 우연적인 것(그때마다의 사태)만을 전달하는 인식 방식에 국한된다는 것이다. 그다음에 이로부터 필연성과 보편성이 그렇게 이해된 경험(또는 그렇게 이해된 경험에 토대를 두는 귀납)에서 나오지 않는다는 점이 귀결된다.

31 **5.** 그러나 칸트에게 있어서 확실한 것은, 필연성과 보편성이 논리학에서뿐만 아니라 주어진 관련된 학문[과학]에서도 존재한다는 것이다. 하지만 이미 수용된 전제에 의하면 이러한 점은 "경험으로부터 독립해서" 대상들에 대해서 어떤 것을 언술할 수 있을 때에만, 곧 우리의 사유가 적어도 어느 정도로는 대상들을 규정할 때에만 해당된다. 이렇게 해서 학문의 가능성을 제약하는 것으로서 "순수 개념"에 대한 칸트의 이론과 더불어 학문적 지식은 현상으로서 사물에 대해서만 가능하며 물자체에 대해서는 가능하지 않다는 결론이 나온다.

1.5. 칸트는 무엇을 보여 주었으며 무엇을 보여 주지 못했는가

32 칸트의 『순수 이성 비판』은 근대 자연 과학의 인식 방법에 대한 근본적 규정이다. 자연 과학은 지각을 통해 검증될 수 있는 물질세계의 과정에 관련되고 거기서 발견된 법칙들을 분명하고 명백한 개념들로 서술한다. 그의 연구는 이러한 인식으로는 가능한 감각적 경험의 영역을 넘어서는 것은 어떤 것도 확실하게 밝힐 수 없다는 것을 보여 준다. 하지만 이러한 언술은 동어 반복이다. 이는 원래 다음과 같은 것을 말할 뿐이다. 그러니까 우리가 학문적으로 인식할 수 있는 것을 칸트처럼 규정한다면, 이러한 인식 영역의 한계를 넘어설 수 없다. 칸트에 의해 수용된 학문적 인식의 조건들 아래에서는 이론적 학문으로서 형이상학은 절대로 가능하지 않다.

33 그러나 칸트는 인간의 인식에 대해서 자신이 설정한 전제들이 불가피하다는 것을 입증하지 못했다. 특히 그는 실재와 관련된 인식이 전적으로 시공간적으로 규정된 대상들에 대한 인식에 제한된다는 것을 입증하지 못했다. 그는 감성적 직관만이 우리를 실재와 연결시켜 줄 수 있다는 것을 입증하지 못했다. 그리고 그는 분명한 개념으로 서술할 수 있는 것만이 근거가 마련되어서 학문적으로 불릴 수 있는 인식의 대상이 될 수 있다는 것을 입증하지 못했다.

34 마지막으로 여기서 『순수 이성 비판』 전체와 관련된 분열을 지적할 수 있겠다. 『순수 이성 비판』의 중요한 성과 중의 하나는, 학문적이고 이론적인 의미에서 타당한 진술은 항상 현상으로서의 사물에 관련되는 것이지 물자체에는 관련될 수 없다는 확신이다. 그런데 이러한 확신이 보편적이고 무제한적으로 타당해야 한다면, 이는 또한 『순수 이성 비판』 자체의 확신(또는 결과)에 대해서도 타당해야 한다. 그러나 이때에는 매우 곤혹스러운 결과가 도출된다. 그것은 칸트가 우리 지성과 이성의 구조 또는 가능성과 한계에 대한 자신의 비판에서 진술하는 모든 것이 결코 이 구조 또는 가능성과 한계 자체와 관련되는 것이 아니라, 단지 우리에게 최종적으로는 전적으로 숨겨져 있는 법칙성을 근거로 이것들을 어떻게 이해해야 하는가를 알려 줄 뿐이라는 것이다. 하지만 그렇다면 인식에 대한 칸트의 설명은 완전히 공허하게 되어 버리고, 칸트가 어떤 경우에도 극복하려고 했던 회의주의가 새로운 승리를 얻게 된다. 따라서 『순수 이성 비판』의 현상주의적 논제는 『순수 이성 비판』 자체에는 적용될

수 없다. 그 때문에 이 논제는 엄밀하게 보편타당하지 않고 오히려 예외를 허용할 수밖에 없다는 결론이 나오게 된다.

/참/고/문/헌/
Lotz 1955.
Coreth-Schöndorf 1983, 97~130.
de Vries 1977.

2. 논리 실증주의의 형이상학 비판

35 지금까지 철학사에서 형이상학에 대한 가장 신랄한 공격은 1930년대에 "빈(Wien) 학파"에 속하거나 그 영향을 받은 철학자들에 의해 감행되었다. 이 철학자들은 논리 실증주의자들, 논리적 경험주의자들 또는 신실증주의자들이라고도 불렸다. 이들의 공격은 모든 형이상학적 명제들의 무의미성을 주장하는 것이었다.

1931년에 출판된 자신의 논문 「언어의 논리적 분석을 통한 형이상학의 극복」(Überwindung der Metaphysik durch logische Analyse der Sprache)에서 카르납(R. Carnap)은 다음과 같이 말한다. "현대 논리학의 발전을 통해서 형이상학의 타당성과 정당성에 대한 물음에 새롭고 날카로운 답을 줄 수 있게 되었다. … 형이상학의 영역에서 … 논리적 분석은 **이 영역에서 자칭 명제라고 하는 것은 전적으로 무의미하다**는 부정적인 결론에 이르게 된다"(1931, 219 이하). 카르납에게 있어서 형이상학의 명제는 사이

비 명제이다. 이 명제는 참이 아닐 뿐만 아니라 거짓일 수도 없으며, 그럴싸하게 의미를 가장하지만 아무 의미도 지니지 않는다. 에이어(J.A. Ayer)는 이러한 생각으로부터 나아가면서 1935년에 출판된 단행본인 『언어, 진리, 논리』(*Sprache, Wahr- heit und Logik*)에서 "가능한 모든 감각적 경험의 한계를 초월하는 '실재'와 관련되는 어떤 진술도 학문적인 의미를 지닐 수 없다"(1975, 42)는 논세를 제시한다. 에이어 자신은 이 논제를 이미 칸트가 주장한 것이라고 항변하지만, 자신의 입장이 칸트의 입장보다 더 단호하다는 것을 보여 준다. "말하자면 그[칸트]는 인간 지성이 가능한 경험의 한계를 벗어나서 물자체를 파악하려고 할 때는, 모순에 연루되는 성질이 있다고 말했다. 이렇게 그는 초월적 형이상학이 불가능하다는 것을 우리처럼 논리의 사안으로 다루는 것이 아니라 사실의 사안으로 만들었다"(같은 책, 42 이하). 따라서 카르납과 에이어에 의하면 형이상학적 명제들은 무의미한 것으로 드러날 수밖에 없다. 왜냐하면 이 명제들은 "어떤 명제가 학문적으로 의미를 지닐 수 있기 위한 조건들에 상응하지 않기" 때문이다(같은 책, 43).

36 초기 논리 실증주의자들이 이러한 결론에 이르게 된 것은, 그들의 견해에 의하면 학문적인 사유의 기준을 충족시키는 진술은 두 가지 종류뿐이기 때문이다. **첫 번째**는 스스로 지각될 수 있는 사실들을 표현하든지, 논리적으로 통제되는 사유 과정을 매개로 감각적으로 지각된 것으로 되돌아가는 진술이다. **두 번째**는 정확한 사유의 규칙을 서술하는 형식 논리학과 수학의 명제들이다. 그 밖의 다른 모든 진술은 통제될 수 없는 감정, 상

상력 또는 시적 감흥과 같은 "형이상학"의 영역에 속한다. 이러한 진술들은 삶의 감정을 표현할 뿐이며, 부적합한 방식으로 그렇게 하는 것이다. 왜냐하면 삶의 감정에 대한 적합한 표현은 예술이기 때문이다. 학문은 한편으로는 정확한 자연 과학이며, 다른 한편으로는 논리학과 수학이다. 논리학과 수학의 논제들에 관련되는 진리는 순수하게 형식적이다. 말하자면 이 학문들은 실재와 관련해서는 어떤 것도 말하지 않으며, 내용이 없는 또는 "동어 반복"[항진 명제(恒眞命題)]이다. 감각적인 지각만이 내용적인 지식을 전달해 줄 수 있다. 이로부터 신실증주의의 진리에 대한 기준인 "경험적 검증 원리"가 나오게 된다. 말하자면 감각적으로 지각될 수 있는 사실로 분명하게 되돌아갈 수 있는 내용적 진술들만이 참된 것으로 유효하거나 "의미 있는" 것이다. 따라서 참된 모든 인식은 우리의 감각 기관을 통해서 지각된 사실들에, 또는 이 사실들을 마치 기록해서 남기는 "기본[근본] 명제"("프로토콜 명제")에 그 근거를 지니게 된다.

37 논리 실증주의에는 근대 시대 초기부터 은연중에 작용하던 생각이 있었다. "학문적"이라는 형용사를 요구하는 내용적인 지식이 경험 과학의 모범을 따라야 한다는 이런 생각은 명시적으로 정식화된 근본 원리로 높여졌다. 이와 같은 근본적인 선택을 일관되게 관철시킴으로써 논리 실증주의의 다른 모든 논제가 도출된다. 그래서 실재는 개별적인 관찰로 접근할 수 있는 사물의 세계와 완전히 동일하다. 따라서 논리 실증주의는 (칸트와는 달리) 경험적으로 근거가 될 수 없는 선험적 종합 판단을 배제했다. 이로써 사실 판단은 항상 가정적일 수밖에 없다는, 명시

적으로 인정된 결론이 나오게 된다. 따라서 분석 판단도 본질적으로 칸트의 경우보다 더 엄격하게 동어 반복[항진 명제]으로 파악된다. 이렇게 해서 철학에는 결국 (경험적 검증 가능성이라는 유일한 의미 기준에 따른) 논리적 언어 분석만이 유일한 과제로 남게 된다.

38 물론 논리 실증주의의 논제들에 대한 학문적 논의는 곧바로 이 논제들이 유지될 수 없다는 것을 입증했다. 그 때문에 논리 실증주의는 오늘날 본래의 철저한 근본 형태로는 더 이상 설득력이 없게 되었다. 특히 다음과 같은 약점들이 제시되었다.

39 **1.** 우리는 검증 원리 자체의 논리적 위상이 무엇인가를 물을 수밖에 없다. 그것은 경험적 명제일 수는 없다. 동시에 그것은 의심의 여지 없이 단순히 형식적 명제도 아니다. 왜냐하면 그것이 단순히 동어 반복이라고 주장될 수는 없기 때문이다. 오히려 여기서는 화자의 의도에 따라서 실재와 연관시키는 명제들에 대해서 특정한 어떤 것을 주장하는 진술과 관련된다. 이러한 통찰은 신실증주의 다음 둘 중의 하나를 선택하도록 강요한다. 그 중 하나는 자신에게 인정된 의미 있는 진술들의 부류에는 속하지 않으면서도, 의미 있고 학문적으로 타당한 그런 명제들이 존재한다는 것을 인정하는 것이다. 다른 하나는 모든 학문적 확실성의 최종적 근거는 무의미한 "형이상학적" 진술이라고 주장해야 하는 것이다. 그러나 이 두 경우에서 논리 실증주의의 수정은 불가피할 수밖에 없다.

40 **2.** 더욱이 경험적 의미 기준의 엄격한 적용은 논리 실증주의를 아주 곤혹스러운 결과로 이끈다. 말하자면 (질량과 에너지

보존의 법칙처럼) 자연 과학 연구의 근본적인 가정들은 개별적 관찰을 통해 검증될 수 없기 때문에, 무의미한 형이상학적 명제들로 간주할 수밖에 없게 된다.

41 **3.** 또 하나 해결될 수 없는 어려움은 내용적으로 학문적인 진술들의 토대를 형성해야 하는 "프로토콜 명제"와 관련해서 생겨난다. "주어진 것"에 대해서 말할 때 의미 되는 것은 무엇인가? 관찰하는 과정 자체가 "주어지는" 것인가 아니면 주어지는 것에 대한 나의 감각 자료만 있는 것인가? 무엇보다도 명제와 실재는 어떻게 서로 관련을 맺는가? "진술과 그것이 기술하는 과정의 관계는 어떻게 이해될 수 있는가? 이러한 과정들은 우리가 아무리 자세하게 규정한다고 하더라도, 엄밀한 의미에서 결코 진술 자체와 동일시될 수는 없다. 왜냐하면 과정과 진술은 서로 다른 차원에 속하기 때문이다. 이에 따라서 우리는 '일치'에 대해서만 말하게 된다. 그러나 이 경우에 명제와 실재 간의 이러한 일치를 검증하기 위해서는 양자를 서로 비교해야 한다. 하지만 실증주의의 근본 전제에 의하면 이는 불가능하다. 결국 실재와 명제에 대한 **관계**에 대해서는 아무것도 말할 수 없다"(W. Schulz 1972, 52).

42 **4.** 더욱이 순수한 관찰 명제로서 프로토콜 명제에 대한 견해가 이미 문제가 된다. 왜냐하면 이론적으로 자유로운 또는 더 일반적으로 말해서 선행하는 이해로부터 자유로운 그런 관찰은 존재하지 않기 때문이다.

43 **5.** 논리 실증주의가 인식하는 주체를 그 자체로 고려하지 않는다고 비판할 수 있겠다(물론 이 점은 논리 실증주의에만 해당하

는 것은 아니지만 여기에 특별히 해당하는 것은 사실이다). 인식 주체는 관찰이 이루어지는 곳이면 어디서든지 전제되기는 하지만, 인식 주체의 역할은 사실 여부를 기록하는 데서 끝나 버린다. 인식 과정이 가능한 한 주체 없이 설명되어야 한다면, 이는 근본적으로 모순적인 요구이다. "실증주의적 입장이 표방하는 관심은 주체성을 인식 과정으로부터 배제하는 방향으로 진행된다. 이는 진리에 대한 사랑에서 비롯된 것인가? 물론이다! 이때 진리에 대해서는, 진리가 어떻게 밝혀지는가가, 곧 유한한 사태들에 대해서 예와 아니오라는 두 가지 중의 하나를 결정하는 놀이마당에서만 미리 규정되어 있다"(B. Casper 1972, 37).

/참/고/문/헌/

Camap 1931(1977).
Carnap 1966.
Ayer 1970.
Inciarte 1972.
Schulz 1972.
Krampf 1973.
Ayer 1976.
Ettelt 1979.

3. 후기 분석 철학과 형이상학의 관계

44 다양하게 분화된 후기 분석 철학에서는 초기의 극단적인 반(反)형이상학적 태도가 현저하게 누그러졌다. 형이상학자들이 헛소리만 하지 않는다는 견해를 수긍하게 된 것이다. 한 가지 계기가 이러한 통찰에 이르게 했다. "학문적인" 진술과 "형이상학적인" 진술 사이에 정확한 경계 설정이 실현될 수 없는 것으

로 입증된 것이다. 더욱이 관찰에 의한 진술들의 근본적인 반증 가능성(反證可能性, Falsifizierbarkeit)을 경계 설정의 기준으로 사용하자는 포퍼(K. Popper)의 제안도 모든 경우에 입증되지는 않는다. 그 때문에 형이상학적이라고 불릴 수 있는 어떤 가정들이 어떤 포괄적 이론에서도 전적으로 배제될 수 없다는 것에 만족할 수밖에 없었다. 분석 철학자들의 태도가 바뀐 또 다른 근거는 비트겐슈타인(L. Wittgenstein)의 『철학적 탐구』(*Philosophischen Untersuchungen*)에서 발전된 언어에 대한 이해였다. 이에 따르면 언어가 사태만을 기술하기 위해서 존재한다는 것은 잘못된 생각이라는 것이다. 오히려 아주 상이한 "언어 놀이들"이 있다고 가정할 수 있다. 언어 놀이들은 각자 고유한 목적을 지니며, 특정한 맥락에서 언어 놀이를 통해서 의사소통할 수 있음으로써 정당화된다. 언어 놀이들은 서로 배척하지 않기 때문에, 세계에 대한 가능한 태도를 표명하는 형이상학의 언어에 대해서도 어떤 이의도 제기할 수 없다.

45 그럼에도 불구하고 이렇게 형이상학에 대한 새롭게 일깨워진 관용과 심지어 개방성은 나름대로 한계를 지닌다. 비록 형이상학적 언어 놀이가 언어를 의미 있게 사용할 수 있다고 인정하더라도, 형이상학이 실재에 대해서 최종적으로 유효한 해명을 제공한다는 생각은 배척된다. 왜냐하면 다른 모든 것을 포괄적으로 근거 지을 수 있는 언어 놀이가 존재할 수 있다고 생각하는 것은 이미 불합리한 것으로 여겨지기 때문이다. 더 나아가서 의미가 있고 그 자체로 일관된 형이상학적 이론들을 발전시킬 수 있다는 것을 인정하더라도, 사람들은 형이상학적 체계들이

실재와 연관된다는 것에 의문을 품는다. 왜냐하면 경험 과학만이 실재와의 연관성을 결정할 권한이 있기 때문이다. 칸트의 견해와 더불어 가능한 개별 경험의 영역을 넘어서는 모든 이론은 공허하다는 것이 입증되었다는 것이다. 이러한 태도는 "실재" "존재" "생성" 같은 아주 일반적인 용어들을 사용하는 경우에, 많은 분석 철학자들이 불신하는 이유이기도 하다. 사람들은 "존재"와 같은 어떤 것은 존재하지 않으며, 오직 개별적인 존재자만이 존재한다고 생각한다. 진리와 같은 어떤 것은 존재하지 않으며, 참된 진술들만이 존재한다. 귀납의 문제도 없으며, 단지 개별적인 귀납적 논증에 관한 연구만이 있을 뿐이다(참조: C.B. Daly 1961, 181).

46 따라서 어떤 근본 전제들은 계속해서 논의할 필요도 없이 명백한 것으로 간주된다. 인식이 내용적인 지식을 목적으로 삼는 한, 인식은 명백히 확정될 수 있는 "대상들"로 향한다. 여기서 대상들은 개별 사물 또는 개별 사물의 특성 또는 사물들의 유(類)와 같은 추상적인 "실재들"을 의미한다. 그 때문에 내용적 지식은 개별적인 지각으로부터만 생길 수 있다. 따라서 개별 과학에 확실히 적용되는 요구, 곧 학문에 적용되는 모든 개념이 항상 정확해야 한다는 요구, 또는 획득된 지식을, 분명하게 정의되어 다른 것으로부터 뚜렷하게 구별된 개념들을 매개로 서술할 수 있을 때만 학문에 대해서 말할 수 있다는 요구는 철학적 연구의 경우에도 구속력을 지니게 된다. 형이상학이 언어 비판의 도전을 피해서는 안 된다는 것은 의심의 여지 없이 옳다. 물론 여기서 언어적으로 서술될 수 있는 것의 한계가 분명한

개념의 도움으로 표현될 수 있는 바와 곧바로 일치하는가를 설명하는 것은 과제로 남아 있다.

/참/고/문/헌/

Haller 1967.
Tugendhat 1967.
Walsh 1967.
Apel 1967/1968.
Stegmüller 1969.
Körner 1970, 211~289.
Röd 1976.
Inciarte 1978.

제3장_ 경험으로 접근할 수 없는 실재에 대한 참된 진술들이 가능한가

47 어떤 것이 가능하다는 것은 그것의 실재를 제시함으로써만 확실하게 증명될 수 있다. 따라서 학문으로서 형이상학의 가능성을 증명하려고 한다면, 경험으로 도달할 수 없는 실재에 대한 확실한 참된 진술들이 실제로 있다는 것을 입증해야 한다. 그러한 진술들이 **존재한다는 것**을 입증하는 것이 성공함으로써, 우리가 이러한 진술들에 **어떻게** 도달하는지, 또는 이 진술들을 **어떤 방식으로** 다루는지도 명백하게 될 것이다. 이로써 경험으로 접근할 수 없는 실재의 영역이 있다는 것(따라서 실재는 경험 가능한 것과 동일시될 수 없다) 또는 이러한 영역에 어떻게 접근할 수 있는가도 입증될 것이다. 뿐만 아니라 이러한 영역과 관련되는 언술들이 서로 독립적으로 주어진 것이 아니라 비경험적 실재에 대한 참된 언술들의 일관적인 체계를 형성하는 것도 입증될 것이다. 이렇게 이러한 체계가 실제로 있다면, 형이상학은 학문으로 성립될 것이다. 이 점이 이제 우리가 단계적으로 수행하고자 하는 프로그램이다. 여기서 다시 한번 언급하자면, 우리

는 우리에게 대상적으로 주어지는 것을 지각함으로써 생겨나는 경험의 방식으로 경험을 이해한다.

1. "보복" 논증

48 우리 프로그램의 의도에서 볼 때, 인간이 비경험적 실재에 대한 확실한 참된 진술들을 정식화할 수 있다는 점이 입증되어야 한다. 형이상학의 반대자들은 여러 이유에서 이 점을 부정한다. 말하자면 **이들은 경험으로 접근하지 못하는 실재에 대해서 참된 진술을 하는 것은 어떤 인간에게도 가능하지 않다**고 주장한다. 그런데 이들은 바로 이 주장으로써 (그것을 의도하지 않고 스스로 그것에 대한 생각도 하지 않고서) 근본적으로 경험으로 접근할 수 없는 어떤 것에 대한 지식을 표명하고 있다. 말하자면 사람들은 (그것이 어떤 것이든지 간에) 어떤 진술을 함으로써, 따라서 그것을 진술로 실현하고 문법적인 예나 타인의 견해로 언급하지는 않음으로써, 이 진술을 참되다고 주장한다. 하지만 이 진술을 참으로 주장하기 위해서는 그것이 참으로 타당할 수 있기 위한 필연적 조건이 되는 모든 것도 **참이라고, 무제약적으로 타당하다고 동시에 주장해야 한다.** 이를 우리의 경우에 적용해 보자. 경험으로 접근할 수 없는 실재에 대해서 결코 참된 진술을 할 수 없다는 주장은, 우리가 무엇에 대해서는 참된 진술을 할 수 있고 무엇에 대해서는 그렇게 할 수 없는가를 알 때에

만 참일 수 있다. 형이상학의 반대자들에 의해 제시된 주장은 우리 앎의 원천적인 범위에 대한 지식을 함축하고 있다. 그런데 처음에 언급한 지식은 경험으로 접근할 수 없는 어떤 것과 관련된다. 왜냐하면 우리 지식의 원칙적인 범위는 결코 경험적으로(곧 개별적으로 현전하는 대상들의 관찰에 의해) 확정될 수 없다는 것이 분명하기 때문이다. 또한 동시에 우리 지식의 원칙적인 범위에 대한 우리의 지식이 실재에 관련된 어떤 지식이라는 것은 분명하다. 우리 지식의 원칙적인 범위에 대해서 앎으로써, 우리는 실제적인(사실적으로 수행된) 지식을 실제로 규정하는 어떤 것, 곧 그것에 대해서 "실재"라는 명칭을 부정할 수 없는 어떤 것에 대해서 아는 것이다(이 점은 물론 우리가 대상적으로 존재하는 어떤 것에 대해서 안다는 것을 의미하지는 않는다). 따라서 경험으로 접근할 수 없는 실재에 대해서 결코 참된 진술을 할 수 없다는 주장은, 경험으로부터 도출할 수 없지만 그럼에도 여전히 실재와 관련된 지식이 우리에게 가능할 경우에만 참될 수 있다. 하지만 이 점은 제시된 그 주장이 모순을 함축한다는 것을 의미한다. 물론 여기서 명백한 모순에, 그러니까 어떤 진술이 다른 진술과 대립된다는 모순에 관련되는 것은 아니다. 그렇다고 해서 비경험적인 실재에 대한 참된 어떤 것을 말하는 것이 가능하면서도 동시에 가능하지 않다고 말하는 것도 아니다. 오히려 이는 그러한 진술을 수행함으로써 생겨나는 모순에 관련된다. 말하자면 진술의 진리는 진술에서 명시적으로 주장되는 것과 모순되는, 암묵적으로 이루어진 가정에 의존한다. 이러한 가정은 진술의 진리를 위한 불가결한 조건이기 때문에, 이러한 진리가 결코 표현되지 않는다고 주장할 수는 없다. 이 진리는 직접적으로가 아니라 오직 간접적으로, 곧 실제 진술의 표명을 통해서만, 진술이 진지하게 이루어지고 이로써 참으로 주장됨으로써 표현될 뿐이다.

49 이와 비슷한 예는 얼마든지 들 수 있다. 칸트와 논리 실증주의에 대해서 논의할 때(34, 39항), 이미 이와 비슷한 사유 과정이 암시되었다. 여기서는 두 가지 예만 더 언급하겠다. 첫째, 극단적 회의주의는 어떤 입장으로 명시적으로 정식화되는 즉시 필연적으로 스스로 지양된다. 그것은 우리의 인식에 확실한 것이 없다는 주장이 어떤 주장으로서 진지하게 수용될 수 있기 위해서는 자신을 확실한 것으로 생각해야 하기 때문이다. 심지어 이 점은 회의주의가 그저 어떤 개연적인 논제로 옹호될 때조차도 타당하다. 왜냐하면 사람들이 회의주의를 옹호함으로써, 적어도 그 개연성을 확신한다는 것을 함축적으로 주장하기 때문이다. 둘째, 누가 총체적 결정론을 의지의 자유(Willensfreiheit)를 반대하는 논증으로 제시한다면, 이로써 그는 상대방이 합리적 논증을 통해서 결정론의 진리를 확신할 수 있게 되는 것, 곧 상대방이 통찰하는 근거들을 토대로 자신의 판단을 스스로 형성할 수 있다는 확신을 표현하는 셈이다. 하지만 상대방의 주장이 타당하다면 이것은 불가능할 것이다. 왜냐하면 그렇다면 모든 확신, 수용된 모든 입장, 모든 논증도 필연적으로 진행되는 과정의 결과가 될 뿐이기 때문이다. 이러한 결과에 대해서 합리적 논증을 통해서는 어떤 미미한 영향도 미칠 수 없을 것이다(참조: Keller 1982, 66 이하).

50 이러한 종류의 모든 논증은 일종의 "보복"(Retorsion) 논증이다. 이는 증명 과정에서 상대방의 논증을 상대방에게 되돌리는 것이다(더 정확하게 말해서, 고전 논리학에서는 어떤 딜레마가 "반전" 될 수 있을 때 보복에 대해서 말한다. 딜레마는 대전제가 "a이든지 b이든지"라는 완전한 양자택일로 되어 있는 반면에, 소전제에서는 양자택일의 두 가언 명제[假言命題]로부터 동일한 결론이 도출되는 삼단논법이다. 소전제에서 성립되는 두 가언 명제로부터 다른 가정하에서 대립된 결론이 도출될 수 있을 때, 그 논증은 "반전"될 수 있다). 물론 우리의 경우에 이러한 논증 방식의 특수한 형태에 관련되는 것은 아니다. 왜냐하면 여기서는 상대방이 명시적으로 말한 것에 연관되는 것이 아니라, 그가 자신의 주장을 내세움으로써 자기주장의 타당성에 대한 불가결한 조건으로서, 그가 원하든 원하지 않든 간에, 참으로 가정해야 하는 것에 관련되기 때문이다. 따라서 이러한 논증에서 어떤 진술의 진리는 다음의 사실을 통해서 증명된다. 진술의 진리는 그것과 모순적으로 대립되는 진술이 진술의 주장을 통해 함께 생겨난 모순 때문에 스스로 지양된다는 것을 입증함으로써 증명된다. 이러한 논증에서는 잠재된 자기모순이 발견되기 때문에, 논증의 증명력은 매우 높다.

51 그럼에도 불구하고 이러한 논증은 철학적 논의에서 거의 주목받지 못했다. 왜냐하면 이러한 논증에서는 명제 간의 모순이 아니라, 정식화된 진술 내용과 어떤 명제의 진리를 위해서 필연적으로 받아들여야 하는 전제 간의 모순에 관련되기 때문이다. 이로부터 먼저 간접적으로만 표현되는 전제가 명시적으로 표현된 내용에 대립될 수 있기 위해서 일단 정식화되어야 한다는

점으로 귀결된다. 그런데 이 정식화는 한 번에 확정되는 것이 아니라, 여러 방식으로 가능할 수 있다. 그 때문에 모든 대립 또는 그러한 대립으로부터 도출되는 모든 결론은 무분별하고 자의적인 계기를 포함하고 있는 것처럼 보인다. 이러한 인상은 적어도 이전에 확립된 학문의 이상을 향할 때 생긴다. 하지만 여기서 다음과 같은 물음이 제기된다. 그것은 형이상학이 자신에게 적합한 학문성의 개념을 스스로 발전시키지 않고 어떻게 그러한 이상에 따라 측정해야 하느냐는 점이다. 사실 형이상학의 학문 개념은 형이상학적 진술 자체의 특성으로부터 끌어내어야 한다. 지금까지의 숙고에서 이미 다음과 같은 세 가지 특성으로 귀결된다.

52 **1.** 형이상학적 진술들은 대부분 반성되지 않은 일상적 삶의 근본적 확신이 분명하게 의식되는 진술들이다. 이러한 진술들은 그 타당성을 암묵적으로 전제하지 않고서는 결코 진지하게 부정할 수 없기 때문에 매우 확실하다.

53 **2.** 하지만 앞서 언급했듯이 이러한 진술들은 정확하게 확정될 수는 없다. 이 진술들을 명시적으로 정식화하자마자, 이것들은 자신의 고유한 타당성을 가능하게 하는 조건이기도 한 그런 지식을 항상 불충분하게만 표현할 수 있다. 왜 그러한가는 다음과 같이 쉽게 설명될 수 있다. 경험적으로 증명될 수 없는 실재의 계기들에 대한 언술들이 표현하는 것과 그 내용은 정의대로라면, 일반적으로 우리의 인식과 그에 따르는 우리의 진술이 직접 향하는 것에 속하지는 않는다. 그것은 오히려 간접적으로만, 곧 대상에 대한 우리의 진술을 거쳐서만 고려될 수 있다. 형이

상학적 진술에서는 우리의 대상과 관련된 인식 가능성의 조건과 연관되기 때문에, 진술의 내용은 우리에게 익숙한, 어떤 것을 다른 것과 구별하는 그러한 방식으로 표현될 수 없다. 물론 이러한 방식은 대상과 관련된 우리의 진술에 대해서는 정당하게 요구하는 것이다. 그래서 이러한 진술은 목전에 있는 대상을 서술하는 언어의 입장에서 볼 때에는 막연하고 부정확하며 심지어 내용이 없다는 인상까지 불러일으킨다. 그러나 비록 이 진술의 내용이 분명하게 확정될 수 없다고 하더라도, 형이상학적 진술은 전혀 그렇지 않다.

54 **3.** 따라서 우리는 명시적으로 정식화된 인식 차원의 "배후" 또는 "이면"에 다른 인식 차원을 가정해야 한다. 이러한 다른 인식 차원은 일반적으로 전혀 정식화되어 있지 않을 뿐만 아니라 우리의 대상 인식처럼 결코 정식화될 수 없다. 하지만 이러한 인식 차원의 의미는 이 차원이 명시적으로 정식화되고 직접적으로 향해진 인식의 토대라는 점에 있다. 우리는 이러한 인식의 차원을 "암묵적" 또는 "비주제적"이라고 부를 수 있다. 하지만 여기서 이러한 인식이 비록 직접적으로가 아니라 명시적으로 언술된 것의 표현을 통해서 간접적으로 서술된다는 점이 강조되어야 한다. 만일 그렇지 않다면, 우리는 우리 인식의 이러한 배후의 차원에 대해서 어떤 것도 알지 못할 것이다. 그렇게 된다면 이러한 인식에 대해서 인식이나 지식과 같은 것을 말할 수도 없을 것이다. **이러한 식별을 통해서 볼 때 형이상학은 이러한 배후의 근본 지식을 체계적인 방식으로 표현하는 것을 과제로 삼는 철학 분과로 규정될 수 있다.** 형이상학의 어려움, 불확정성,

또한 다른 모든 지식에 토대가 되는 특성은 이러한 과제의 본성으로부터 귀결된다.

55 보복 논증의 도움으로 수행된, 비경험적 실재에 대한 필연적으로 참된 진술의 제시에 대해 있을 수 있는 반론이 있다. 이 반론은 이러한 사고 과정이 얼핏 보기에 주장된 내용을 자신과 관련된 것으로 적용함으로써 역설들이 생기는 진술들과 유사하다는 점으로부터 나온다. 하지만 이러한 역설들은 일정한 규칙을 눈여겨본다면 피할 수 있다. 보복 논증에서 귀결되는 추론을 유사한 방법을 통해서 무효화시키려는 생각도 이와 비슷하다. 물론 이에 대한 전제는 두 경우 모두 실제로 유사하다는 것이지만, 이러한 가정은 사실에 들어맞지 않는다.

고전적인 거짓말쟁이의 역설을 예로 들어보자. 한 크레타 사람이 다음과 같이 말한다. "모든 크레타 사람은 거짓말쟁이다." 이제 여기서 이 명제가 과연 참인지 거짓인지가 문제가 된다. 이 명제가 참이라는 점에서 보자면, 모든 크레타 사람이 거짓말쟁이이므로 여기서 말하고 있는 크레타 사람도 거짓말을 하는 것이고, 따라서 이 문장은 참이 아니다. 반면에 이 명제가 참이 아니라면, 이 크레타 사람은 거짓말을 하는 것이고, 따라서 이 크레타 사람은 참되다. 이렇게 이 예에서는 명제의 참됨에서 그 사람의 거짓됨이, 그 사람의 거짓됨에서 명제의 참됨이 나오게 된다. 다른 예는 러셀(B. Russell)의 역설이다. "자신을 포함하지 않는 모든 집합의 집합(Klasse)을 만들어서, 그 유가 자신을 포함하는지 그렇지 않은지 물음을 제기할 때, 이 물음에 대한 긍정은 그 유가 자신을 포함하지 않는다는 것을 의미하며, 이 물음에 대한 부정은 그 유가 자신을 포함한다는 것을 의미한다"(Bocheński-Menne 1973, 89). 이 경우에 모순은 사람들이 제시하는 모든 가정으로부터 그때마다 서로 대립된 결론이 나온다는 것이다.

그러나 앞서 사용한 보복 논증의 경우는 사정이 전혀 다르다. 우리가 비경험적 실재에 대해 참된 진술을 할 수 없다는 주장은 우리가 진술할 수 있는 것의 한계에 대해서 경험적으로는 결코 도달할 수 없는 지식을 암묵적으로 가정할 때에만 참일 수 있다. 이는 모순에 빠지기 위해서 우리가 고유하게 표현해야 하는 가정에 관련된 것이 아니다. 말하자면 역설이 되기 위해서 그때마다 모순적으로 대립하는 결론이 나오는, 서로 대립된 가정들을 명시적으로 정식화해야 하는 것은 아니다. 따라서 여기서는 양자택일적인 가정을 선택하는 것에 관련되는 것이 아니라, 사람들이 암묵적으로 반드시 수용해야 할 단 하나의 가정에, 단 하나의 전제에 관련된다. 왜냐하면 이러한 가정, 전제는 진술의 진리를 가능하게 하는 조건이기 때문이다.

/참/고/문/헌/
Apel 1984.

2. 부인할 수 없는 것

56 대부분의 진술은 참이거나 거짓일 수 있다. 우연적인 사태의

경우에는 이 이중적 가능성이 항상 주어진다. 그 때문에 (일상적으로 이루어지는 연구에서는 아니더라도 적어도 이론적으로는) 실험 과학이 반증 가능성의 원리(Prinzip der Falsifikation)를 따름으로써 자신을 형이상학과 구분하는 것은 의미가 있다. 말하자면 실험 과학[학문]은 어떤 명제가 거짓일 수 있는 기준이 주어질 수 있을 때에만 학문적 명제에 대해서 말할 수 있다. 실험 과학 명제의 타당성에 대해서 비트겐슈타인은 자신의 일기에서 다음과 같이 기록했다. “어떤 명제가 참일 수 있기 위해서는 거짓일 수도 있어야 한다”(1915년 6월 5일, Wittgenstein 1960, 143). 하지만 이러한 규정이 참된 진술에 대한 일반적인 규칙으로 적용될 수는 없다. 왜냐하면 절대로 거짓일 수 없는 진술들이 있기 때문이다. 그러나 이로써 진술의 논리적 형식을 토대로 동어 반복[항진 명제]처럼 결코 거짓일 수 없는 그러한 진술들만을 말하는 것이 아니라, 그 내용을 토대로 거짓일 수 없는 진술들도 의미한다. 이러한 진술들은 그것이 부정될 경우에 그 진술들을 통해서 필연적으로 함께 주장된 것도 함께 모순에 빠지게 되는 것을 표현하는 진술들이다. 이제 그러한 진술들은 온전한 의미에서 형이상학적 진술들이다. 물론 이와 더불어 결코 참일 수 없는 진술들도 있다. 여기서 모순 명제(또는 무의미한 명제)처럼 그 형식을 토대로 항상 참이 아닐 수 있는 진술들만을 의미하는 것이 아니라, 그 내용을 토대로 항상 참이 아닐 수 있는 진술들도 의미한다. 왜냐하면 이 진술들은 진술을 표명함으로써 모순에 빠지지 않고서는 함께 주장될 수 없는 그런 어떤 것을 주장하기 때문이다. 이런 진술들과 모순적으로 대립되는 명제들이 형이상학의 명제들이다(참조: 52항).

57 앞서서 필연적으로 참되고 내용적인 것을 표현하는 문장들에 대한 몇 가지 예들을 이미 들었다. 이제 물음을 일반적으로 제기해 보자. **어떤 주장을 제시하자마자, 암묵적으로 스스로 모순됨 없이 부인할 수 없는 것은 무엇인가?** 따라서 (그것이 참이든 거짓이든 간에) 온갖 주장을 제시함으로써 반드시 전제하거나 반드시 함께 주장하는 것은 무엇인가? 이 물음에 대한 답은 여기서는 아직 포괄적으로 서술될 수 없다. 왜냐하면 그러한 답은 형이상학 전체에 대한 기획으로 넘어가기 때문이다. 우선은 형이상학을 근거 짓는 것만이 중요하기 때문에, 모든 진술에 함께 주장되는, 근본적으로 주어진 두 가지 사항에 한정하기로 하자. 그중 하나는 고유한 현존재에 대한 지식 안에 함축된 "존재"에 대한 지식이며, 다른 하나는 우리의 진술의 진리 능력에 대한 지식이다.

2.1. 인간은 모든 진술에서 자신의 존재와 "존재" 일반에 대해서 인식한다

58 내가 어떤 진술을 하든지(또는 내가 다른 어떤 의식적인 활동을 하든지), 내가 존재한다는 것은 나에게 의심의 여지가 없다. 이렇게 확정함으로써 데카르트와는 다소 다른 출발점에서 하나의 통찰이 표현된다. 이 통찰을 통해서 데카르트는 회의와 더불어 사유의 수행으로부터 나아가서 "내가 존재한다"는 결정적인 확

실성에 도달하고 자신의 극단적인 회의를 극복할 수 있었다. 여기서 사유의 과정은 거의 동일하지만, 정확히 데카르트가 염두에 두었던 것에 관련되는 것은 아니다. 데카르트에게는 근본적으로 의심할 수 없는 확실성만이 중요했다. 이러한 확실성은 그것을 아무리 자주 말하든지 또는 사유에서 아무리 자주 파악하든지 간에 "나는 존재한다"는 명제에서 주어지는데, 이는 이러한 확실성에서 출발해서 다른 모든 지식을 근거 지을 수 있기 위해서이다. 하지만 우리에게는 무엇보다도 모든 주장을 제기하는 데 있어서 전제되는 그때마다 고유한 인간의 현존재에 대한 이러한 지식이 필연적으로 함께 의식되는 내용으로서 무엇을 함축하고 있는가가 중요하다.

나의 고유한 "현존재"에 대한 이러한 지식이 추론의 결과가 아니라, 여기서는 직접적인 경험에 관련된다는 것을 유념해야 한다. 말하자면 어떤 진술을 하든지 간에(또는 다른 어떤 의식적 활동을 하든지 간에) 나는 나의 행위와 나의 실존(實存, Existenz)을 의식한다. 보다 정확하게 말하자면 함께 의식한다. 따라서 에이어처럼 "나는 생각한다"는 명제를 "지금 어떤 생각이 거기 있다"는 의미로 받아들인다면(참조: Ayer 1970, 59), 이는 여기서 주어진 사태에 대한 오해이다. 왜냐하면 여기서는 한 생각의 현전으로부터 어떤 것이 도출되어야 한다는 점에 관련되는 것이 아니라, 사유 작용에서 나에게 함께 의식되는 것이 무엇인가에 관련되기 때문이다. 이렇게 나의 모든 의식 작용에 동반되는 지식은 다음과 같이 해석되어서는 안 된다. 그러니까 어떤 "사물"에 대해서 그것이 어떤 활동(곧 사유)을 수행한다고 말할 수 있을 때에는, 이러한 진술에는 이 "사물"도 존재한다는 점이 함축되는 것처럼 확정해서 해석해서는 안 된다. 따라서 이러한 지식은 어떤 객관적인 관찰자라도 경우에 따라서 확정할 수 있는 그런 것이 아니라, 내가 행위하는 자로서 알고 있는 것, 나의 활동을 수행하면서 나에게 현전하는 것에 관련된다. 그리고 이는 내가 근원적인 방식으로 알고 있는 나의 고유한 실존이다. 따라서 이러한 지식은 다른 어떤 곳에서 얻어진 실존의 개념을 통해 매개되지 않을 것이다. 왜냐하면 의식적인 활동에서 나의 현존재가 나에게 주어지며, 그것을 통해서 나는 "존재한다"는 것이 무엇을 의미하는지를 비로소 전적으로 알게 되기 때문이다.

2.1.1. 이러한 지식의 문제점

59 물론 이러한 지식은 독특한 지식이다. 한편으로 내가 존재한다는 것, 내가 실존한다는 것은 나에게 의심의 여지가 없다. 여기서 나에게 "존재"의 의미는 내가 그것에 대해서 새삼스럽게 배워야 하는 것도, 배울 수도 없는 그러한[직접적인] 방식으로 밝혀진다. 하지만 다른 한편으로 나의 고유한 자아, 나의 고유한 실존은 결코 나에게 실제적으로[대상적으로] 파악될 수 없다. 여기서 나에게 밝혀지는 것은 확정될 수 없다. 나의 자아만큼 나에게 가까운 것은 없다. 그럼에도 불구하고 내가 나의 탐색의 눈길을 나의 자아로 돌릴 때, 그것은 거의 발견될 수조차 없다. 내가 나의 자아를 나의 대상적 인식의 배후로 놓아둔다면, 나의

자아는 의심할 여지 없이 그 배후에 있다. 그러나 내가 그것을 파악하려고 하자마자, 그것은 달아나 버린다. 나의 자아 자체는 결코 나에게 경험적으로 주어지지 않는다.

60 그러므로 주장에서 범해진 모순에도 불구하고, 흄이 『인간 본성론』(*Traktat über die menschliche Natur*, 제1권 4부 6장)에서 우리는 의식의 상태만을 지각할 수 있을 뿐이며, 인격적 동일성을 보증하고 구성하는 자아의 실존에 대한 확실성에는 결코 도달할 수 없다고 주장한 이유를 어느 정도 이해하게 된다. 왜냐하면 나는 나 자신을 경험 없이는 결코 만날 수 없고, 자아 자체는 결코 관찰될 수 없다는 것은 옳기 때문이다. 마찬가지로 우리는 『순수 이성 비판』의 선험적 오류 추리(*KrV* A 341~405, B 399~432)의 중심부에서 "나는 생각한다"에 대한 개념적 분석에 근거를 두는, 합리적 형이상학의 영혼론을 비판한 칸트도 이해할 수 있다. 어쨌든 그의 비판에서 다음과 같은 점은 옳다. "모든 사유에 토대를 이루는 자아는 자신과는 다른 대상으로서 사유에 주어지는 것과 동일한 의미로 대상이 될 수 없다. 또한 직관적으로 주어진 것을 종합하는 법칙으로서 범주가 … [현상에 대해서와 같이] 자아에 적용될 수 없다"(Brugger 1955, 116). 하지만 이로써 사유하고 행위를 하는 인간이 자신의 고유한 현존재에 대해서 어떤 것도 모른다는 것을 입증되는 것은 아니다. 이 점은 칸트 자신이 어떤 각주에서(B 422 이하) 자아에 대해서 "실제로 존재"하지만 경험적 표상으로서가 아니라 "순수 예지적[지성적]"으로 주어진다고 말할 때 직감적으로 파악한 것이다. 더욱이 칸트에 의하면 이러한 실존 체험은 범주의 적용을 통해

서 이루어진 경험에 선행한다(참조: Brugger 1955, 114~119).

61 흄, 칸트, 그리고 다른 이들의 사유의 배후에는 지식은 분명하게 제시될 수 있는 대상들에 관련될 때에만 지식에 대해 말할 수 있다는 확신이 숨어 있다. 물론 이러한 점이 문법적 형식에 따라서는 항상 그럴 수밖에 없다는 것은 의심의 여지가 없다. 말하자면 어떤 것을 어떤 대상으로 나타내어서 그러한 것으로서 논의 속으로 이끌어 들이지 않고서는 어떤 것에 대해서 진술할 수 없다. 그러나 이로써 남김없이 객관화될 수 있는 것만이 자명하게 항상 언어적으로 수행되는 철학적 논쟁으로 들어올 수 있는가는 여전히 결정될 수 없다.

2.1.2. 인간 지식의 한계에 대한 물음

62 남김없이 객관화될 수 있는 것만이 철학의 논의로 들여올 수 있는가라는 물음과 더불어서, 모든 체계적 사유에서 우리 인식의 한계에 대한 결정적인 물음 또는 우리 언어의 한계에 대한 물음, 그리고 이와 더불어 우리 세계에 대한 물음도 제기된다. 이러한 물음에 관련해서는, 『논리 철학 논고』(*Tratatus Logico-Philosophicus,* 이하 '논고'로 약칭함)에서 언급한 "**나의 언어의 한계는** 나의 세계의 한계를 의미한다"(*Tratatus* 5.6)는 비트겐슈타인의 진술에 전적으로 동의할 수 있을 것이다. 그럼에도 불구하고 『논고』에서 상정하는 우리의 언어와, 그 때문에 우리의 세계에 대한 한계 규정은 너무 편협해져 버린다는 생각이 든다. 이러한 이해는 『논고』에 토대를 두고 있다. 여기서 비트겐

슈타인 자신은 한편으로 머리말에서 다음과 같이 확신한다. “일반적으로 말할 수 있는 것은 분명하게 말할 수 있다. 이에 대해서 말할 수 없는 것에 대해서는 침묵해야 한다”(참조: 4.116과 7). 이 『논고』 전체에서 그는 이 원칙을 계속해서 고수한다. 하지만 다른 한편으로 『논고』의 마지막 부분에서 이 원칙의 아포리적인 특성을 난해한 소견으로 전체 『논고』의 무의미함을 주장함으로써(6.54) 표현한다. 뿐만 아니라, 말할 수 없는 것, 신비적인 것, 그에 대해서 사람들이 말할 수 없는 것을 개괄적으로 언급함으로써 이러한 특성을 표현한다.

63 그런데 비트겐슈타인의 이러한 견해를 살펴봄으로써, 우리가 할 숙고에 대한 어떤 것을 앞지른 셈이 되었다. 왜냐하면 많은 언어 철학자들의 견해가 우선적으로 보다 상세하게 검토되어야 하기 때문이다. 이들에 의하면 객관화될 수 있는 대상, 곧 명료하고 분명하게 확인될 수 있는 대상으로 규정될 수 있는 것만이 진지한 철학적 논의로 끌어들일 수 있다는 것이다. 이러한 문제에서는 앞서 이미 암시했듯이, 우선 언어적으로 대상으로서 논의 가능한 것에 대해서만 말해질 수 있다는 점만이 인정되어야 한다. 그러나 근본적으로 동어 반복적인 확정으로는, 명백하게 서술될 수 있는 것만을 인식된 것으로 여길 수 있다는 것이 아직 결정된 것은 아니다. 분명히 우리에게 언어가 전혀 없는 인식은 없다는 의미에서 인간의 인식은 언어에 매여 있다. 왜냐하면 실재에 대한 언어적 해석 없이는 어떤 실재 자체도 주어지지 않기 때문이다. 하지만 실재에 대한 언어적 서술이 이러한 실재의 이해를 위해서 필수적이라는 점으로부터, (적어도

그 대상을 명백하게 기술하는) 언어가 남김없이 서술할 수 있는 것만이 존재한다는 점이 귀결되지는 않는다. 언어가 관계하는 실재가 개념적으로 정확히 진술할 수 있는 것 이상을 포함하지 않는다고 주장할 수는 없다. 따라서 결코 실증적으로[긍정적으로] 서술될 수 없고, 오히려 긍정적이고 부정적인 진술들의 결합을 통해서 알려줌으로써만 언어로 표현될 수 있는 실재의 어떤 차원이 존재한다는 것을 배제할 수 없다. 이렇게 "변증법적인" 진술 방식은 그것이 실재에 대한 언어적 서술과 관련될 때는, 선험적으로 부당하다고 말할 수 없다.

64 하지만 이러한 점에 대해서 다음과 같은 반론이 제기된다. "역설적 현상(paradoxen Phänomene)이란 것은 존재하지 않는다. 어떤 현상을 기술할 때 모순이 생긴다면, 우리는 그러한 기술이 부적합한 전제로부터 시작했으며, 부적당한 범주적 수단을 사용했다는 것을 인정하지 않으면 안 된다"(Tugendhat 1979, 11). 많은 이들이 공유하는 이러한 입장에 대해서는 우선 그 배후에 실재, 인식, 언어에 대한 매우 특별한 이해가 놓여 있다는 것을 염두에 두어야 한다. 다시 말해서 이러한 입장은 대상으로 확정될 수 있는 것만이 실재이며, 명백하게 서술될 수 있는 인식만이 인식이고, 그 때문에 모든 것을 대상으로 정확하게 확정하는 언술만이 실재에 대한 진술로서 허용된다는 생각에서 출발한다. 이러한 숙고의 순환적 구조는 분명하게 드러난다. 하지만 이로써 이러한 입장이 근거가 없는 선택이라는 것도 드러난다(투겐트하트 자신도 이 점을 암시한다. 참조: 1979, 58). 이러한 입장은 방법론적 이유들 때문에 어떤 특수한 영역에서는 허용될

수 있지만, 실재에 대한 철학적 해석에 대해서는 심각한 문제를 야기한다. 더 나아가서 비트겐슈타인의 『논고』에 대한 앞에서의 간략한 고찰에서 이미 암시되었듯이(62항), 완전하게 분명하고 정확함을 염두에 두는 사유도 결국은 아포리적인 결론을 피할 수 없다는 점이 언급되어야 한다. 더 정확하게 말해서 이와 같은 결론을 피할 수 있는 것은 (우리의 대상적 지식 자체의 최종적인 가능성의 조건에 대한 물음과 같은) 포괄적인 물음을 설정하는 것을 애초부터 포기할 때뿐이다. 왜냐하면 현상을 정확히 정해진 어떤 것으로만 이해하거나 나타나는 것을 그것이 분명하게 기술될 때까지 나누고 제거한다면, 모순적인 현상은 실제로 없기 때문이다. 하지만 그러한 방법으로 진행한다면, 전체적이고 포괄적인 문제들을 더 이상 간파하지 못하며, 이로써 경이로움을 자아내고 신비로 가득 찬 모든 것(이러한 것은 무의미하고 모순적인 것과 선험적으로 동일시해서는 안 된다)은 사유에서 사라지게 된다.

65 그렇다고 해서 우리가 초개념적인 것의, 객관적인 언술로 완전하게 서술될 수 없는 것의 실재를 처음부터 허용하지 못한다고 확신하지는 못한다. 이로써 우리가 이러한 초개념적인 차원도 있다는 것을 아직 증명한 것은 아니기 때문이다. 이러한 증명은 우리의 경험에 대한 반성을 통해서만 이루어질 수 있다.

2.1.3. (전적으로) 객관화될 수 없는 것에 대한 지식

66 분명하게 확정될 수 있는 대상만을 실재로 간주하는 철학자

는 다음과 같은 점을 간과한다. 그들에 의하면 내가 어떤 대상을 생각하고, 그것에 대해서 말하고, 그것에 대해서 판단할 때마다 나는 그러한 사유, 언어, 판단의 작용에서 나의 현실적인 존재를 파악한다. 이로써 나는 "실존한다" "존재한다"는 것이 도대체 무엇인지를 알게 된다는 것이다. 따라서 나의 지식은 **단지** 결코 대상으로 정확히 규정되는 어떤 것에 대한 지식[앎]**만이** 아니다. 오히려 나는 어떤 것을 이 대상적인 어떤 것으로서 알 수 있기 위해서는 **내가 알고 있다는 것**을 알아야 한다. 이로써 내가 인식하는 자아와 나 자신의 인식이 나에게 **함께** 주어지게 된다. 나 자신의 인식과 나 자신의 실존에 대한 이러한 앎은 객관적 지식이 아니라 나의 객관적 지식이 가능할 수 있는 조건으로서 이 객관적 지식의 배후일 수 있을 뿐이다. 이러한 앎은 본래 명확히 드러나지도, 결코 적합하게 서술될 수도 없다. 이 점은 내가 나 자신의 자아에 관심을 기울이고 내가 내 자아에 대해서 말할 때에도 타당하다. 그렇다면 내가 (나로 존재하는) 주체와는 구별되는 대상으로 만들지라도, 또는 더 낫게 말해서 그렇게 만들기 때문에, 내 자아는 말함을 수행함에서만 내가 그것에 대해서 말하는 것으로서 함께 주어질 뿐이다. 대상에 대한 인식의 모든 작용에 함축되는, 내 실존의 "나 자신에 대한 현전성(現前性)"은 내 자아의 어떤 개념을 통해 매개되는 것이 아니라 직접적으로 나타나며, 그래서 경험적 특성을 지닌다. 물론 지식의 이러한 직접성은 "매개된 직접성"으로서, 이는 직접성을 배제하지 않는 매개에 관련된다. 따라서 여기서 아는 사람 자신은 의식된 것이며, 의식된 것은 자체로 아는 사람이다. 하지만 이러한 지식은 나에게는 항상 특정한 대상들에 대한 앎의 작용에서 함축된 것으로 주어지게 된다. 그래서 나는 나의 자아 또는 나의 실존에 대해서 명백하게 지성적인 직관을 갖지 못한다.

67 나의 자아(나의 실존)에 대한 앎은 이와 같은 매개된 직접성의 구조를 가지기 때문에, 이에 대해서 심지어 대립적인 것으로 보이는 것을 주장할 수 있고, 그렇게 해야 한다. 객관적 지식을 인식의 척도로 받아들인다면, 자아 자체는 표현될 수 없다. 하지만 이로부터 내가 나의 자아에 대해서 말할 때, 다음과 같이 양자택일만을 할 수 있다는 결론이 결코 나오지 않는다. 이러한 양자택일은 결코 나의 자아 자체는 될 수 없는 경험적 자료들에 대해서 말하든지, 아니면 그저 영원히 미지의 X를 가리킬 뿐이다. 왜냐하면 나의 자아는 (비록 그 어떤 사람 또는 그 어떤 것과는 다름에도 불구하고) 나에게 가장 잘 알려져 있기 때문이다. 말하자면 나의 자아는 직접적으로 경험되는 것으로서, 동시에 모든 의식적인 행위에서 함께 표현되는 것으로서 존재하는 것이다. 단지 이러한 표현은 고정된 의미 내용으로서 정적으로 이해된 개념을 통해서는 이루어지지 않는다. 오히려 이러한 표현은 수행의 역동성을 통해서, 곧 자기 자신의 가능성의 조건인 파악함을 통해서(작용으로서 개념을 통해서)만 이루어진다. 그러므로 이렇게 표현된 것은 근본적으로 확정될 수 없다. 따라서 이는 분명하게 확인될 수 있는 것만을 실재로서 간주하려는 사람들에 의해 쉽게 간과될 수 있다. 비록 이렇게 표현된 것이 모든 지식과 이해의 근거이자 포괄적으로 선험적인 것이

기는 해도 말이다.

68 한 가지 견해를 덧붙이겠다. 나의 자아와 나의 고유한 실존은 나의 모순 진술에서 비경험적이기는 하지만 결코 간과될 수 없는 실재로 드러난다. 이 점은 모든 주장이 항상 단순한 본능적 반응이나 기계적인 "자료 제시" 이상의 것이라는 사실에 의해 나타난다. 내가 어떤 것을 주장했다면, 그 안에는 항상 다음과 같은 사실도 함께 표현된다. 이러한 입상을 취하는 것이 나로부터 나오는 것이며, 나는 그 배후에 있으며, 나는 스스로 그것을 인정한다는 것이 함께 표현되는 것이다. 물론 이렇게 주어짐은 객관적 사유에 대해서는 다시 모순된다. 말하자면 나는 용어의 충만한 의미에서 근원이기에, 나와는 다른 어떤 것으로 환원될 수 없는 어떤 것이 나에게서 나온다. 그렇지만 나는 순수한 절대적 근원일 수는 없다.

2.1.4. 방법적인 숙고와 결론

69 앞서 우리는 우리의 진술과 관련되는 것에 대해서가 아니라, 의식적으로 수행된 인간 행위인 모든 진술에서 필연적으로 전제되는 것에 주목했다. 칸트 이래로 이렇게 얻어진 인식은 "초월적"(transzendental)이라 불린다. 이 인식은 대상들을 직접 다루는 것이 아니라 실제 수행되는 대상들의 인식에 대한 선험적인 조건들을 다룬다. 칸트가 만든 정식은 다음과 같다. "나는 대상들을 다루는 것이 아니라 대상들에 대한 우리의 인식 방식을 일반적으로 다루는 모든 인식을 초월적이라고 부른다"(*KrV*

B 25). 초월적 반성을 통해서 얻어진 인식의 체계는 칸트 이래로 "초월 철학"이라 불린다. 그런데 이는 칸트만이 독자적으로 발견한 것이 아니다. 초월 철학은 칸트 이전에는 칸트에게서 찾아진 것처럼 완전한 방법적 의식으로 적용되지 않았다. 하지만 그 토대를 이루는 통찰, 곧 대상에 대한 인식이 우리의 인식 가능성의 조건들을 통해서 함께 규정된다는 점은 이미 플라톤 이래로 철학 속에 존재해 왔다(참조: Flasch 1973, 105~152). 심지어 사람들은 칸트를 다음과 같이 비난할 수 있다. 말하자면 칸트가 초월적 반성의 가능성들을 자신의 합리주의적, 경험주의적 입장 때문에 제한적으로만 탐구했을 뿐이고 사유의 최종적 근거까지는 진입하지 못했다는 것이다.

70 우리는 초월적인 반성의 가능성들이 칸트가 인정했던 것보다 훨씬 더 나아갔다는 점을 이미 앞선 숙고에서 보았다. 이러한 숙고를 통해서 우리는 우리 자신의 존재와 더불어 존재 일반에 대해서 개념으로 확정될 수는 없지만, 모든 의식적 행위에 직접적으로 함축된 지식으로서 자기의식에 도달하게 되었다. 초월적인 반성은 보통은 주목되지 않은 실재 또는 인식의 차원을 규명한다. 이러한 차원은 그 안에서는 실재와 인식의 구별이 어떤 의미도 더 이상 갖지 않는다는 점을 통해서 특징지어진다. **왜냐하면 그 안에서는 실재와 인식이 동일하며, 여기서 실제적인 것은 인식된 것이고 인식된 것은 실제적인 것이기 때문이다.**

71 초월적 반성은 언어적 행위로부터 시작해서 언어의 비대상적 함축성을 탐구한다. 그 때문에 언어 분석 철학은 자신의 실증주의적 초기 입장에서부터 지녀 왔던 분석이 의미할 수 있는 바

에 대한 선입견을 근본적으로 극복하리라고 기대했다. 하지만 언어 철학은 언어학 또는 형식적 의미론으로부터 분명하게 구별될 수 없다. 대상적으로 표현된 것만 주목하고 모든 언어 작용이 여러 가지로 가리키는 가장 의미심장한 실재의 차원을 인식하지 못하는 한에서는 그러하다. 그래서 언어 철학은 여전히 온전한 의미에서 철학 분과로 통용될 수 있다.

/참/고/문/헌/

Marechal 1949.
Lotz 1955.
Muck 1964.
Holz 1966.
Holz 1973.
Lotz 1978.
Krings 1979.

2.2. 진술과 실재의 근본적 일치에 대한 앎

72 (그것이 무엇이든지, 어떤 방식으로든지, 곧 가능적인 것이든 개연적으로든) 어떤 것을 주장하는 사람은 그저 그가 명시적으로 확정하는 것만을 주장하는 것은 아니다(예를 들어 이 기차가 빨리 달린다, 모든 사람은 죽는다, 정의로운 것은 의무이다). 더 나아가서 그는 이와 더불어서 그가 주장하는 것이 실제로 그렇다는 것도 암묵적으로 주장하고 있다. (그것에 대해 언급되는) "사태"가 **어떠하다**는 것을 말하는 것은 동시에 그 사태가 실제로 **그러하다**는 것을 말하는 것을 함축하지 않는다면, 아무 의미가 없을 것이다. 거짓말, 아이러니, 은유적인 말과 같은 어렵고 복잡한 문제들은 여기서 제대로 다룰 수 없다. 다만 다음과 같은

점을 확정할 수 있겠다. 거짓말을 하는 사람도 거짓말쟁이로 이해되는 것이 아니라 그의 주장을 진지하게 내세우고 그것을 진리에 대한 요구와 더불어 내보이려는 사람으로 이해되려는 의도를 가지고 있지 않으면 안 된다. 그렇지 않다면 그 거짓말은 목적에서 빗나가게 되기 때문이다(이에 대해서는 참조: Weinrich 1974). 따라서 어떤 진술의 진리를 함축하는 주장은 필연적으로 그 언술 자체에 속한다.

73 하지만 이러한 점은 아주 평범한 것을 확정하는 것처럼 보인다. 이러한 점으로부터 무엇이 도출된다는 말인가? 개별 진술의 진리는 결코 그 진술로부터 근거하지 않는다. 왜냐하면 일반적으로 모든 주장에 동반되는, 주장된 사태의 진리를 확신하는 것은 결코 잘못된 주장을 배제하지 못하기 때문이다. 그럼에도 불구하고 모든 진술에 내포된, 진술의 진리에 관한 주장은 중요한 사실이다. 다음의 두 가지 사유 과정에서 이 점을 주제로 다룬다.

2.2.1. 우리 진술의 근본적인 진리 능력

74 다음과 같은 예로 시작해 보자. (정신병자를 제외하고) 사람들은 자신의 진술이 잘못될 수 있다는 것을 안다. 그러나 그 때문에 사람들이 어떤 주장들을 제기할 수 없는 것은 아니다. 왜냐하면 이 주장들에도, 비록 이 주장들이 가능하기만 하거나 개연적으로 보이더라도, 절대적인 것에 대한 요구가 나타나는 계기가 포함될 수 있기 때문이다. 이 점은 모든 진술에 포함된,

진술의 진리에 관한 주장을 소위 "두 겹"으로(zweischichtig) 생각해야 한다는 것을 추정하게 한다. 다시 말해서 이러한 주장은 오류에 빠질 수 있는 측면을 내포하지만, 그럼에도 오류의 영향을 받지 않는 다른 측면도 내포한다. 이러한 추정은 다음의 숙고를 통해서 확증될 것이다.

75 "참"과 "거짓"은 진술에 있어서 서로 대립하는 두 가지 진릿값에 해당한다. 명제를 순수하게 형식적으로 고찰하자면, 두 진릿값은 동등한 가치를 지니는 것으로 여겨질 수 있다. 하지만 이러한 진릿값이 진술의 내용과 관련되는 즉시, 진술의 성질로서 "참"과 "거짓"은 결코 동등한 가치를 지닌 선택 사항이 아니다. 이는 다음과 같은 이유 때문이다. 참된 진술이 가능하기 때문에만, 거짓이고 그릇된 진술들도 가능하다고 말할 수 있다. 그러나 반면에 거짓된 진술이 가능하기 때문에만, 참된 진술이 가능하다고는 말할 수 없다. 달리 말하자면, 오류는 진리에서 벗어나는 것이지만, 진리가 오류에서 벗어나는 것은 아니다. 여기서는 어떤 "대칭 관계"도 성립하지 않는다. 스피노자는 이러한 점을 많이 인용되는 명제로 다음과 같이 표현했다. "진리는 그 자신과 허위의 기준이다"(*Ethik* II. Prop. 43 각주).

76 오류뿐만 아니라 진리도 진리를 통해서 인식된다는 것이 무엇을 의미하는지를 이해하기 위해서는 다음과 같이 물을 수밖에 없다. 거짓된 진술을 거짓으로, 참된 진술을 참으로 인식하게 하는 것은 무엇인가? 이에 대해서 다음과 같이 답할 수 있겠다. 거짓된 진술은 인식하는 사람이 자신의 진술이 실재와 일치하지 않는다는 것을 안다는 사실을 통해서 거짓으로 인식된다.

그러나 이 점은 실재 자체에 대한 어떤 앎(그러니까 무제약적으로 참인 앎)에 근거해서만 가능하다. 따라서 허위의 기준은 진리이다(*norma falsi est veritas*). 이와 마찬가지로 참된 진술도 인식하는 사람이 자신의 진술이 실재 자체와 일치한다는 것을 안다는 사실을 통해서 참으로 인식된다. 그러나 이 점은 그 사람이 실재 자체를 실제로 인식할 수 있을 때에만 가능하다. 따라서 진리의 기준은 진리이다(*norma veri est veritas*). 이렇게 해서 자기 자신과 허위의 규범인 "진리"(*veritas*)는 배후에 놓여 있고 판단 자체를 가능하게 하는 것으로서 인식과 실재의 일치이다. 따라서 진리는 실재 자체에 대한 (선험적인) 앎으로도 서술될 수 있다. 그 때문에 여기서는 **무제약적으로 참된 앎,** 오류에서 벗어나 있는 앎에 관계된다. 이러한 앎은 개별적 진술에서는 어떤 오류도 없이 표현되지는 않지만(그렇기 때문에 개별 진술 자체는 항상 오류에 빠질 수 있다), 그럼에도 모든 개별 진술에 들어 있을 수밖에 없다. 왜냐하면 이러한 앎 없이는 앞서 언급된 진리와 오류의 "비대칭성"은 생각될 수 없을 것이기 때문이다. 달리 표현하자면, 우리의 모든 진술에는 개별 진술의 진리에 대해서 오류에 빠질 수 있는 앎뿐만이 아니라, 우리의 진리 인식의 최종적 근거에 대해서, 우리 이성의 본성에 대해서 오류에서 벗어나 있는 앎도 내포되어 있다. 진술에 내포된 것으로서 이성의 근본적인 진리 능력에 대한 의심될 수 없는 앎은 우리가 전적으로 진리와 오류를 구분할 수 있는 것을 가능하게 하는 조건이다.

77 이러한 선험적인 앎이 어디에서 유래하는가는 마찬가지로 자

주 인용되는 토마스 아퀴나스의 다음 글에서 밝혀진다. "이성[지성, *intellectus*] 안에 이성의 작용에서 나오는 것으로서의 진리와 이성을 통해서 인식되는 것으로서의 진리가 현재한다. 말하자면 진리는 이성의 판단이 있는 그대로의 실재를 나타내는 한에서 이성의 작용으로부터 나온다. 하지만 진리는 이성 자신이 수행한 것을 반성하는 한에서 이성에 의해 인식된다. 이러한 반성을 통해서 이성은 자신이 수행한 것에 대해서 알 뿐만 아니라 자신이 실재에 상응한다는 것도 안다. 하지만 이러한 실재는 능동적인 원리의 본성, 곧 실재와 일치하는 것이 그의 본성에 해당하는 하나의 원리로서 이성의 본성이 인식될 때에만 인식될 수 있다. 따라서 이성은 자신을 반성함으로써 진리를 인식한다"(*De Ver* q.l a.9). 하지만 자신을 반성한다는 것은 자기 자신을 파악한다는 것을 의미한다. 이로써 다음과 같은 결론이 나온다. 진리 인식의 최종적 근거는 이성의 자기 현전(Selbstgegenwart)으로서 앞서 제시된(66항) 인간이 "자신과 더불어 있음"(Bei-sich-Sein)이다.

2.2.2. 진술과 실재 간의 일치와 차이

78 더 나아가서 진술의 진리(또는 허위)에 대해서는 다음의 숙고가 중요하다.

어떤 진술에 속하는 "참" 또는 "거짓"이라는 술어는 실재에 대한 진술의 어떤 **관계**를 말한다. 말하자면 "참"은 진술과 실재 간에 일치와 대응이 성립된다는 것을 말한다. 반면에 "거짓"이라는 술어는 진술과 실재 간의 불일치를 확정한다. 물론 여기서 다음과 같은 질문이 제기된다. 그렇다면 이 경우에 일치는 무엇을 의미하는가? 일치는 진술이 실재를 있는 그대로 서술한다는 것을 의미해야 하는 것처럼 여겨진다. 그렇다면 진술이 과연 그렇게 서술하는 것인가? 서술의 정확성을 과도하게 요구하지 않는다면, 긍정적으로 대답할 수 있겠다. 예컨대 "네 방의 벽은 무슨 색인가?"라는 물음에 대해서, "방의 벽 색깔은 노란색이다"라는 대답이면 충분하다(물론 여기서 그 색이 실제로 노랗다는 사실이 전제된다). 노란색이 여러 가지 음영의 색으로 나타나기 때문에, "노란색"이라는 명칭이 매우 부정확한데도, 앞의 대답은 옳다. 따라서 비록 진술이 실재를 최종적으로는 정확히 표현할 수 없다고 하더라도, 앞의 대답을 참된 것으로 여길 것이다. 왜냐하면 많은 규정으로부터 추상을 하는 것은 거짓이 아니기(*Abstrahentium non est mendacium*) 때문이다. 종종 전체적인 상황에 대한 더욱 상세한 서술을 통해서만 가능한, 대상에 대한 더욱 정확한 서술을 통해서 진술은 실재에 더욱더 가까이 다가가게 됨으로써, 실재와의 일치는 항상 더 정확해지게 된다.

79 그러나 여기서 다음과 같이 숙고할 수 있다. "더 정확하다"라는 말은 절대 "완전히 정확하다"는 의미가 아니다. 따라서 진술은 결코 있는 그대로의 실재를 서술할 수 없다. 진술과 실재의 완전한 일치는 배제된다. 이와 같은 통찰과 더불어 참된 진술의 가능성에 대한 근본적인 물음이 첨예하게 대두된다. 진리 자체를 구성해야 하는 것, 곧 진술과 존재하는 것과의 일치가 그 완전한 본래적인 의미에 따라서는 결코 실현될 수 없다면, 그러한

진술을 전적으로 참이라고 말할 수 있는가? 그렇다면 진리는 결코 도달할 수 없는 이상일 뿐이지 않은가? 왜냐하면 우리는 우리의 진술이 항상 실재의 모형(模型, Modell)을 제공할 뿐이라는 것을 인정할 수밖에 없기 때문이다. 이러한 모델은 그것이 실제로 입증되고 그 자체로 일관적이라고 하더라도, 결코 실재와 정말로 일치하지는 않는다. 그렇다면 칸트와 더불어 다음과 같이 말할 수밖에 없는 것이 아닌가? 그러니까 우리는 우리의 인식구조에 나타나는 데로만 사물에 접근할 수 있을 뿐이어서, 실재자체는 우리에게 영원히 숨겨져 있는 것이 아닌가?

80 하지만 이러한 추론이 불가피한 것은 아니다. 이러한 추론은 단지 진술에서 형태를 갖추는 인식의 매우 중요한 측면을 간과함으로써만 귀결된다. 다시 말해서 왜 우리가 실재 자체에 접근할 수 없는가를 생각할 수 있는지에 대해서 해명하지 않으면 안 된다. 이에 대한 근거는 분명히 진술과 실재 간의 결코 극복될 수 없는 **거리**에 대해서 우리가 안다는 것이다. 우리가 이러한 거리를 **안다는 것**은 의심의 여지가 없다. 왜냐하면 이 거리는 "인식 비판적인 문제"를 전적으로 부각시킬 수 있는 조건이기 때문이다. 이러한 문제는 진술에서 표명되고 개념적으로 서술된 인식과 실재의 일치에 대해서 말할 수 있는가라는 물음이다. 따라서 이러한 앎의 사실은 확고하다. 하지만 이러한 앎을 어떻게 설명하고, 이러한 앎은 어디서 유래하는가? 우리가 이러한 앎의 유래를 물을 때, 다음과 같은 점이 분명해진다. 이 앎은 진술에서 적극적인 내용으로 서술되는 것으로부터 유래할 수는 없다. 왜냐하면 진술 속에 표현되는 것은 진술 자체가 불

충분하다는(진술 자체가 부정적이라는) 경험의 근거일 수 없기 때문이다.

81 진술과 실재 간의 거리에 대한 앎은 진술을 하는 사람이 있는 그대로의 실재 "자체"를 진술 자체가 내포하는 것과 **비교함**으로써만 설명될 수 있다. 그러나 이 점은 주제적으로 명백히 표현되는 앎과 "더불어" 또는 앎의 "배후에" 있다는 것 외에 어떤 것도 의미하지 않는다. 다시 말해서 우리가 개념적으로 정확히 해명할 수 있는 앎 외에, **우리에게 현재하는 것으로서 있는 그대로의 실재 "자체"와 일치하는 또 다른 앎(또 다른 인식 계기)이 있다.** 우리의 인식에서 이러한 인식 계기가 없다면, 진술에서 주제적으로 명백히 표현되는 앎의 불충분함은 결코 우리에게 의식될 수 없을 것이다. 따라서 이러한 앎의 현존은 부정될 수 없다. 하지만 있는 그대로의 실재에 대한 이러한 앎은 단지 비주제적으로만 주어질 뿐이다. 따라서 이러한 앎은 초월적 반성을 통해서만 해명될 수 있는 것으로서 우리 진술의 불충분성에 대한 앎이 가능할 수 있는 조건이다. 그렇기 때문에 우리의 주제적인 명백한 인식이 모델적인 것에 불과하다는 경험이 왜 우리에게 실제적인(곧 즉시 극복될 수 없는) 문제를 의미하는가를 쉽게 이해될 수 있다(참조: De Petter 1964, 27~29).

82 이렇게 진술에 표현된 우리의 인식에 있어서 매우 중요하며 배후에 있는 인식 차원은 우리가 다음의 사실을 의식하고 있다는 것을 보여 준다. 이는 진술이 항상 실재에 더욱더 가까이 **접근할** 수 있다는 점이다. 이 점은 우리가 비주제적인 (그리고 결코 전적으로 주제화될 수 없는) 방식으로 실재 자체에 대해서

알 때에만 이해될 수 있다.

83 이로부터 새롭게 형이상학에 대해서 근본적인 구분이 이루어진다. 우리는 이미 이러한 구분을 종종 마주쳤다(참조: 54, 63, 70항 이하). 앞서 언급했듯이(74항) 언어를 통해서 서술되는 우리의 앎은 "두 겹"으로 되어 있다. 인간의 인식 작용의 **전면**에는 진술에서 직접적으로 표현되는 앎의 계기가 서 있다. 이 앎의 계기는 실재에 대해서 정적이고 추상적인 특성 때문에 항상 불충분하게 머물러 있으며, 모형적으로 구성된 한 축으로서 우리의 인식 구성체 안에 놓여 있다. 반면에 인식 작용의 **배후**에는 인식 내용과는 달라서 주제적으로는 결코 의식되지 않는 앎의 계기가 있다. 이 앎의 계기는 진술의 여러 성질을 통해서만 간접적으로 표현될 수 있고, 분명하게 확정될 수 없다. 이 앎의 계기는 우리의 인식 구조에서 다른 축으로서 진술에서 표명되는 인식이 실제적으로 타당하다는 것을 보증한다(참조: De Petter 1972, 85~88).

84 인간 인식의 이 두 계기는 동일한 가운데 서로 상이하다. 이 두 계기는 서로 긴장 관계에 놓여 있으며, 서로를 보완해 준다. 인식된 것을 명백하게 규정된 개념 자체로, 곧 그것에 대해서 자신과 다른 이들에게 오해 없이 일의적인 분명함으로 설명할 수 있는 것(이러한 것이 있다면, 이는 항상 고립된 범위 내에서만 가능하다)으로 제한한다면, 그렇게 표현된 내용의 실재와의 연관은 더 이상 보증되지 않는다. 왜냐하면 실재와의 연관은 개념 자체를 돌파하며 그 자체로는 직접적으로 표현될 수 없는 실재에 대한 인식이 없으면 존재하지 않기 때문이다. 그러나 이러한

실재 인식은 개념적이고 언어적으로 표현해서 드러내는 것으로 향해져 있다. 왜냐하면 그렇게 표현되지 않고서는 실재 인식은 결코 유효하지 않을 것이고, 어떤 인식적 가치도 갖지 못할 것이기 때문이다. 유한한 인식은 결코 순수한 내면에서 발생하지 않으며, 오직 밖으로 드러냄으로써만 깨어날 수 있다. 이해는 "순수한 사유"에서 일어나는 것이 아니다. 그래서 언어, 곧 정식으로 만드는 것, 논의, 한정은 함축적인 지성적 직관의 계기와 마찬가지로 실재를 이해하기 위해서는 필수 불가결하다.

85 슐츠(W. Schulz)는 이 두 계기의 단일성과 차이를 비트겐슈타인에 대한 저술에서 다음과 같이 명백하게 밝힌다. "**말할 수 있는 것에 관련되지 않은 말할 수 없는 것은 없으며, 반대로 말할 수 없는 것에 관련되지 않은 말할 수 있는 것도 없다.** 말할 수 있는 것과 말할 수 없는 것은 서로를 규정한다. 양자는 이와 같은 상호 규정을 통해서만 비로소 스스로 조정된다. 이러한 변증법적 단초는 그 의미가 과장되어서는 안 된다. 왜냐하면 이러한 단초를 통해서만 다음과 같은 점이 파악되기 때문이다. 말하자면 실증주의적 난점은 말할 수 있는 것과 말할 수 없는 서로 분리된 영역으로서 비변증법적으로 나눔으로써, '정말로' 말할 수 없는 것에 대해서 부당하게 논의하기 위해서, 말할 수 있는 것을 말할 수 없는 것으로 '옮겨 버릴' 때 발생한다"(Schulz 1967, 41). 이러한 통찰은 형이상학에 있어서 매우 근본적이다. 왜냐하면 형이상학은 말할 수 없는 것(더 정확하게는 기술적인 용어로, 일의적인 객관적 언어로는 말할 수 없는 것)을 표명해야 하기 때문이다. 그런데 언어가 비언어적인 것을 어느 정도 언어화하는 것이

언어의 본질이기 때문에 형이상학이 이렇게 할 수 있다. 이렇게 언어화함으로써 언어는 말할 수 있는 것을 서술하고 동시에 말할 수 없는 것을 가리킨다. 이렇게 말할 수 없는 것을 가리키는 것도 언어적으로 발생한다. 이로써 말할 수 없는 것도 비록 대상으로서 서술되지는 않지만, "지시적으로" 언어로 표현된다. 이러한 점이 가능하지 않다면, 우리는 말할 수 없는 것에 대해 언급조차 할 수 없을 것이다.

/참/고/문/헌/
Daly 1961, 178~205.
De Petter 1964, 25~43.
Oeing-Hanhoff 1967.
Liebbracks 1977.

3. 경험으로 접근할 수 없는 실재에 대한 참된 진술이 왜 가능할 수 있는가

86 보복 논증은 비경험적 실재에 대한 참된 진술의 가능성을 부정하는 모든 주장은 비경험적인 실재에 대한 앎을 전제해야 한다는 것을 입증했다. 이러한 앎은 계속되는 반성을 통해서 규정된다. 이로써 이 앎은 한편으로는 모든 의식적 작용에 내재된, 자신의 고유한 존재와 존재 일반에 대한 앎으로 규정된다. 다른 한편으로 이 앎은 인식과 실재의 동일성에 대한 앎으로 규정된다. 이렇게 해서 우리의 모든 진술이 의식적으로 수행되는 인간의 행위로 인정되는 한에서, 진술에서 직접적으로 표현되지 않

는 인식 계기에 대한 암시를 포함한다는 것을 보았다. 그래서 이 계기를 통해서 내용적인 어떤 것을 알게 된다. 이 내용적인 것은 결코 일의적으로 규정될 수 없다고 하더라도, 우리의 대상적 앎의 형식적이기만 한 계기일 수만은 없다. 뿐만 아니라 이 내용적인 것의 무제약적 타당성을 부정할 수 없기 때문에, 이 내용적인 것은 완전한 보편성에도 속한다. 이하에서는 초월적인 분석을 통해서만 진술될 수 있는 이러한 앎이 두 가지 관점 아래서 더 상세하게 탐구되어야 한다. 첫 번째로 이러한 앎이 어디에서 유래하는가 하는 물음을 제기한다. 두 번째로 지금까지 말한 것을 넘어서 이러한 앎이 무엇에 관련되는지 규정되어야 한다. 이로써 형이상학의 대상이 주어진다는 점이 밝혀질 것이다.

3.1. 우리는 실재 자체에 대한 앎에 어떻게 이르게 되는가

87 이러한 앎은 경험이라는 말을 단지 특수하게 주어진 것들을 지각하는 것으로 이해할 때는, 분명히 경험으로부터 유래하는 것은 아니다. 왜냐하면 이러한 앎은 필연적이며 보편적이기 때문이다. 이로써 근본적으로 철학사에서 항상 가리켜 왔던 것이 확정될 뿐이다. 이것은 모든 의식적인 인식 작용이 (따라서 모든 진술도) 외부에서 수용된 자료 "이상의" 어떤 것을 내포한다는 것이다. 달리 말해서 인식하는 인간은 자신의 인식에서 수동적으로만 관련되는 것은 아니다.

비록 인간의 유한한 인식이 항상 수용적이며, 그 때문에 순수한 창조적 활동으로 해석될 수 없다고 하더라도 말이다. 개별적 자료를 지각하는 것보다 "더한 어떤 것"을 의미하는 이 다른 계기는 일반적으로 사유라고 부른다. 이렇게 해서 인간 인식을 (개별적인 것의 지각이라는 의미에서의) 경험과 사유의 종합으로 보는 널리 확산된 도식이 나오게 된다. 따라서 우리 인식의 구조물에서 후험적인 계기는 경험에, 선험적인 계기는 사유에 속하게 된다.

88 하지만 이러한 도식은 인간의 인식 구조에 대한 설명으로서는 너무 부족하다. 말하자면 인간 인식의 구조를 수용되는 경험과 형성하는 사유 사이의 긴장으로만 해석한다면, 다음과 같은 물음이 생긴다. 사유(곧 인간의 지성)는 본래 어떤 것을 수행하는가? 이 물음에 대해서 다음과 같이 답해진다. (인간의 지성인) 사유는 감각적 지각에 의해 제공된 질료를 자신의 고유한 본성에 따라, 또는 칸트의 용어로 표현하자면, 자신의 고유한 범주에 따라 단순히 질서 지을 뿐이다. 하지만 이러한 점이 진리의 전부라면, 따라서 실제로 수행된 인식의 사유에 의해 기여된 "그 이상의 것"이 **순수 형식적인 본성**이라면, 우리는 (물론 모든 사람에게 타당하고 그러한 한에서 "초월적인") 우리의 주관성으로부터 결코 빠져나올 수 없을 것이다. 그리고 그렇다면 우리는 항상 우리의 지성에 고유한 범주를 통해서 체계화된 현상만을 인식할 뿐이고, 결코 실재 "그 자체"는 인식할 수 없을 것이다.

89 그러나 비록 비주제적이기는 하지만, 우리가 실재 자체에 대

해서 알고 있다는 것이 해명되었기 때문에, 이러한 결론에 동의할 수 없다. 따라서 다음과 같이 말할 수 있겠다. 사유에, 인간지성에는 감성에 의해 제공된 자료들에 대해서 형식적이고 질서 짓는 기능만이 속하는 것은 아니다(물론 이 점에는 결코 의문의 여지가 없다). 뿐만 아니라 사유, 지성은 인식에 **내용적인 어떤 것**도 부여한다. 그러나 이와 같이 확정하는 것은 경험과 사유의 대립이 본질적으로 상대화되어야 한다는 것을 의미한다. 말하자면 사유(곧 지성 더 정확하게 말하자면 이성)에는 사유 자체에 속하는 실재와의 연관성, 곧 경험적 작용도 내포된다는 것이다. 이러한 결론은 우리에게 타고난 명백한 인식 내용인 "선천적 관념"(*idea innata*)을 전제할 때에만 피할 수 있다. 그러나 우리에게 명백하게 마음대로 할 수 있는 이러한 타고난 인식 내용은 증명될 수 없기 때문에, 이러한 가능성은 배제된다. **따라서 우리는 인간 지성이 필연적이고 보편타당한 동시에 내용적이기도 한 지식을 자기 자신을 통해서 얻을 수 있다는 점을 확정해야 한다**(물론 이러한 지식이 감각적 지각으로부터 완전히 독립된 방식으로 획득된다는 것은 아니다). 이로써 우리의 인식에서 후험적인 계기와 선험적인 계기 간의 경직된 대립이 극복된다. 왜냐하면 이러한 극복은 개별적인 지각 자체로부터 유래하지 않는 것, 곧 선험적인 것도 어떤 식으로든지 더 정확하게 규정되어야 할 방식으로, 곧 후험적으로 획득된다는 것을 의미하기 때문이다. 하지만 선험적인 것(곧 무제약적으로 타당하기 때문에 보편적인 것)에 대한 지성의 적합한 경험은 무제약적인 것을 명백하게 가지적(可知的)으로 파악하는 것으로 해석되어서는 안 된다. 왜냐하면 **명백한** 지성적 직관, 곧 초감성적인 것을 **직접적으로** 관조하는 것[보는 것]은 인간에게는 불가능하기 때문이다.

90 따라서 이렇게 무제약적으로 참인 앎의 계기는 오직 우리에 의해 항상 함께 인식되고 함께 경험된다. 이러한 앎의 계기는 대상적으로 관련된 모든 인식을 실제로 타당하게 만드는 가능성의 조건으로서 대상에 대한 우리의 모든 앎에 내포되어 있다. **이는 모든 의식적 작용에 동반되는 자기의식 외에 다른 것이 아니다. 이 자기의식을 통해서 우리는 우리 자신(우리의 자아)과 실존의 의미, 실재 자체의 의미를 알게 된다.** 이러한 앎은 한편으로는 사유하고 행위하는 자아의 "자기 현전"의 결과이며, 다른 한편으로는 자기 경험이 우리에게 있어서 결코 "순수하고" 가능하지 않고, 오히려 대상에 대한 앎에서 함께 의식된 것으로서만 가능하기 때문에, 대상적 인식의 결과이다. 그러한 한에서 이러한 앎은 "경험을 통해서" 후험적으로만 주어진다. 따라서 이러한 앎은 그 본성상 우리가 대상적 실재와 접촉함으로써만 비로소 생겨난다. 그러나 (외적 실재가 실재로서 경험될 수 있기 위한 조건으로서) 이러한 접촉이 일어남으로써, 그 즉시 실재 자체에 대한 배경적이고 비주제적인 앎이 발생하게 된다. 지성(자아)이 자기 자신을 **실재를 이해하는 실재로 인식함**으로써 이러한 앎이 발생하는 것이다. 따라서 다음과 같은 한에서 이러한 앎을 선험적인 앎으로 불러야 한다. 말하자면 대상적 실재와의 접촉이 실재 자체에 대한 이러한 경험을 고유한 주관성의 자기 현전에서 일어날 수 있게 하는 자극일 뿐인 한에서 그러하다.

무제약적으로 타당한 것에 대한 비주제적인 지식의 유래에 대한 이와 같은 숙고로부터 두 가지 통찰이 생겨난다.

91 **(1)** 우리는 인간 인식의 두 줄기인 감성과 지성(참조: 20항)이라는 숨겨진 뿌리를 발견했다. 인간은 자기 자신을 의식하는 정신적 존재로서 실재 자체, 곧 무제약적인 것에 대해서 본성적으로 개방되어 있다. 또한 인간은 유한한 물질적 존재로서 시공간적이고 외적인 행위에서 자신을 표현하고 실현하면서 자기 자신으로 되돌아옴으로써만 자기 본성의 이러한 개방성을 수행할 수 있다. 이렇게 인간의 감성은 항상 지성을 통해서 이미 형성된 특수한 인간적인 감성이기 때문에, 단지 제한적인 관점에서만 동물의 감성과 비교될 수 있다. 이런 이유로 인간의 지성은 감성으로 향해져 있는 지성이다. 이 지성은 감성과 하나가 되어 언어적인 명료함 또는 개념적 사유와 외적으로 형성하는 행위를 통해서 실재를 어느 정도 점유하게 된다. 하지만 지성이 단순히 질서 짓는(분석과 종합할 수 있는) 그 이상의 능력을 지니기 때문에, 깊은 의미에서 실재 자체를 파악하는 능력을 지니기 때문에 궁극적으로 이렇게 할 수 있다. 따라서 이러한 능력은 질서 짓는 지성과는 구별해서 이성(Vernunft)이라고 불리게 된다.[1)]

---

1) 칸트에게 있어서 '지성' 또는 '오성'(Verstand)이라고 불리는 것은 라틴어의 'ratio'에 해당하며, '이성'(Vernunft)이라고 불리는 것은 라틴어의 'intellectus'에 해당한다. 토마스 아퀴나스를 비롯해서 중세에서는 'intellectus'가 우리 말의 지성으로 번역되며, 이는 이성으로 번역되는 'ratio'보다 상위의 정신 능력이다. 본문의 이 부분에서는 칸트의 사용법을 따라서 'intellectus'를 이성(Vernunft)으로 옮긴다.

92 **(2)** 이제 우리는 형이상학이 어느 정도로 경험에 의존하는지, 어느 정도로 경험에서 독립적인지를 결정할 수 있겠다. 우선 경험은 현재하는 것에 대한 인식으로서 규정되어야 한다. 다시 말해서 경험은 추론적인 사유와 증언을 통한 인식의 수용과는 달리 실재와의 직접적인 접촉으로부터 생기는 인식의 방식으로서 규정되어야 한다. 여기서 인간의 인식이 결코 일시적인 순간이 아니라 항상 연속적인 과정에서 발생할 수 있다는 결과가 나오는 인간의 시간성 때문에, 다음과 같은 점이 부정되어서는 안 되며 오히려 전제되어야 한다. 그것은 경험에는 상이한 지각에서 같은 것을 종합하는 기억도 속한다는 점이다(여기서 지각은 아리스토텔레스의 *ἐμπειρία*의 의미이다. 참조: 『분석론 후서』 2, 19; 100a 3~14).

93 이와 같은 규정으로부터 형이상학은 경험 없이는 불가능하다고 말할 수 있겠다. 말하자면 형이상학은 전체적이고 구체적인 실재의 학문이어야 한다. 그 때문에 형이상학은 경험을 통해서 실재 자체에 근거해야 한다. 그러나 이와 동시에 다음과 같은 점도 강조되어야 한다. 형이상학은 어떤 특수한 경험이 필요한 것이 아니라, 단지 스스로 지성을 사용할 수 있는 사람이라면 누구라도 겪을 수밖에 없는 그러한 경험만을 필요로 한다. 따라서 종종 언급되는 형이상학이 경험으로부터 독립해 있다는 것은 형이상학이 경험 없이도 전혀 지장이 없다는 것을 의미하는 것이 아니다. 오히려 이는 형이상학이 자신의 작업을 시작할 수 있기 위해서, 단지 다른 학문들처럼 굳이 애써서 자료, 사실, 증거를 찾을 필요가 없다는 것만을 의미한다. 왜냐하면 형이상학

의 토대가 되는 지식은 단지 인간이 세계에서 자신을 의식하는 방식으로 성립되기 때문이다. 이를 통해서 인간은 앞서 이미 서술된 방식으로(90항) 세계 안의 자신에 대해서 알게 된다. 그럼으로써 인간은 실존, 사유, 의지, 결정, 작용, 생성, 소멸, 머무름, 지속, 연장, 관계, 일치와 차이, 단일성, 다수성, 타자성 등이 무엇을 의미하지를 경험하게 된다. 더 정확하게 말하자면, 인간은 자기 자신이 세계와 접촉하고 있다는 것을 체험하면서 하나의 근본 경험을 하게 된다. 이 근본 경험은 그 자체로는 서술될 수 없다. 하지만 이 경험으로부터 앞서 예로 든 현존재의 근본 개념과 근본 규정에 대한 앎, 그리고 이로부터 직접적으로 따라 나오는 근본 통찰들(참조: "제일 원리")에 대한 앎이 나오게 된다. 이러한 근본 경험에서 실재가 그 자체로 의식되고, 이 근본 경험은 초월적인 분석을 통해서만 주제로 드러날 수 있다. 우리는 이 근본 경험을 **실재 자체에 대한 비주제적 경험** 또는 **초월적 경험**이라고 부를 수 있다. 물론 초월적 경험이라는 말을 사용할 때는 "초월적"이라는 말이 무엇을 의미할 수 있는가를 규정하는 데 있어서 칸트를 넘어선다는 것이 전제된다. 칸트에게 있어서 이 용어는 의미가 없다. 왜냐하면 칸트에 의하면 우리 지식의 초월적인 차원은 (감성적인 것에만 관련되는) 경험을 가능하게 하는 조건으로서 경험될 수 있는 것이 아니기 때문이다. 그러나 우리에게 있어서 초월적 반성을 통해서만 알 수 있는 이러한 앎의 계기는 단순히 형식적인 어떤 것일 뿐만 아니라 내용적인 어떤 것도 의미한다. 이 내용적인 것은 이미 앞서 설명된 방식으로 단적으로 선험적인 것으로서 경험되며, 모든 개별적인 것의 숨겨진 근거를 선험적으로 드러내는 우리 인식의 계기이다.

94 우리는 "초월적 경험" 또는 달리 말해서 "비주제적 존재 경험"도 인정한다. 그 때문에 형이상학의 근본적 물음을 규정했을 때(11, 47항), 개별 대상에 대한 감각적인 지각을 통해서 생기고 학문의 영역에서 **절대적 경험**으로 간주되는 그러한 경험은 항상 "경험"(Empirie) 또는 "감성적 경험"(empirische Erfahrung)으로 불렸다. 이로써 처음부터 경험적이고 실증적인 편견을 피하게 된다. 이러한 편견은 마치 우리가 감각적으로 지각될 수 있는 것만을 경험할 수 있어서, 온갖 매개에도 불구하고 직접적으로 이를 규정할 수 있다고 생각하는 것이다. 이와 반대로 경험 자체를 구성하는 것, 곧 (온갖 매개에도 불구하고) "스스로 현존하는 실재에 의해 직접적으로 규정되는 것"은 감각적 지각에만 있는 것이 아니라 (대상의 지각을 통해 의식되는) 인식하는 주관의 자기 현전에도 있다. 따라서 우리에게 "경험"이라는 용어는 상위 개념으로서, 그 아래서 "감성적" 경험과 "초월적" 경험으로 나뉘며 상위의 경험에 상호 의존한다.

/참/고/문/헌/

De Petter 1964, 25~43.

Wahl 1965.

3.2. 이러한 앎을 통해서 무엇이 알려지는가

95 이 물음에 대해서는 한마디로 답해질 수 있다. 그것은 **존재**로서, 파르메니데스 이래로 서양 철학에서 항상 다시 논의되었고, 아리스토텔레스 이래로 형이상학의 본래적 대상으로 여겨져 왔다. 물론 "존재"라는 표현이 무엇을 가리키는지 하는 것은 존재가 대상적인 어떤 것, 개별 규정들의 방식으로 놓여 있는 것을 의미하지 않다는 점에서 출발할 때 올바로 이해된다. 오히려 존재는 필연적인 것, 다른 것으로 환원될 수 없는 것, 모든 제약을 제한하는 것을 의미한다. 그리고 그 때문에 존재는 모든 실재에서 무제약적인 것을 의미한다. 이 무제약적인 것을 우리는 우리의 모든 의식적인 활동과 모든 진술에서 필연적으로 전제한다. 존재 자체는 이미 대상적인 어떤 것을 의미할 수 없다. 왜냐하면 존재 자체는 모든 것에, 어떤 방식으로든지 항상 **있는** 것에 속하는 것을 지시하기 때문이다. 존재는 모든 차이 나는 것들에 앞서 있다. 통용되는, **다른 것을 배제하는** 모든 차이는 존재에 있어서는 이차적인 것으로, 곧 **존재 내에서 차이 나는 것**들로 밝혀진다. 그 때문에 존재는 실재적인 것뿐만 아니라 (실제적인 잠재성이라는 의미에서) 가능적인 것도 내포한다. 아울러 존재와 대립시켜서 "가상"이라고 부르는 것도 존재의 영역에 속한다. 그러나 무엇보다도 우리가 사유하는 것이 존재에 속할 뿐만 아니라, 사유 자체도 존재의 방식이라는 점을 유념해야 한다. 그러므로 처음부터 존재를 사유와 대립된 것으로 규정했을 때에만 사유와 존재는 서로를 배제하는 대립적인 것으로 파

악할 수 있다. 하지만 물론 이로써 사유를 존재로부터 배제시킴으로써 근본적으로 장소도 관계도 없는 것으로 만들어 버린다. 따라서 이러한 조작 후에 사유와 존재가 결코 일치될 수 없다는 것은 전혀 놀라운 일이 아니다.

96 그 때문에 존재 이해의 "장소"는 우리 사유를 반성하는 곳(Reflexivität), 더 구체적으로 말하자면 자기의식 또는 자아의식이다. 이를 통해서 우리 각자는 앞서 언급된 것처럼(66-68항) 항상 다른 것에 대한 앎에 내포된 방식으로 자기 자신을 실존하는 자로 인식하고, 자기 자신에 대해서 현재한다. 이로써 우리 각자는 인식과 실재, 사유와 존재의 동일성을 (비록 다른 것에 대한 앎에서만 내포되어 있음에도 불구하고) 한 지점에서 직접적으로 경험한다. 여기서 한 점은 "존재가 직접적으로 동일성에서 자기 자신에게 '조명되는' 지점이다. 이로써 한 점은 '조명성'의 지평 전체를 기획하고, 다른 것, 곧 대상적인 내용도 의식의 빛 안으로 들어올 가능성을 제공한다"(Coreth [2]1964, 139). 자아 안에서 다른 것에 대한 인식을 통해서 함께 파악되는 존재는 선험적인 것이다. 그것은 모든 것에 적용되고 그 아래 모든 것이 포괄되는 것이다. 내가 나 자신 안에서 최종적인 것으로 인식하는 것은 동시에 내가 다른 사람에게 인정하는 것 또는 다른 사람 안에서 발견하는 것이다.

내가 존재자로서 내 안에서 존재와 인식의 동일성으로서 경험함으로써, 나는 "정신적인 존재 방식"이 무엇이고 "정신"이 무엇인가에 대한 원천적인 경험을 하게 된다. 그 때문에 비로소 나는 "사물" "물질"(Materie), 곧 온전한(형식적) 의미에서 스스로 존재하지 않는 존재가 무엇인지를 이해할 수 있는 것이지 그 반대는 아니다. 따라서 존재의 "개념"은 (더 낫게는 존재에 대한 이해는) 근원적으로 대상적이고 사물적으로 주어진 것으로부터 얻어질 수 있는 것이 아니다. 오히려 존재의 개념은 스스로 존재하는, 정신적이며 자기 자신에게 "조명된" 존재자로부터 얻어지는 것이다. 이 존재자는 바로 우리 자신이다.

존재자를 존재자로 인식함으로써, 존재자를 존재자로 되게 하는 것으로서 존재를 인식하는 것은 존재를 무제약적으로 타당하고 모든 것을 선험적으로 포괄하는 "관점" 아래로 포섭하는 것을 의미한다. 우리는 이러한 관점을 모든 대상 경험과 더불어 우리 자신 안에서 실재와 인식의 동일성으로 함께 경험한다.

결론적으로 다음 세 가지 의견을 덧붙인다.

97 **(1) 존재 이해의 내용에 대해서:** 세계를 통해서 매개된 것으로 자신의 고유한 존재에 대한 의식에서 우리는 직접적-간접적으로(또는 간접적-직접적으로) 유한한 존재자에 대한 근본적 규정과 더불어 존재 자체에 대한 근본 규정에 대해서 안다. 그 때문에 초월적 경험을 통해서 생기는 이러한 앎은 충만하고 최고의 정도로 내용이 있는 앎이다. 말하자면 이러한 앎은 모든 것을 포함하고 어떤 것도 이 앎을 벗어나지 않는다. 이러한 앎은 심지어 개념적으로 서술되는 모든 개별적인 앎에 실질적인 내용을 제공하며, 이 앎 그 자체로서 단적으로 내용적인 것이다. 특히 우리는 "존재"라는 말을 통해서 항상 암시될 뿐이지만 고유하게 표현될 수 없는 이러한 내용을 개념적으로 정확히 규정하려고 한다. 그러나 이때 우리는 아주 심각한 어려움을 마주하게

된다. 왜냐하면 우리의 "존재 경험"에 주어진 것으로서 존재는 뚜렷한 윤곽이 없기 때문이다. 말하자면 "있다"는 것 외에는 그 어떤 정확한 규정도 부여하지 못한다. 하지만 "있다"에 대한 이러한 암시는 우리에게는 어떤 도움도 주지 못한다. 왜냐하면 여기서는 이 "있다"에 대한 규정이 문제가 되기 때문이다.

98 한편으로 이러한 상황은 결코 놀랍지 않다. 왜냐하면 개별적인 모든 것을 규정하는 근기는 개별적인 방식으로, 곧 다른 것으로부터 구별되는 방식으로(하지만 여기서는 다른 것으로 추정될 뿐이다) 규정될 수 없기 때문이다. 다른 한편으로 사람들은 형이상학을 논증적 학문으로 다루려고 한다. 이때는 우리의 사유에 있어서 매우 불만족스러운 상황이 생긴다. 사람들은 이러한 상황을 끝내고 싶어 하고 심지어 끝내야 한다. 여기서 (철학사가 입증하듯이) 자연스럽게 다음과 같은 생각에 도달하게 된다. 말하자면 출발점으로서 그 자체로 전적으로 정당한 통찰, 곧 그 안에서 모든 것이 일치되는 것이 존재라는 통찰을 선택한다. 그런 다음에 이렇게 하나이고 공통적인 것을 개념적으로 명료하고 분명하게 규정하려고 한다는 것이다.

그러나 이처럼 존재를 개념적으로 정확하게 규정하려는 모든 시도는 불가피하게 신빙성 있는 경험으로부터 존재라는 말을 이해하는 것을 공허하고 비현실적으로 만들어 버리게 된다. 그리고 이로써 형이상학이 몰락하게 된다. 말하자면 사람들은 모든 존재자에서 명백한 공통적인 것을 찾는다. 그러니까 실제적인 것과 사유된 것, 심지어 사유 자체, 더 나아가서 실체적인 것[Noumenale, 또는 물자체]과 현상적인 것, 현실적인 것과 가능적인 것, 물질적인 것과 감각적으로 파악될 수 없는 것이 의심의 여지 없이 그 안에서 일치하는 그러한 것을 찾으려고 한다. 하지만 이때에 존재에 대해서 적극적으로는 결코 어떤 것도 말하지 않는 규정만을 얻을 수 있을 뿐이다. 그러니까 여기서 존재는 단적으로 무가 아닌 것이다. 그러나 **단지 무가 아니라**는 존재에 대한 이러한 개념 규정은 사실 **어떤 내용적인 것도** 말해 주지 않는다. 그 때문에 헤겔이 『논리학』(*Wissenschaft der Logik*)에서 다음과 같이 쓴 역설적인 유명한 말은 이러한 규정에 적용된다. "비규정적인 직접적인 것으로서 존재는 사실은 **아무것도 아니며**, 무 그 이상도 그 이하도 아니다"(Hegel 1934, 67).

99 이렇게 전적으로 공허한 존재 개념은 형이상학에는 부적합하다. 그뿐만 아니라 이 개념은 직접적인 존재 개념에도 맞지 않는다. 따라서 존재에 대한 정확한 "개념적" 규정은 포기해야 한다. 왜냐하면 존재는 모든 것에 속하는 것이지만, 동시에 모든 것에 대해서 각각 다른 방식으로 속하기 때문이다. 이러한 존재를 어떻게 이해하고 그 결론이 무엇인지는 이하에서 상세하게 서술될 것이다. 그러나 존재에 대한 개념적인 규정을 내릴 수 없다는 것은 존재에 대해서 침묵해야 한다는 것을 의미하는 것은 아니다. 오히려 이 점은 오직 형이상학의 고유한 과제로서 존재 이해에 대한 정확한 해명이 존재 경험에 내포된 것을 끊임없이 항상 더 나아가서 전개하는 데 있을 뿐이라는 점을 의미한다.

100 **(2) 존재를 객관화할 수 없는 점에 대해서:** 형이상학은 그 대상을 본래 객관화할 수 없기 때문에 어렵다. 이에 대한 최종적 근

거는 인간 자신이 항상 함께 포함된다는 점이다. 존재는 항상 나의 존재이기도 하다. 나는 실재 전체에 대해 숙고하면서, 내가 이 실재 밖에 있는 것처럼 처신할 수는 없다. 그렇기 때문에 나는 실재 자체를 파악할 수 있기 위해서 나를 항상 함께 파악할 수밖에 없다. 여기서 우리는 형이상학의 어려움이 지니는 본래적인 근거와 마주치게 된다. 왜냐하면 나는 나(나의 자아)를 결코 적합하게 서술할 수 없고, 나를 그 최종적 근거에까지 꿰뚫어 볼 수 없으며, 나의 자아에 대한 직접적인 정신적 직관을 지니지 못하기 때문이다(참조: 66항). 인간으로서 나는 무제약자를 알 수 있는 능력이 있으며 그 때문에 스스로 어느 정도 무제약적인, 이성적이고 반성적이며 자신으로 존재하는 정신적 존재이기는 하다. 그렇기는 하지만 나는 항상 유한한 것으로만 존재하며, 그 결과 여러 측면에서 제약된 것으로 존재한다. 실재의 최종적 근거는 스스로 자기 실재의 근거로서 무제약자 자신만이 자신의 것으로 만들 수 있다. 반면에 나는 유한하기 때문에 그럴 능력이 없다.

101 이로부터 형이상학, 더 나아가서 철학 일반의 방법에 대한 중요한 점이 귀결된다. 형이상학은 결코 순수하게 연역적인 방식으로 수행될 수 없다. 예컨대 데카르트가 근세 초기에 시도했듯이, 완전히 명백하면서 동시에 명석 판명한 통찰을 기대하는 의미에서는 수행될 수 없다. 또는 후설(E. Husserl)과 더불어 절대적으로 명백한 출발점으로서 완전하고 직접적인 본질 통찰을 요구하는 의미에서도 수행될 수 없다. 그러한 완전히 통찰된 출발점으로부터 "엄밀한 학(學)으로서 철학"을 수립하기 위해서라

도 말이다(참조: Husserl 1965, 71).

그렇다고 해서 우리가 의심할 여지 없는 통찰을 할 수 없다는 것이 아니다. 단지 이러한 통찰은 결코 전적으로 명백하게 표현된 것으로 주어지는 것은 아니라는 것이다. 그 때문에 의심할 여지 없는 통찰 자체와 그것을 정식화하는 것은 항상 별개이다. 의심할 여지 없는 통찰에 대한 올바른 이해를 오류 없이 완벽하게 전달해서 표현해 줄 정식은 없다. 오히려 모든 정식은 오해될 수 있다. 왜냐하면 다음과 같은 이유 때문이다. 말하자면 우리의 의심할 여지 없는 통찰들의 유일한 근거, 곧 초월적 경험을 통해서 매개된 존재에 대한 앎만이 개별적인 근본 통찰 또는 "제일 원리"의 올바른 이해를 위해서 필수적인 모든 것을 포함하고 있다. 하지만 이러한 앎은 근본적으로 결코 명백하게 표현될 수 없다.

102 그래서 철학의 출발점은 일상적 경험을 그 배후에 있는 근거에 이르기까지 철저하게 묻는 것이다. 물론 분명하게 선택된 출발점은 서로 매우 다를 수는 있다. 하지만 철학적 반성이 실재의 최종적 근거들에 이르기까지 침투하는 데 성공한다면, 이러한 반성은 조만간에 우리의 모든 참된 진술들에서 구체적으로 주어진 첫 번째 근본 전제를 발견하게 될 것이다. 이 근본 전제란 바로 모든 사유에서 자기 자신을 함께 생각하는 자아이다. 이때 비로소 철학적 반성은 항상 실재 경험의 배후에 있는 중심점을 파악하게 된다. 그 때문에 (어느 정도 의식적으로 수행된) 초월적 반성 없이는 형이상학은 존재하지 않는다.

103 **(3) 동일률에 대하여:** 존재자는 존재자로서의 자기 자신과 동

일하다는 것을 말하는 이 원리는 많은 철학자에게 근본적인 존재 이해를 가장 의미심장하게 표현하는 것으로 간주된다. 반면에 다른 이들은 이 원리를 아무것도 말해 주지 않는 동어 반복에 지나지 않는다고 여긴다. 이렇게 이 원리는 형이상학의 대상인 존재 자체처럼 다양하게 평가된다. 게다가 동일률을 근본 원리로 생각하는 사람들도 이 원리에 대한 정확한 표현과 올바른 해석에 대해서는 견해가 서로 다르다. (이미 그 표현의 다양함에서 드러나는) 이 원리에 대한 다양한 해석은 특히 이 원리의 효용 범위에 대한 다양한 평가를 통해서 달라진다. 달리 말하자면 이러한 다양한 해석은 존재자의 자기 자신과의 동일성에 대한 통찰로부터 전개될 수 있는 것과 관련된 견해의 차이에서 기인한다.

104 **(a)** "존재자는 존재자이다"라는 원리를 "A는 A이다"라는 정식으로 표현할 수 있다. 이때 이 원리는 단지 각 사물의 자기 자신과의 동일성만을 주장하는 것으로 쉽사리 이해(또는 오해)할 수 있다. 이 경우에 무엇보다도 이 원리가 동어 반복에 해당된다는 비판은 전적으로 타당하다. **사물적으로 이해된 동일성**에 대해서는 비트겐슈타인이 말하는 다음의 선언이 정당하다. "우선 다음과 같이 말할 수 있다. 두 사물에 대해서 양자가 동일하다고 말하는 것은 난센스이며, 한 사물에 대해서 그것이 자신과 동일하다고 말하는 것은 전혀 아무것도 말하지 않은 것이다"(*Tractatus* 5.5303). 그래서 이 원리를 동어 반복으로 파악하지 않으려는 사람들은 누구나 여기서 이 원리가 피상적인 관찰에서는 즉시 분명해지지

않는 어떤 것에 관련된다는 것을 주장한다. 비록 이 원리가 원천적인 존재 경험의 내용에 속하더라도 말이다. 하지만 사유가 결여된 고찰 방식에는 드러나지 않는 이와 같은 "보다 더 한 것"은 무엇인가? 이에 대한 견해는 상이하다.

105 **(b)** 우선 코레트의 제안은 흥미로우면서도 전적으로 타당하다. 이 제안은 근본적으로 이미 자주 언급된 관점을 수용해서 정교하게 만든 것이다. 그것은 동일률이 다만 무모순율(Nicht-widerspruchsprinzip, 무모순의 원리)를 적극적으로 파악하는 것이라는 점이다. 이 제안에 의하면 "A는 A이다"를 다음과 같은 방식으로 이해해야 한다. "존재자는 그것이 존재하는 한, 그것은 필연적으로 실제로 존재하는 바이다"(Coreth [2]1964, 238). 여기서 존재자의 필연성에 대해서 말할 때, 이는 물론 존재자가 항상 결코 존재하지 않을 수 없다는 식으로 존재한다는 것을 의미하는 것은 아니다. 이는 절대적 존재에 대해서만 타당하지, 제한된 존재자에 대해서는 해당될 수 없다. 오히려 이 제안이 의미하는 것은, 존재하는 모든 것(곧 사실적으로 실존하는 모든 것)은 그것이 존재하는 **한**, 모든 가정적 조건을 벗어나 있다는 것이다. 따라서 비록 존재하는 것이 다양한 방식으로 제한될 수 있지만, 그것이 존재자로서는 **또한** 항상 모든 제약을 벗어나 있다. 모든 존재자는 항상 "그것이 존재하는 한에서"라는 조건 아래에 있기는 하지만, 그럼에도 이러한 조건은 실제적으로 필요한 것이다. 이와 같은 연관성에서 "사실의 초월성"(Transzendenz des Faktums. 참조: Henrici 1977, 372)에 대해서 말할 수 있겠다. 이렇게 해서 동일률에 대한 이러한 해석은 실제로는 무모순율을 적극적으로 나

타낸 것이라는 점이 입증된다. 말하자면 존재자는 그것이 존재하는 한 존재하지 않을 수 없다는 것이다.

106 **(c)** 1794년에 출판된 『전체 지식론의 기초』(*Grundlage der gesamten Wissenschaftslehre*)의 서두에서 피히테는 경험적 의식에 의해 (무제약적이고 단적으로 타당하기 때문에) 의심될 수 없는 문장인 "A는 A이다"라는 명제로 시작한다. 이 명제는 이후에 점점 더 모든 경험적 규정들로부터 벗어남으로써, "마침내 그 자체로 결코 버릴 수 없고 그것으로부터 어떤 것도 벗어날 수 없는 어떤 것이 순수하게 남게 된다"(Fichte 1965, 256). 이렇게 해서 근원적인 명제가 무제약적으로 타당하다는 근거로서 단적인 타당성에서 자기 자신을 정립하는 자아가 나오게 된다. 이 자기 자신을 정립하는 자아는 "행위하는 자인 동시에 그 행위의 산물"(259)이다. 이 자아는 피히테에 의하면 "사행"(事行, Tathandlung)[2]으로 불리며 "나는 나이다"는 명제에서 표현된다. 피히테에 의하면 이로써 절대적으로 타당한 판단이 표현된다. 말하자면 스스로를 정립하는 자로서 (명제의 주어인) 자아는

2) 피히테가 근본적으로 숙고하려고 하는 것은 최상위의 원초적 작용에서 이론과 실천의 매개이다. 피히테는 이러한 원초적 작용을 '순수한 자아성'(Ichheit) 또는 '절대적 주체-객체성' 또는 '주체와 객체의 나뉘지 않은 통일성'이라고 부르며, 이러한 원초적 작용을 '사행'(事行, Tathandlung)의 개념으로 설명한다. 피히테에게 있어서 사행(Tathandlung)은 어떤 객체도 전제하지 않고, 그 스스로를 가능한 객체로 먼저 산출하는 활동(Tätigkeit)이다. 참조: 김형수, 「쿠사누스와 피히테에 있어서 근본개념으로서 절대자」, 『신앙과삶』 23호, 부산가톨릭대학교출판부, 2011, 164쪽.

(명제의 술어인) 존재자로서 자아와 전적으로 동일하다. 그리고 이는 자아가 스스로를 정립했기 때문에 존재한다는 것을 의미한다.

107 **(d)** 하이데거도 『동일률』(Heidegger 1957, 11~34)에서 "A=A"라는 정식에서 출발해서, 처음에 언급된 동등성(Gleichheit)으로부터 동일성(Identität)의 사유에 도달하게 된다. 그러나 하이데거는 이 동일성을 (자신의 의미로서는) "형이상학적으로" 이해하려고 하지 않는다. 그 때문에 그는 이 동일성을 파르메니데스의 논제에 기대서 해석한다. 다시 말해서 "지각(사유)은 존재와 동일하다"(18)는 논제는 인간과 존재 간의 원천적인 공속성(共屬性)을 표현한다는 것이다. 이러한 공속성은 최종적으로 모든 것을 포괄하는 (절대자의 특성을 지니는) 사건에 의해 인간과 존재 간에 서로에게 주어진다.

108 **(e)** 동일률을 설명하려는 시도에서 우리는 하이데거의 난해한 사유는 내버려 두고 피히테와 연관시킬 것이다. 하지만 절대적 주체 자신을 고유한 자아에서 (절대적 주체를 가리키기만 하는 것이 아니라) 파악할 수 있다는 피히테의 과도한 요구에는 동의할 수 없다. 그 때문에 많은 점에서 그의 사유에서 벗어날 것이다. 이때는 쇼이어(P. Scheuer 1926, 450 이하)가 제시하는 이 원리에 대한 해석에 의존할 것이다.

"존재자는 존재자이다" 또는 단순히 "존재자는 존재한다"는 정식으로 표현되는 동일률은 매우 중요한 형이상학적 내용을 지니고 있다. 비록 이러한 정식이 사물적 또는 단순한 논리적 고찰 방식에서는 동어 반복으로 생각될 수밖에 없음에도 불구하고 말이다. 왜냐하면 "존재자"라는 말을 두 가지로 사용할 때에는 주어와 술어의 관계를 나타내는 기능적인 차이가 있기 때문이다. 그러니까 "존재자"가 주어인 한에서 그것은 "자체적 존재자"를 의미하고, 그것이 술어인 한에서 그것은 "인식된 존재자"를 의미하기 때문이다. 이렇게 해서 동일률은 인식된 것으로서의 존재자와 "그 자신"에서의 존재자가 동일하다는 것을 표현한다. 실제적인 존재와 사유된 존재는 근본적으로 일치한다. 따라서 동일률은 (우리의 모든 의식적 행위들에 동반되는) 자아의식에서 나타나는 인식과 존재의 동일성에 대한 앎을 표현한다.

109 이렇게 이해할 때, 동일률은 모든 판단의 "형식"이다. 이러한 형식으로서 동일률은 모든 판단에서 함께 표현된다. 동일률은 그것을 통해서 판단이 참이 되고, 그것을 통해서 판단에서 실재에 대해서 말해진 것이 실재에 실제로 적합한 그러한 것이다. 이 점은 다음을 전제한다면 쉽게 이해될 수 있다. 그러니까 우리는 판단에서 단순히 두 가지의 추상적인 사고 내용의 종합뿐만 아니라, (술어를 통해서 표현된) 사유 내용이 (주어를 통해서 암시된) 실재로 되돌려 이끄는 것도 보게 된다.

동일률을 통해서 표현된 존재와 인식의 이러한 관계는 이성이 "대상"을 **자신의 고유한** 법칙에 따라서 구성할 때, 왜 "대상"의 **자체 존재에** 도달하는가를 설명해 준다. 왜냐하면 사유의 법칙은 존재의 법칙이며, 존재의 법칙은 사유의 법칙이기 때문이다. 최종적으로 '정신의 법칙은 존재의 법칙이다'(*Lex menis est lex entis*)라는 원칙이 적용된다.

/참/고/문/헌/

De Petter 1964, 74~93.
Henrich 1966.
Shine 1966, 45~47과 123 이하.
Lotz 1972.

4. 형이상학적 진술의 특성과 형이상학의 대상

110 지금까지의 숙고를 요약해서 다음과 같이 확정할 수 있겠다. **형이상학의 진술은 한편으로** 진지하게는 부정될 수 없으며 "존재하는" 것에 대한 우리의 근본적인 앎을 형성하는 통찰들(또는 유일한 근본 인식)을 언어로 표현한다(왜냐하면 형이상학적 진술의 타당성은 우리의 모든 주장과 물음에서, 심지어 그 타당성을 명백하게 부정하는 데서도 수행된 주장과 물음에 대한 또는 이를 명시적으로 부정하는 데 대한 가능성의 조건으로서 암묵적으로 전제되어야 하기 때문이다). 그러나 **다른 한편으로** 형이상학의 진술은 근본적인 통찰을 항상 불충분하게만 표현할 수밖에 없다. 그것은 인간 언어의 제한성 때문이다(또는 더 정확하게는 어쩔 수 없이 감각적 지각과 표상에 결부되어 있기 때문이다). 따라서 형이상학의 진술은 그 의미가 결코 완전히 명백하게 규정될 수 없다는 특징을 지닌다. 그 때문에 (항상 그렇다고는 할 수 없지만) 이러한 진술들은 쉽게 오해될 수 있다. 형이상학의 진술은 대개 일상적이고 직관적으로 직접 맞닥뜨리는 경험과 모순되는 것처럼 여겨지기 때문에 더욱 그러하다. 그 때문에 형이상학적 진술은 마치 그것이 자의적이고 근거 없는 주장인 듯한 인상을 불러일으킬

수 있다. 이런 주장에서는 이 주장을 제시한 사람의, 특징적으로 규정되거나 사회적인 영향을 통해서 야기된 입장이나 감정만이 표현된다는 것이다. 이러한 주장에 대해서 이하에서 간략하게 언급되어야 할 것이다.

111 여기서는 형이상학 자체의 진술이 문제가 된다. 왜냐하면 형이상학적인 논문에 나오는 모든 진술이 여기서 사용되는 의미에서 형이상학적 진술은 아니기 때문이다. 이제 이러한 진술이 진지하게 부정될 수 없다고 말하게 된다. 말하자면 이러한 진술을 부정한다면, 형식 논리학의 방법만으로는 발견될 수 없는 선험적 모순을 범하게 된다. 왜냐하면 이러한 모순은 (심리적으로 접근하는 "자기 성찰"(Introspektion)과는 전혀 다른 어떤 것인) 초월적 분석으로만 접근할 수 있기 때문이다. 따라서 형이상학의 진술은 필연적이고 보편타당한 "앎"(또는 "앎의 계기")이다. 우리는 이 앎을 존재의 배후에 있는 앎으로, 선험적인 것으로, "초월적 경험"이 관련되는 것 등으로 불렀다. 따라서 우리 인식의 이러한 차원에서는 인식과 존재가 동일하다.

112 이에 따라 다른 모든 학문적 진술의 (종종 간과되는) 최종적 토대를 형성하는 가장 확실하고 가장 보편적으로 타당한 진술이 문제가 된다. 다른 학문들을 근거 지으려는 형이상학의 요구는 이러한 의미에서만 이해될 수 있다. 따라서 형이상학은 우리의 인식 일반의 실재와의 연관성을 근거 짓거나 실재 연관성 전반의 방식을 해명함으로써 모든 개별 학문을 근거 짓는다고 주장한다. 그러나 형이상학은 어떤 개별 학문이 (또는 어떤 과학자가 자신의 개별 학문적 성과를 근거로) 전체 실재 자체와

관련되는, 곧 형이상학적 진술을 거짓으로 하는 경우를 제외하고는, 개별 학문의 관심사에 개입해서는 안 된다.

113 형이상학은 우리 인식 일반의 실재와의 연관성을 근거 짓는다(또는 우리에게 항상 이미 주어져 근거가 되는 것을 초월적 분석을 통해서 보여 준다). 이로써 형이상학은 실재가 본래 무엇인가에 대한 책임 있고 반성적인 앎을 전달해 준다. 여기서 고대부터 항상 재차 제기된 물음인 "존재자란 무엇인가?"라는 형이상학의 그 물음에 대답한다(참조: Aristoteles, *Met* VII 1, 1028b 2~4). 여기서는 "존재자"라는 말의 우선적이자 근본적인 의미가 관련된다. 이와 함께 "존재의 의미", 곧 사람들이 실재에 대해서, 존재에 대해서 말할 때 고수하는 것은 무엇인가에 대한 물음과 관련된다. 이제 이 물음은 별것 아닌 것처럼 쉽게 대답 될 수 없다. 비록 이 말을 사용하는 모든 사람이 그것에 대해 잘 안다고 생각할지라도 또는 오히려 그렇게 생각하기 때문에 말이다. 그리고 이 점은 누구나 모든 사유 작용과 의식적 행위에서 항상 이러한 앎을 전제하는 한에서 타당하다. 그러나 바로 그래서 얼핏 떠오르는 첫 번째 대답에 만족해 버리기 쉽다. 이 대답은 실재 또는 존재자가 무엇을 의미하는가에 대한 전형을 대상적으로 존재하는 물질적 사물로부터 가져올 수 있다고 생각해 버리는 것이다. 그러나 이로써 사유를(또는 사유하는 주체 자신을) 실재 밖으로 제쳐 버리게 된다(또는 그나마 사유로부터 파생된 어떤 것으로 만들어 버린다). 그 결과 이로부터 온갖 문제들이 불거지게 된다(참조: 95항). 그렇기 때문에 앞서 설명했듯이(91, 96항), (실제적으로) **존재하는** 것의 본래적인 경우는 자기 자신을

의식하는 주체에서 진술되고 서술되어야 한다.

114 여기서 밝혀진 "실재"가 무엇을 의미하는지에 대한 통찰에 의해 **형이상학의 본래적인 대상 영역은 반드시 긍정해야 할 비감성적 실재라는 것**이 아주 분명해진다. 말하자면 이러한 실재에 경험은 접근하지 못하지만, 우리는 경험을 반드시 수용할 수밖에 없다. 왜냐하면 우리는 "범해지는 모순"(*contradictio exercita*) 없이는 (의식적 작용의 수행에서 정립되는 모순 없이는) 경험을 부정할 수 없기 때문이다. 이와 동시에 모든 감각적 대상 지각에 함축된 우리 자아의 자기 현재에 대한 경험을 통해서(곧 초월적 경험을 통해서) 형이상학적 진술에서 표현되는 통찰들에 도달한다는 것이 증명되었다. **따라서 형이상학에서는 지각 가능한 세계의 배후에 또는 이 세계를 넘어서 숨겨져 있는 다른 세계가 문제가 되는 것이 아니다. 오히려 여기서는 경험적 의미에서 근본적으로 지각될 수 없고 개념적으로 명백하게 표현될 수 있는 것과 연관해서 "그 이상의 것"을 의미하는 우리의 구체적인 세계(또는 우리 자신)의 차원과 관련된다.**

115 형이상학은 필연적으로 긍정되어야 하는 비경험적 실재에 대해서 인간의 언어로 말해야 한다. 이 언어는 일차적으로 필연적이지 않고 경험적인 실재를 기술하는 데 적합하다. 그 때문에 형이상학의 진술은 결코 완전히 명백할 수 없다. 어쨌든 형이상학적 진술은 대상적 학문 또는 형식적 학문의 진술보다 훨씬 더 오해되기 쉽다. 왜냐하면 표상하는 사유는 모든 형이상학적 진술을 자연스럽게 대상적 실재에 대해서 사태를 그르치는 서술로 파악하기 때문이다. 우리의 표상적 사유로부터 나오는 이

러한 잘못된 해석은 항상 재차 수정되어야 한다. 그 때문에 형이상학의 모든 진술은 항상 설명적인 해석을 필요로 한다. 더욱이 형이상학의 진술은 항상 초월적 경험에 대한 부적합한 표현일 뿐이어서 진술 자체 그 이상의 설명을 통해서 오해로부터 방어되어야 한다. 그 때문에 형이상학적 진술도 다른 모든 학문적 진술처럼 보완이 필요하고 이러한 의미에서 수정이 가능하다. 앞서 말한 것으로부터 형이상학자는 결코 존재에 대해서 마치 그것이 개념적으로 명백하게 서술될 수 있고 통제될 수 있는 대상인 것처럼 말할 수 있다는 인상을 불러일으켜서는 안 된다. 왜냐하면 그러한 언술 방식은 형이상학을 당혹케 하고 당연히 비판을 야기하기 때문이다.

116 물론 이로써 형이상학에 대한 비판이 모두 옳다고 주장하는 것은 아니다. 명백하게 말해질 수 있는 바에 대해서만 말할 수 있다는 견해는 분명히 허위이다. 왜냐하면 가장 중요하고 가장 근본적인 "사태"야말로 명백하게 진술될 수 없기 때문이다. 이에 대해서 어떤 것이 명백하게 말해질 수 있다거나 어떤 것이 전혀 표현될 수 없다는 양자택일이 있을 수 있다. 하지만 이는 "명백하다"는 것이 무엇을 의미하는지가 금방 분명해지지 않기 때문에 이미 허위이다. 왜냐하면 과학과 같은 실재 학문들의 근본 개념들도 완전히 명백하게 정의될 수 없기 때문이다. 이러한 개념들은 단지 예형적으로만 일상 언어의 서술에 의해 도입될 수 있을 뿐이다. 따라서 이러한 점이 형이상학의 경우에 특별히 분명하게 불거진다는 것은 놀라운 일이 아니다.

— 제 2 부 —

존재 이해를 설명하는 형이상학

제 2 부
존재 이해를 설명하는 형이상학

117 우리는 형이상학의 가능성을 입증했고, 동시에 형이상학자가 "존재"에 대해서 말할 때 그가 무엇을 의미하는지(또는 의미해야 하는지)에 대해 일차적으로 이해하게 되었다. 그렇다면 우리는 이하에서 존재 이론으로서, 존재론으로서 형이상학을 전개시킬 수 있을 것이다. 따라서 여기서는 존재 이해에 대한 해석이 관건이 된다. 이와 같은 연관에서 **형이상학의 확정적인 체계는 존재하지 않는다**는 점이 우선적으로 강조되어야 한다. 물론 항상 (함께) 경험되는 고유한 주관성에 존재 이해의 적합한 "장소"가 있기는 하다. 하지만 형이상학의 통찰들은 서로를 포괄하기 때문에 매우 다양한 방식으로 표현될 수 있다. 우리가 선택한 단초는 단일성과 다수성(또는 동일성과 차이성)이라는 고전적 문제를 이해한 다음에, 다루어야 할 주제들의 순서를 어느 정도 규정하는 것이다.

제1장_ 단일성과 다수성에서의 존재

118 단일성과 다수성(일치성과 차이성)은 존재자들에서 실현된 존재가 근본적으로 서로 관련된 구조의 계기들이다. 이 논제의 의미를 전개하는 것은 이 장의 과제이다.

1. 형이상학의 제일 통찰

119 스스로를 존재에 대한 사유로 이해하는 형이상학의 가장 근본적이며, 이러한 의미에서 제일 통찰은 무엇인가?

우리는 앞에서(95항) 이미 이 점을 암시했다. 이를 적극적인 정식으로 나타낸다면 다음과 같다. 모든 것은 존재자이다. 존재는 모든 것에 속하는 것이다. 존재 안에서 모든 것은 서로 일치한다. 그러나 아마도 이를 부정의 부정의 방식으로 정식화할 때, 이 점은 더욱 인상적으로 표현될 것이다. 다시 말해서 존재에 속하지 않는 것은 없다. 존재에서 서로 결합되지 않는 것은 있을 수 없다. 이는 서양의 존재 사유를 개시한 파르메니데스의 근본적 통찰이기도 했다. 존재는 하나이자 모든 것이며, 무는 존재하지 않는다는 것이 그에게 명료해졌다. 이러한 통찰에 압도되어서 그는 여기서 나타난 단일성을 절대화했고, 그 때문에 모든 다수성과 차이성을 가상으로 설명했다. 우리는 이러한 결론을 피해야 하지만, 존재 안의 모든 단일성(또는 통일성)은 고수해야 한다.

120 물론 여기서 우리는 다음과 같이 물을 수밖에 없다. 이러한 진술은 단순히 가정으로 받아들여야 하는가 아니면 이러한 가정에 대한 증거가 있는가? 이러한 진술이 확실히 다른 명제들로부터 도출될 수 있다는 의미에서는 증명될 수 없다. 왜냐하면 이러한 진술에서는 모든 증명에서 전제되어야 하는 통찰이 관련되기 때문이다. 그러나 바로 그 때문에 진술의 무제약적인 타당성은 부정함에서 모순되지 않고서는 이 진술을 부정할 수 없다는 것을 보여 줌으로써 증명될 수 있다.

말하자면 존재에서 모든 존재자의 통일성을 부정하는 것은 통일성 없는 다수성이 존재할 수 있다는 주장으로 귀결된다. 그러나 통일성 없는 다수성을 생각하려고 하자마자, 그러한 시도는 수행될 수 없다는 것이 드러난다. 왜냐하면 모든 구별은 공통성, 단일성을 전제하기 때문이다. 우리는 상이한 것들을 공통성, 단일성(통일성) 내에서 구분해서 이것들을 이미 연관된 것으로 만든다. 이로써 단지 우리는 상이한 것들을 통해서 서로 구분하고 그때마다 다른 것으로 구분해서 각각 다른 것으로만 나타낸다. 따라서 서로 아무런 관련이 없는 것은 서로 상이한 것, 다수의 것으로도 규정될 수 없다.

121 물론 여기서 다음과 같이 반론을 제기할 수 있을 것이다. 그러니까 그렇게 증명된 불가능성에는 다만 우리가 다수를 단일성 없이는 **생각할** 수 없다는 것일 뿐이지, 아직 **존재의 불가능성**이 증명되지는 않았다는 것이다. 그러나 이러한 반론은 앞서(72~85, 109항) 사유와 존재의 근본적인 동일성에 대해서 상술된 모든 서술에서 볼 때는 타당하지 않다. 그러니까 결코 생각될 수 없는 어떤 것이 **존재할** 수 있을 가능성을 고려한다면, 사유와 존재 사이의 근본적인 동일성 대신에 근본적인 대립이 수용될 수밖에 없을 것이다. 말하자면 우리의 사유는 근본적으로 우리를 기만한다는 것을 받아들일 수밖에 없게 된다. 달리 말하자면, 사유는 완전히 무의미하고 무용하다는 것을 인정할 수밖에 없게 된다. 하지만 우리는 모든 사유 작용에서 이러한 점을 부인한다.

122 그러나 단일성 없는 다수성, 공통성 없는 상이성이 **생각될** 수 없을 뿐만 아니라, **존재할** 수도 없다면, 존재 안에서 모든 존재자의 존재 단일성(통일성)은 (또는 모든 존재자 서로 간의 실제적 통일성은) 결코 간과될 수 없는 실재 일반의 근본 규정 중의 하나이다(참조: 95, 99항). 따라서 이러한 단일성은 항상 고려해야 하는 실재이다. 그러나 이 점을 단지 확정하는 것으로는 충분하지 않다. 왜냐하면 그런 다음에는 특히 이러한 통찰을 철회하지 않는 것이 중요하기 때문이다. 이러한 철회는 존재 안에서 존재자들의 실제적 통일성을 사유에 의해 구성된 어떤 것으로

여기도록 우리를 강요하는 어려움에 직면했을 때 맞닥뜨린다.

123 이러한 통찰에서 그 밖의 많은 결론이 귀결된다. 우리는 이러한 결론들을 이하의 분석에서 심도 있게 다룰 것이다. 지금은 다음과 같은 점이 언급될 수 있겠다. 존재 안에서 서로 일치하지 않는 것은 존재할 수 없다. 이 논제로부터 존재 내에 있지 않은 어떤 대립도 있을 수 없다는 점이 직접 도출된다. 그런데 이 점은 **절대적으로 모순되는 것은 존재할 수 없다는 것**을 의미한다. 그러니까 절대적으로 모순되는 것은 존재(또는 어떤 존재자)와 무 사이의 대립일 것이다. 그러나 (상대적인 무와 대립되는) 순수한 무는 존재하지 않는다. 그래서 이 경우에는 대립에 해당하는 관계점은 존재할 수 없다. 따라서 논리적 관점에서 모순적인 대립(곧 p와 ~p와 같은 모순 명제)은 존재론적으로 볼 때 항상 상대적인 대립일 뿐이다. 이 상대적 대립은 그 안에서 어떤 주장과 그 주장의 부정이 수행되는 공통적인 것을 암묵적으로 전제한다.

이렇게 절대적으로 모순되는 것은 있을 수 없다는 점이 확정된다. 이 확정으로부터 무모순율이 곧바로 형이상학의 제일 원리가 될 수 없다는 결론도 나온다. 더 정확하게 말하자면, 무모순율은 여기서 진술된 통찰을 정확히 표현할 때에만 형이상학의 제일 원리가 될 수 있다. 그 통찰은 절대적으로 없는 것만이 존재의 외부에 "있다"는 것이다.

124 여기서 다음과 같이 물을 수 있겠다. 그것은 여기서 언급된, 존재 안에서 모든 것이 일치한다는 형이상학의 제일의 통찰이 적어도 앞서(103~109항) 동일률이라고 말했던 그러한 정식들만

큼 또는 심지어 그 이상으로 “동일률”이라고 불려야 한다고 요구할 수 있는가 하는 것이다. 왜냐하면 여기서는 존재하는 (앞으로 보게 될 것으로서 상이성들을 배제하지 않는) 모든 것의 근본적인 동일성에 관련되기 때문이다. 우리의 생각에, 이 물음에 대한 답변은 긍정적이어야 한다. 적어도 **존재 안에서 모든 존재자가 서로 일치한다**는 원리를 동일률의 타당한 정식으로도 보아야 한다는 의미에서 말이다. 그러나 이로써 다음과 같이 주장하려는 것은 아니다. 말하자면 앞서 동의하면서 언급한 다른 정식들이 존재자가 존재자로서 자기 자신과 동일하다는 통찰의 타당한 표현이 아니라는 것을 주장하려는 것은 아니다. 말하자면 우리는 동일률이 순전히 동어 반복으로 제시되지 않는 모든 정식은 다른 정식들에서보다 분명하게 서술된 통찰들을 내포하고 있다고 생각한다. 그것은 모든 정식의 배후에 있는 존재에 대한 통찰을 한 명제 안에 남김없이 표현할 수는 없기 때문이다. 이 점은 다음의 예에서 쉽게 이해할 수 있다. 코레트의 정식(“존재자는 그것이 존재하는 한, 반드시 존재하는 자이다”)는 “A는 A이다”라는 정식에서 출발한다. 이 정식은 물론 명시적으로 나타내지는 않지만, 모든 것이 존재 안에서 서로 하나라는 통찰을 함축하고 있다. 사유와 존재의 동일성을 표현하는 앞서 언급된 정식들은 한편으로는 존재 안에서 모든 것이 일치한다는 통찰 아래 포괄될 수 있다(말하자면 모든 것이 존재 안에서 일치한다면 사유와 존재도 서로 일치할 것이다). 다른 한편으로 이 정식들은 존재자들 상호 간의 통일성을 가정하는 것이 사유 필연성일 뿐만 아니라, 이 가정의 배후에 존재 필연성도 놓여 있다는 것을 보증해 준다. 그러니까 존재 안에 모든 것이 하나라는 통찰이 사유와 존재의 동일성에 대해서 이미 알 때에만 비로소 설득력 있게 증명될 수 있는 한에서 말이다.

2. 존재자라는 "개념"이 지니는 고유성

125 "존재"나 "존재자"라는 말은 일상 언어에서는 등장하지 않는, 철학 용어에 속하는 전문 용어이다. 단일성과 다수성의 문제에 관한 본 연구의 두 번째 부분으로서 이하에서는 논리적 관점에서 "존재자"라는 말의 몇 가지 곤란한 특성들을 고찰하게 될 것이다.

2.1. 개념과 그 특성

126 개념에 대해서 말할 때 본래 무엇을 의미하는 것인가? 이 물음에 대해서는 쉽게 답할 수 없다. 왜냐하면 즉시 언어의 구조와 실재를 인식하는 우리의 고유한 방식과 관련된 문제들이 제기되기 때문이다. 아마도 개념이 무엇을 해야 하는가를 서술한다면, 개념에 대한 접근법을 가장 쉽게 발견할 것이다. 왜냐하면 개념은 철학자들의 발명품이기 때문이다. 물론 이 점은 이러한 발명이 아무런 근거 없이 생겼다는 것을 의미하는 것은 아

니다. 오히려 이 발명은 우리 사유의 참된 필요에 상응한다. 다시 말해서 개념이 생겨난 배후에는 분명하게 질서 지어진 관계들을 추구하는 우리 이성의 경향이 버티고 있다. 이것을 밝혀내야 할 것이다.

127 모든 언어는 세계 안에 나타나는 것(그러니까 사건, 대상, 특성, 관계 등)을 서술하는 동시에 분석하고 질서 지으며 분류하면서 세계를 표현한다. 그러나 일상 언어에 의해 자발적으로 수행된 실재에 대한 진술과 분류는 이를 논리적 연관성에 있어서 날카로운 눈으로 볼 때 매우 부정확하게 감지된다. 한편으로는 동일한 것을 나타내는 여러 가지 말들이 있다. 다른 한편으로 어떤 말은 종종 부분적으로 다른 말들의 의미와 겹치는 매우 다른 의미를 지니기도 한다. 더욱이 그 구분의 원리들도 분명하게 나타나지 않는다. 다양한 언어들을 서로 비교한다면, 언어에 의해 자발적으로 수행되는 이러한 실재의 분류는 더욱 미궁에 빠지고 만다. 이 모든 것은 이해하는 데 어려움을 가중시키는 것으로 여겨진다. 이제 개념은 이러한 상황에서 도움을 줄 수단이다. 말하자면 개념은 언어가 자발적으로 수행하는 것(더 정확하게는 일상 언어에서 개별적으로 어떤 것을 나타내는 언어적 표현들을 자발적으로 수행하는 것)을, 곧 실재를 나타내고 동시에 질서 짓는 것을 더 의식적으로, 그 때문에 더 정확하게 분명하게 수행해야 한다. 이때 무엇보다도 날카로운 구분과 명백한 내용 규정이 관건이 된다. 이렇게 본다면, 개념은 **가능한 한 정확히 파악되고 통일된, 말의 음성 형태에서 벗어난 용어의 의미**이다. 달리 말하자면, 개념은 **가능한 한 명확하게 규정된 것으로서 정의로 나**

타나는 사유 내용이다.

따라서 개념은 명백함을 추구하는 이성의 산물이며, 사실 우리의 사유에 일목 요원함과 정확성을 가져다준다. 더 나아가서 이러한 특성들은 학문의 생성과 발전에 대한, 그리고 그로부터 나오는 세계의 지배에 대한 전제들이다. 그래서 개념적 사유의 중요한 의미는 명백하다고 할 수 있겠다.

128 게다가 개념의 "발명"은 여러 문제도 야기했다. 여기시 관건이 되는 것은 편향적인 개념적이고 기술적 사고가 의도하지 않았던 실제적인 피해가 아니다. 오히려 이러한 개념적인 사고 자체로부터 야기된 철학적 문제가 관건이 된다. 여기서는 적어도 두 가지 어려움이 생긴다. 첫째, 개념은 그 자체가 목적이 아니라 실재를 서술하는 데 기여해야 한다. 개념 안에서 같은 통찰들을 종합하거나 다른 통찰들을 서로 구별함으로써 실재의 체계화는 더욱 정확하게 수행된다. 그러나 이렇게 더 정확해질수록, 그 개념은 더욱 추상화되고 더욱 모형적인 것이 되어 버린다. 더 나아가서 자신 안에서 그리고 다른 것들에 대해서 항상 더 정확하게 규정된 사고 내용은 항상 더욱더 고립되어서 실재와의 연관성을 점점 더 상실하게 된다. 이렇게 본래는 (감각적인 상상력과는 달리) 이성에 의해 성취된 실재의 "모상"으로 생각되었던 개념은 실재와 대립된 형성물이 된다. 따라서 사고 자체와 개념적 사고를 동일시함으로써 사유와 존재의 분리 문제가 불거진다. 둘째, 개념이 추상적 사고로서 실재로부터 떨어져 나감으로써, 개념은 추상적인 사고 내용으로서 언어 이전의 어떤 것일 것이라는 인상도 생기게 된다. 그러나 이는 잘못된 생

각이다. 사유 안에는 (그리고 언어에 대해서) 언어 이전의 것, 곧 사유되고 언어화되어야 하는 실재 자체가 있기는 하다. 그렇다면 이 언어 이전의 것은 (비록 항상 불충분하지만) 개념에 의해서도 서술된다. 그러나 개념이 이렇게 할 수 있는 것은 개념이 **추상적 사유 내용**이라서 그런 것이 아니다. 오히려 그것은 개념이 온갖 추상성에도 불구하고 항상 여전히 구체적으로 실재적인 것에 대한 암시를 내포하고 있기 때문이다. 다시 말해서 개념은 자신의 모형적 특성에도 불구하고 항상 여전히 **존재 경험을 나타낸다.** 더욱이 개념이 언어로부터 분리된 어떤 것이라는 이해로부터 그러한 전제 아래서는 해결될 수 없는 개념 내용의 전달이라는 문제가 생긴다.

129 하지만 여기서는 이 문제에 대해서 더 깊이 다루지는 않을 것이다. 개념을 중심에 두는 사고의 장점과 문제점을 제시하는 것으로 충분하다. 오히려 우리는 존재자의 "개념"을 다룰 것이다. 우리는 "존재자"라는 말을 통해서 표현되는 내용을 하나의 개념으로서 다룰 것이다. 이때 (항상 이미 형이상학의 요구보다 논리학의 요구에 부응했던) 개념에 대한 고전적 이론에 은폐된 내적인 난점이 아주 첨예하게 대두된다는 것이 증명되어야 한다.

2.2. 존재자라는 "개념"의 초범주성

130 우리는 그것이 무엇이든지, 그리고 어떤 방식으로 존재하든

지 간에 모든 것을 항상 존재자로 지칭할 수 있다는 사실로부터 출발한다. 이로부터 우리는 다음과 같은 물음을 제기한다. 이러한 존재자의 개념과 이 개념에 의해 진술될 수 있는 것과는 어떤 관계가 있는가?

이 물음에 답할 수 있기 위해서 우리는 개념과 이 개념에 의해 진술되는 것과의 관계에 대해서 아주 일반적으로 간략하게 다루어야 한다.

(집, 메뚜기, 덕과 같은) 모든 개념은 내용과 범위를 지닌다. 개념의 **내용**(근대적 용어로는 **내포**[Intension])은 그것에 속하는 표징들의 총체이다. 개념의 **범위**(또는 **외연**)는 그것들에 개념이 적용되는 "사물들"의 총체이다. 이러한 전통적인 구별에 대해서는 이제 다음과 같은 원칙이 일반적으로 적용된다. 말하자면 내용이 크면 클수록 범위는 작아지고, 내용이 적으면 적을수록 범위는 더욱 커진다.

131 물론 이러한 규정의 배후에는 플라톤으로 거슬러 올라가는 아리스토텔레스적인 개념 규정의 방법이 놓여 있다. 이 규정은 최근류(最近類, *genus proximum*)와 종차(種差, *differentia specifica*)를 제시함으로써 개념을 정의한다. 이때 유(類)에 속하는 표징들과 차이를 이루는 표징들이 서로 분명하게 대조된다는 것이 전제된다. 이렇게 해서 예를 들어 인간이라는 개념은 "이성적 생물"로 규정된다. 이 개념에는 "생물"이라는 유적(類的) 규정에 "생물"과는 무관한 "이성적"이라는 표징이 추가되었다. 이러한 개념 규정의 방법을 전제한다면, 우리는 반대 방향의 움직임에 이르게 된다. 말하자면 우리는 종(또는 유)을 항상 더 나

아가서 규정하는 차이를 제거함으로써 더욱 일반적인 개념에 도달하게 된다. 그래서 최종적으로 하나의 유일한 최고의 개념에 이르게 되는 것이다. 우리는 이 개념 이상으로 더 이상 나아갈 수 없고, 이 개념으로부터 유 전체가 자신의 이름을 얻게 된다. 이러한 방식으로 아리스토텔레스는 자신이 범주라고 부른 실재의 최고 유들에 이르게 된다. 『범주론』에서 그는 다음과 같은 10개의 범주를 들고 있다. 그것은 실체, 양, 성질, 관계, 장소, 시간, 위치, 소유, 능동, 수동이다(*Kat* 4,1 b 25). 그렇다면 실재에 대한 이들 각각의 최고의 유들(주요 유들) 내에서 개념의 내용이 더 클수록, 그 범위는 더 작아지며 그 역도 참이라는 것이 타당해진다.

132 이제 이미 아리스토텔레스가 설명했던 통찰이 중요하다. 실재를 언급된 방식으로 분류할 때, 곧 개념의 표징들을 서로 분명하게(또는 전체적으로) 대조되는 규정들로 고찰하는 방법의 도움으로 분류할 때(이는 "전체적 추상"이라 불린다), 다수의 유를 가정하는 것이 불가피하게 된다. 또는 달리 말하자면, 실재 전체를 하나의 유일한 최고의 유개념(類槪念) 아래에 포괄하는 것은 불가능하게 된다. 말하자면 "존재자"는 비록 그것이 가장 보편적이고 모든 것에 속하는 규정이라고 하더라도, 다른 모든 유를 포괄하는 최상위의 유로 여길 수는 없게 된다. 아리스토텔레스가 말하듯이 "하나인 것 또는 존재자가 존재하는 것들의 류인 것은 불가능하다"(*Met* III 3, 998b 22). 그렇다면 왜 그것은 가능하지 않은가? 그것은 존재하는 바 모든 것이 존재자이기 때문이다. 그리고 "존재자"라고 표지하는 것이 모든 유와 종의 규정

에 대해서 뿐만 아니라 모든 표징에 대해서도, 이로써 모든 차이에 대해서도 적용되기 때문이다. 최종적이고 최소한의 차이도, 심지어 가장 개별적인 존재 방식도 존재자이기 때문이다. 토마스 아퀴나스는 이를 다음과 같이 표현한다. "존재자에게는 그 어떤 것도 외적인 내용으로서 추가될 수는 없다. 마치 종차가 유(類)에 또는 속성(Akzidens)이 주체에 첨가되는 그러한 방식으로 말이다. 왜냐하면 모든 실재는 본질적으로 존재자이기 때문이다"(*De Ver* q.l a.l). 또는 "존재자의 바깥에 있는 차이성은 있을 수 없다. 왜냐하면 비존재자는 구분 짓는 계기일 수 없기 때문이다"(*Summa theol.* I q.3 a.5).

133 따라서 존재자의 "개념"은 전혀 독특한 개념으로서 다른 개념들과 비교해서는 역설적인 개념이다. 이 점은 전통적으로 존재 개념의 초범주성 또는 개념의 "초월성"에 대해서 말함으로써 표현되었다. 왜냐하면 "존재자"는 사실 모든 범주적 한계를 뛰어넘고 초월하기 때문이다. 그렇기 때문에 존재자는 제일의 "초월적인 것"인 동시에 더 나아가 다른 모든 "초월자"의 근거가 된다. 말하자면 존재자는 존재하는 모든 것에 속하는(또는 속해야 하는) 실재에 대한 일반적인 규정들의 근거이다. 개념적인 출발점에서 볼 때 가장 중요한 역설적인 "존재자"의 특성들은 다음과 같다.

134 **(1)** 이미 언급되었듯이, "존재자"는 모든 것에 대해서 말해질 수 있지만, 그럼에도 불구하고(또는 바로 그렇기 때문에) 어떤 유도 아니다. 이 점에서 러셀이 다른 연관성에서 발견한 것과 같은 역설이 나타난다. 그에 따르면, 모든 집합의 집합은 다른 집

합들과 분명하게 구별되는 하나의 집합으로 간주될 수 없다(참조: 55항).

135 **(2)** "일반적인" 개념들과는 달리, 존재자에 대해서는 그 범위뿐만 아니라 내용도 가능한 최대라는 점이 타당하다. 존재자의 범위가 가능한 최대인 것은, 그것이 무엇이든지 어떤 방식으로 존재하든지 간에 모든 것이 존재자이기 때문이다. 마찬가지로 동시에 존재자의 내용도 가능한 최대이다. 다시 말해서 어떤 것을 존재자로 나타냄으로써 그것에 대해서 존재를 진술한다면, 그것에 대한 규정을 진술한 것이 된다. 이 규정은 개별적인 규정이 아니어서 어떤 것도 이 규정에서 벗어날 수 없고, 따라서 모든 제약을 제한함으로써 무제약적인 실재의 계기를 의미한다. 우리는 이 계기를 대상에 대한 온갖 경험을 할 시기에 자아경험에서 직접적으로 파악하게 된다(참조: 95, 96항).

136 **(3)** 이에 따라서 (이와 반대되는 것처럼 보임에도 불구하고) "존재자"는 가장 추상적인 명칭이 아니라 전적으로 가능한 가장 구체적인 명칭이다. 말하자면 존재자의 "개념"은 본래적인 의미에서 어떤 것으로부터도 추상되지 않는다. 왜냐하면 이 개념이 추상하는 것처럼 보이는 모든 것, 곧 구체적인 개별 규정들 또는 개별적인 차이들 자체도 존재자이기 때문이다. 이와 동시에 존재자의 "개념"은 그 불분명함 또는 모호함 때문에 다른 개념들과는 구분된다. 왜냐하면 이미 종종 언급했듯이, 우리는 ("존재자"라는 명칭이 가리키는) "존재"가 본래 무엇인가를 결코 분명하게 표현할 수 없기 때문이다.

여기서 앞서(83~84항) 언급된 긴장 관계가 새롭게 나타난다.

말하자면 "존재자"는 모든 것을 말하면서, 아무것도 말하지 않는다는 것이다. 어떤 대상이 (이 용어의 가장 넓은 의미에서) 존재자라고 말해진다면, 이로써 한편으로 존재하는 바 모든 것이 파악된다. 왜냐하면 그 어떤 유일한 규정도 존재자를 벗어나지 못하기 때문이다. 하지만 다른 한편으로 대상에 대해서 어떤 것도 진술하지 않았다는 인상이 들 수도 있다. 말하자면 우리는 어떤 대상을 존재자로 나타냄으로써, 그것에 대해서 진술하는 바를 정확히 규정하려고 한다. 하지만 이로써 다른 대상과의 구별에 의해 규정되는 어떤 내용에도 도달하지 못한다. 존재자는 대상에 대해서 명확히 규정된 방식으로는 사실상 어떤 것도 진술하지 않는다. 존재자가 "존재한다"는 식으로는 말할 수 없는 것이다. 왜냐하면 바로 이 "존재한다"는 것에 불분명함이 자리하기 때문이다(참조: De Petter 1964, 36~38).

존재자 "개념"의 이와 같은 극복될 수 없는 불분명함은 항상 재차 이 개념을 추상적인 (심지어 가장 추상적인) 개념으로 이해하도록 그릇된 길로 이끈다. 왜냐하면 바로 이러한 모호함이 "존재자"에게 그것이 관련을 맺는 사물들과의 거리를 만들기 때문이다. 이로써 "존재자"라는 명칭에 마치 적어도 어떤 식으로든 내용적으로 분명하게 규정될 수 있는 단일체가 속한다는 인상을 불러일으키게 된다. 하지만 그렇다면 "존재자"는 필연적으로 모든 개념 중 가장 일반적이고 가장 추상적인 개념으로 나타나게 된다. 이 개념은 한갓된 "현전" 또는 심지어 "비존재의 부정(否定)" 외에는 결코 그 어떤 다른 내용도 갖지 못한다. 하지만 이와 같은 최소한의 내용을 (사실은 결코 내용적인 것을 의미하는 것은 아니다) 모든 존재자에 대해서 동일한 방식으로, 곧 일의적으로 진술하는 셈이 된다(참조: 98항).

3. 보편 문제

137 존재 안에서 존재자의 단일성과 차이성에 대한 문제는 고대 이래로 항상 재차 언어를 통해 다루어져 왔다. 하나와 다수의 문제를 모든 언어에서 수행되는 동일화에 있어서 논리적이고 존재론적인 전제들에 대한 반성을 통해 설명하려는 다양한 제안들이 있었다. 이러한 제안들은 철학사에서 소위 보편 문제를 해결하려는 시도로 알려져 있다. 이제 존재론에서도 매우 중요한 이 문제로 관심을 돌리도록 하겠다.

3.1. 문제 설정에 대한 소견

138 개별적인 현상으로는 서로 다른 사물, 작용, 특성을 언어를 통해서 종종 동일한 말로 우리가 표현하고 있다는 것은 의심의 여지가 없다. 예컨대 우리는 남산과 북한산을 똑같이 산이라고 부른다. 내가 이발소에서 내 차례를 기다리면서 잡지를 읽는 행위와 내가 지금 형이상학과 관련된 책을 읽는 행위는 동일하게 "독서"라고 말한다. 물망초 꽃의 빛깔과 하늘의 빛깔은 동

일하게 "푸른색"이라고 말한다. 이처럼 각각의 언어는 말을 사용하는 작용에서 서로 다른 것들을 동일화한다. 동일한 말이 상이한 "대상들"에 사용될 수 있기 때문에, 적어도 언어에서 일반자가 존재한다는 것은 의심의 여지가 없다(적어도 누구도 이를 의심하지 않는다). 왜냐하면 일반자는 하나의 것으로서 여러 가지에 적용되는 것이기 때문이다. 언어에 의한 상이한 것들의 동일화는 대개 거기서 무슨 일이 일어나는지를 전혀 알아차리지 못할 정도로 우리에게 익숙하다. 그러나 이렇게 우리에게 아주 일상적인 사실들에 대해서 우리가 놀랍게 생각하기 시작하는 즉시(그리고 경이야말로 모든 철학적 통찰의 실마리이다), 다음과 같은 물음이 생긴다. 이렇게 (상이한 것을 통일시키는 또는 동일화하는) 일반적인 말들과 이 말들 또는 표현들을 사용하는 사람의 의식 속에 어떤 통일성이 상응하는가? 달리 말하자면 (적어도 대부분) 동일한 말을 사용할 때 여기에 사유 내용으로서 어떤 것이 동일하게 상응하는가? 만일 그렇다고 한다면 더 나아가서 다음과 같은 물음이 제기될 수 있다. 언어 사용과 의식에 주어져 있는 이러한 통일성(곧 일반 개념의 통일성)에는 의식을 넘어서는 실재 자체 안의 그 어떤 통일성이 상응하는가 상응하지 않는가? 바로 이것이 일반자 문제 또는 보편 문제이다.

139 문제를 해결하는 데 있어서 이 문제를 어떻게 정식화하느냐는 것이 결코 간과될 수 없다는 점을 강조할 필요가 있다. 철학사에서 이 물음은 종종 '보편자가 **존재하는가**'라는 방식으로 표현되었다. 이러한 물음의 제기는 오늘날도 분석 철학 내에서 이

루어지는 논의를 규정한다. 하지만 이는 그릇된 방향으로 사유를 몰아간다. 물론 보편 문제에서 실존적 존재가 관건이라는 것은 이러한 물음의 제기에서는 옳다. 왜냐하면 이는 실재 존재자에 대한 해석에 관련되기 때문이다. 그러나 이는 특별한 종류의 대상이나 실체의 실존을 기대한다는 의미에서 실존 문제와 관련되는 것은 아니다. (분석 철학자들이 항상 그렇게 하는 것처럼) '보편자가 존재하는가'라는 물음을 '보편적인 실재가 존재하는가' 또는 '개별적이지 않은 (추상적인) 실체가 존재하는가'라는 물음과 동일시한다면, 이미 중대한 선행적 결단과 마주치는 셈이다. 그러니까 이러한 정식들에서는 다음과 같은 전제가 암묵적으로 작용하고 있다. 이 전제는, 보편자가 개미나 은하수나 광자가 "존재"하는 것과 같은 방식으로 존재해야 한다는 것이다. 이와 같은 정식의 배후에는 최종 전제로서 다음과 같은 가정이 숨겨져 있다. 즉 이 가정은 실재가 일반적으로 무엇인지에 대해서는 우리가 이미 알고 있기 때문에, 더 이상 생각할 필요가 없다는 것이다. 그러니까 실재하는 것은 감각적으로 지각될 수 있고 항상 개별적으로 나타나는 대상이라는 것이다. 이로써 사람들은 아무런 반성 없이 자연 과학의 실재 개념을 받아들이게 된다. 하지만 이와 같은 실재 개념으로부터 출발할 때, 우리는 보편자를 다른 종류의 대상으로, 곧 추상적 실체로 파악할 수밖에 없다. 이때에는 철학사에서 "플라톤주의"라는 이름으로 이미 너무나도 자주 행해졌던 곤란한 결과들이 불거져 나오게 된다. 이러한 결과와 그 결론은 물론 놀라운 것이 아니다. 그런데 앞서 언급된 실재 개념에서 출발한다면, 이런 "플라톤주의"

는 유지될 수 없다. 그렇다면 이 모든 것은 본래 철저한 유명론에 대해서(곧 개별적 대상만을 실재로 인정하는 이론에 대해서) 말하는 것이다. 물론 여기서 유명론이 과학적 작업에서 행하는 모든 것을 만족할 만하게 해석할 수 없는 어려움이 드러난다.

140 이러한 견해를 밝히는 유일한 목적은, 왜 우리가 보편 문제에 대한 현대적 논의에 동의하지 않는지 그 이유를 다음에서 간략하게 제시하기 위해서이다. 보편 문제에 대한 현대적 논의는 사실 과학과 수학적 기초 연구에 흥미 있는 성과들을 가져왔다. 그렇기는 하지만 이러한 현대적 논의는 불충분한 문제 설정에서 출발한 것이다. 그래서 이 논의는 아리스토텔레스 이래로 대다수 이 문제에 대해서 말해졌던 것처럼 문제의 핵심을 비껴간다. 현대의 논의에서도 잘못된 문제 설정에도 불구하고 (우리가 증명할 수 있기를 바라는) 보편자에 대한 올바른 통찰을 적어도 그 단초에 있어서 관철했다는 사실은 주목할 만하다. 우리는 여기서 슈테크뮐러(W. Stegmüller)도 동의하는 콰인(W.V.O. Quine)의 견해를 염두에 두고 있다. 여기서도 철학에서 종종 그런 것처럼, 불충분한 단초에도 불구하고 효력을 발휘하는 실재의 힘이 드러난다.

141 보편자와 개별자에 대한 논의에서 물음은 다음과 같이 올바르게 정식화될 수 있을 것이다. 예를 들어 "철수는 인간이다" "영희는 인간이다"라고 말할 때, 언어에 전제되어 있음으로써 "인간"이라는 하나의 사유 내용(하나의 보편 개념)의 가능성을 제한하는 것으로서 증명되는 통일성(동일성)은 어떤 특성을 지니는가? 언어에 의해 수행되는 이러한 통일성은 한갓 언어 또

는 말하는 사람의 구성물에 불과한가, 아니면 실재를 표현한 것인가?

/참/고/문/헌/

Küng 1963.
Stegmüller 1974.
Stegmüller 1978(이 중에서 콰인과 다른 학자들에 대한 연구).

3.2. 가장 유명한 해결 시도와 그에 대한 비판

142 보편 문제를 해결하려는 모든 시도는 철학사에서 이 문제에 대해 표명된 견해들과 논쟁을 벌일 수밖에 없다. 물론 이것은 여러 견해를 진술하는 것을 전제한다. 하지만 이러한 진술을 간략하게 진행한다는 것은 결코 만만한 과제가 아니다. 그렇다면 어쩔 수 없이 도식화할 수밖에 없고, 그 결과 주요 저자들을 제대로 평가하지 못하게 된다. 이 같은 위험은 보편 문제 논의에서 예전부터 아주 조잡하게 단순화해서 다룰수록 더욱 커지게 되었고, 이러한 단순화는 **유명론**과 **플라톤주의**라는 이름으로 철학사 안으로 들어와 오늘날의 논의에까지 영향을 미치고 있다. 그러므로 우리는 유명론과 플라톤주의와 더불어 시작하고자 한다.

143 **(1) 극단적 유명론**에 따르면 일반적인 말들만이 있을 뿐이며, 이를 넘어서는 보편자는 존재하지 않는다. 보편자는 그저 이름에 불과하다(nomen은 이름, 명칭을 의미한다. "유명론"[Nominalismus]이라는 말은 여기서 나온 것이다). 콩피에뉴의 로스켈리누스(Roscellin von Compiègne, 1050?~1125?)가 말했던 것처럼, 보편자는 "소리 나는 바람"(*flatus vocis*)일 뿐이다. 따라서 다양한 사물들의 이 공통된 이름에는 의식 내의 어떤 통일체도 해당되지 않으며, 더욱이 실재에서의 어떤 통일체도 상응하지 않는다. 이렇게 해서 극단적 유명론은 일반 개념도 부정한다. 일반 개념으로 간주되는 것은 다양한 개별 표상들로부터 생기는 일반적 표상일 뿐이다. 여기서 일반적 표상은 유사한 대상들의 일련의 특징들을 막연한 방식으로 종합할 뿐이다. 이러한 극단적 유명론은 항상 "감각주의"이기도 해서, 이에 따르면 인간의 인식은 감각적 인상들의 결합으로부터 모조리 설명된다고 한다.

144 이러한 견해에 대해서 다음과 같은 반론이 제기된다.

a) 극단적 유명론은 실제로 일반적인 인식 내용이 존재한다는 것을 부정한다. 따라서 극단적 유명론은 다음과 같은 분명한 사실을 충분하게 설명할 수 없다. 말하자면 이러한 사실은, 세계가 우리 의식과는 항상 다를 뿐인 인상들과 지각들이 혼란스럽게 뒤섞여 있는 것이 아니라, 오히려 체계적인 통일체로 나타난다는 것이다. 더 나아가서 동일한 인식 내용(개념)이 같은 말에 상응하지 않는다면, 사람들이 어떻게 상호 간에 이해가 가능한지는 설명될 수 없게 된다.

b) 극단적 유명론에서 우리 의식의 내용들은 직관적인 표현들일 뿐이다. 하지만 이는 잘못된 생각이다. 왜냐하면 **한편으로** 사상과 개념은 표상과 동일시될 수 없기 때문이다. 개념의 형성과 사유가 항상 구상적인 표상들에 의해 동반되더라도 말이다.

예컨대 우리는 삼각형 "자체"가 무엇인가를 알고 있고, 삼각형 "자체"에 대해서 생각할 때, 우리의 의식은 대개 "하나의" 삼각형에 대한 구상적인 표상을 떠올린다. 하지만 이는 무조건적으로 필요한 것은 아니다(그러니까 종종 "삼각형"이라는 말의 표상만으로 충분하다). 뿐만 아니라 다음의 사항은 더욱 중요하다. 말하자면 표상된 삼각형은 항상 (등각, 등변 또는 부등변, 직각, 예각 또는 둔각 등의) 특정한 삼각형이지, 결코 삼각형 "자체"는 아니다. 왜냐하면 삼각형 자체는 결코 표상될 수 없기 때문이다. **다른 한편으로** 우리는 분명히 일반적이고 여러 경우에 같은 의미로 적용될 수 있는 인식 내용들을 사용하지만, 이것들은 직관적이지 않다. 모든 사람은 이러저러한 것이 필연적이거나 개연적이라고 말할 때, 그리고 진리에 대해서 또는 어떤 인상들은 주관적일 뿐이라고 말할 때, 그것이 무엇을 의미하는지를 이해한다. 더 나아가서 무게가 없다거나 무한하다는 등의 부정적 개념들은 직관적인 것이 아니다.

c) 더 나아가서 이러한 유명론은 선험적 모순을 범한다는 점이 지적되어야 한다. 한편으로 이 유명론은 우리가 보편적이고 필연적인 인식 내용을 지니고 있다는 것을 부정한다. 그러나 다른 한편으로 일반적인 술어들을 설명할 때, 자기 이론의 진리성을, 이로써 그 보편성과 필연성을 주장한다.

145 **(2) 초월적 실재론**이라고도 불리는 소위 **실재론**에 의하면, 보편자(곧 여러 가지로 적용될 수 있는 말들의 도움으로 표현되고, 의식에 일반 개념으로 현존하는 것)는 실재 자체 안에 존재한다. 더욱이 적어도 이와 같은 이해에 대한 일반적인 서술에 따르면,

보편자는 개별적 사물들로부터 분리되어 또는 달리 말해서 개별적 사물들 자체의 "바깥에" 존재한다. 철학사에서 이 이론은 플라톤의 이름과 불가분의 관계를 맺고 있기 때문에, **플라톤주의**로도 불린다. 그러나 전문 학자들 사이에서는 오늘날까지도 플라톤이 본래 무엇을 말하려고 했는지에 대해서 의견이 분분하다. 어쨌든 플라톤은 모든 "사물"은 각각 자신의 무엇임(Washeit)을 규정하는 "본질"을 갖고 있어서, 이 본질은 사물이 나타나는 형태가 변하더라도, 근본적으로 동일하게 지속된다고 가르쳤다. 예를 들어 인간은 유아기부터 시작해서 죽을 때까지 자신이 겪는 다양하고 끊임없는 변화에도 불구하고 줄곧 인간으로 머물러 있다. 그 때문에 인간을 인간으로 되게 하는 것은 불변하는 어떤 것으로서 항상 변화하는 "현상"과는 구분되는 것이다. 더 나아가서 항상 동일하게 지속되는 그러한 실재는 인간을 인간으로 되게 만든다고 생각할 수 있다. 이 실재는 철수와 남수뿐만아니라, 영희와 순희에게도 있다. 그렇다면 우리는 플라톤이 이러한 관련성에서 왜 실재의 "이데아들"(원형들)에 대해서 말했는가를 이해할 수 있다. 이 이데아들에 비해서 이데아에 단지 "참여하는" 다양한 물질적인 실재는 그저 무상한 "현상"에 불과하다. 이러한 플라톤의 이론에 의하면 사물들의 보편적인 본질을 나타내는 영원한 이데아들은 그 안에서 이데아들이 실현되는 현상들과 곧바로 동일시되어서는 안 된다. 이 플라톤의 이론은 이미 그의 제자인 아리스토텔레스에 의해 마치 이데아들이 사물들의 외부에서 사물들과 떨어져서 존재하는 것처럼 해석되었다(참조: *Met* I 6, 987b 4~10). 따라서 플라톤이 일반적으로 후대에 이러한 식으로 해석된 것은 아리스토텔레스의 영향에 기인한다. 플라톤 자신은 결코 이와 같은 이데아의 고립적 실존을 주장한 적이 없지만 말이다.

146 이런 식으로 이해된 실재론에 대해서는 이미 아리스토텔레스가 제기했던 것과 같은 온갖 반론이 제기될 수 있다. 이데아(또는 보편자)에 사물들로부터 분리된 독자적인 실존을 인정하는 이 논제는 개별 사물들로부터 그 실재성을 박탈한다. 왜냐하면 이 논제는 사물들의 "본질"을 사물들과는 다른 영역으로 옮겨 놓기 때문이다. 더 나아가서 (자신 안에 머무르는 것으로 생각되는) 보편자의 분리된 실존은 이해할 수 없는 것이 되어 버린다. 뿐만 아니라 이러한 분리된 실존은 부정적인 성질들에도 상응하는 본질이 "존재해야" 한다고 가정하는 한 완전히 모순된다. 마지막으로 이 이론은 자신이 설명해야 할 것, 곧 이데아에 참여하는 다양한 사물들의 공통성을 설명할 수 없다. 말하자면 사물들과는 다른 이데아를 통해서 이러한 공통성이 설명되어야 한다면, 사물과 이데아의 공통성은 다시 다른 어떤 것을 통해서 설명될 수밖에 없다. 그 결과 무한한 후퇴 과정이 생기게 된다. 이는 소위 플라톤주의에 반대하는 제3의 인간 논증이다(참조: Aristoteles, *Met* I 9, 990b 17).

147 **(3) 개념주의**(*conceptus*는 개념을 의미한다)도 극단적 유명론처럼 실재론을 거부하지만, 우리 인간이 일반 개념을 사용한다는 것을 인정하기에 극단적인 유명론과는 구분된다. 말하자면 개념주의는 우리가 통일적이기 때문에 직관적이지 않은 인식 내용 또는 사유 내용을 사용한다는 것을 인정한다. 이러한 사유

내용은 그때마다 상이하고 우리 의식 밖에 놓여 있는 "사물들"에 대해서 동일한 의미로(*per identitatem*) 말할 수 있다. 그 때문에 예를 들어 우리는 추상 개념으로서 버섯, 지렁이, 캥거루에 대해서 동일한 의미로 말할 수 있는 "생물"이라는 개념을 갖고 있다. 따라서 개념주의에 의하면 하나의 말에는 우리의 사유에서는 하나의 통일적인 개념이 상응하지만, 현실에서 이 하나의 개념에는 어떤 통일체도 상응하지 않는다. 오히려 사유 상의 통일체에는 여러 현실적인 다수가 상응한다. 용어론과 관련해서 말하자면, (오컴이나 비트겐슈타인의 유명론처럼) 유명론이라고 부르는 많은 이론은 본래는 개념주의이다. 그 때문에 우리는 앞에서도 **극단적인** 유명론에 대해서 언급했다. 개념주의를 합당하게 비판하기 위해서 우리는 몇 가지 이론을 보다 면밀하게 살펴보아야 한다.

148 **a)** 철학사에서 실재론에 대한 가장 예리한 비판가 중의 한 명은 **윌리엄 오컴**(William Ockham, 1285?~1349)이다. 그에게는 (그 자체로 존립하는 사물로서 또는 속성으로서 생각되는) 그때마다 개별자만이 실재한다. 일반자는 단지 지성의 산물이다. 일반 개념에 해당하는 "영혼 바깥의" 보편적 실재는 존재할 수 없다. 오컴은 다음과 같은 숙고를 통해서 이와 같은 견해에 이르게 되었다. "개별적으로 존재하는 사물은 다른 사물로는 말해질 수 없다. 하지만 일반적으로 존재하는 어떤 것은 많은 것들에 의해 말해질 수 있다. 따라서 이것들은 같은 것일 수 없다"(1 Sent d.2 q.7 G). 이렇게 개별적인 것과 일반적인 것은 동일시될 수 없기 때문에, 이것들은 그때마다 다른 어떤 것일 수밖에 없

다. 하지만 개별적인 것들과 다른 실제적인 보편자는 매우 불합리한 어떤 것이다. 오컴은 거듭 이 점에 집중하면서, 개별적인 것과는 다른 실제적인 일반자가 불가능하다는 것을 날카롭게 지적한다. 그 때문에 그는 보편자를 사유의 산물로 이해하는 수밖에 없었다.

그러나 그는 동시에 일반 개념이 사유 작용의 자의적인 산물은 아니라는 것을 입증하려고 애썼다. 그래서 그는 개념이 사물들의 영향 아래 이성 안에서 생겨난 바로 그 사물들의 자연적 기호이며, 이 점에서 단순히 인간에 의해 형성된 기호인 다른 말들과는 구분된다는 것을 강조한다. 이렇게 해서 사물들의 자연적 기호로서 개념은 어떤 진술에서 그때마다 개별적인 사물들을 나타낼 수 있다. 이러한 사실은 하나의 개념이 왜 하나 또는 여러 개의 개별 사물들을 나타낼 수 있는가에 대한 근거이다. 이와 같은 설명은 논리학자들에게는 만족스럽겠지만, 개념의 의미에 대한 존재론적인 근거는 이것으로 설명되지 않는다. 왜냐하면 다음과 같은 물음이 제기되기 때문이다. 그때마다 개별적인 대상이 이성에 작용함으로써 생기는 개념이 어떻게 일반적인 어떤 것을 표현할 수 있는가? 더욱이 개념이 그 개념 아래 포섭되는 개별 대상들을 정확히 대표할 수 있는 데 대한 근거인 일반자를 어떻게 표현할 수 있는가? 오컴의 대답은 다음과 같다. 경험을 통해 생겨난 개념은 서로 유사한 모든 대상에 적용될 수 있다. 이러한 유사성은 그에게 있어서 개념이 상이한 것을 대표할 수 있다는 데 대해서 최종적으로 제시될 수 있는 근거이다. 그는 이제 이로써 그 안에서 상이한 개별적 사물들이 서로 일치하는, 개별적 사물들과는 다른 일반적 존재를 의미하는 것은 아니라는 것을 강조한다. 왜냐하면 개별적 사물들은 **각자에게 개별적으로 고유한** 것을 통해서 "서로 유사하지"(*seipsis... conveniunt*, 같은 책, q.6 NN, OO) 일반적인 어떤 것을 통해서 유사한 것이 아니기 때문이다(Moody 1967, 310).

149 이제 여기서 우리의 비판이 시작된다. 왜냐하면 여기서 오컴이 취하는 입장의 약점이 드러나기 때문이다. 오컴은 실재적인 보편자를 단지 개별적인 존재들과는 다른 대상으로만 생각할 수밖에 없었다. 그 때문에 그가 **각각에게** 고유한 어떤 것에 대해서 말할 때, 현실에 존재하는 통일체를 이미 대상적이 아닌 방식으로 받아들였다는 것을 그는 알아차리지 못했다. 오컴은 이렇게 자신이 진술하는 중에 범해진 모순을 의식하지 못했다. 그는 "영혼 밖의" 보편자를 단지 개별자와는 다른 어떤 것으로만 생각할 수밖에 없었다. 그 때문에 그는 그때마다 개별적인 것들의 비대상적인 통일성을 고려할 생각에 이르지는 못했다.

150 다음과 같은 점도 유념해야 한다. 오컴에게는 아리스토텔레스 철학의 실재론이 여전히 영향을 미쳤다. 이러한 점은 그에게 개념이 실재의 "자연적 기호"(*signum naturale*)라는 데서 나타난다. 그는 기호[표지]와 실재 간의 연관성을 자명한 것으로 보았다. 그 때문에만 그는 주저 없이 개념적인 기호와 사태 간에 자연적으로 주어진 관계에 대해서 말할 수 있었다. 그런데 여기에 문제가 있다는 것을 그는 의식하지 못하였다. 그런데도 그는 우리가 서로 유사한 개별적인 것들을 대표할 수 있는 일반 개념을 사용한다는 점을 더 이상 소급해서 물을 수 없는 당연한

것으로 받아들였다. 그는 다음과 같이 말하는 것으로 만족했다. "자연은 우리에게 숨겨져 있는 방식으로 보편자 속에서 작용한다"(*natura occulte operatur in universalibus*, 같은 책, q.7 CC ad 7). 이러한 입장은 오컴에게는 인식 비판적인 문제가 아직 전면적으로 제기되지 않았기 때문에 이해할 만하다.

151 **(b) 비트겐슈타인**은 모든 종류의 보편 실재론을 반대하는 가장 중요한 현대의 인물이다. 피처(G. Pitcher)에 의하면 비트겐슈타인은 전통적으로 동일성과 단일성을 중요시했던 대부분의 철학자와는 달리 차이와 다양성을 추구했다. 피처는 다음과 같이 말한다. "그는 『논리 철학 논고』의 표제로 '나는 그대들에게 차이를 가르치겠노라'고 한 **리어왕**의 말을 사용하려고 생각했다"(Pitcher 1967, 253).

"언어 놀이"의 다양성에 대한 비트겐슈타인의 논제는 다음과 같다. "나는 우리가 언어라고 부르는 모든 것에 공통적인 것을 제시하지 않는다. 그 대신에 나는 이러한 현상들에는 우리가 같은 말을 사용하기 때문에 하나의 공통된 것은 없으며, 오히려 그러한 현상들은 여러 상이한 방식으로 서로 연관되어 있다고 말한다"(*Philosophische Untersuchungen* 65). 이러한 생각을 그는 앞서 인용한 구절에 이어서 개별적인 놀이들의 예에서 설명하고 있다.

66 예를 들어서 우리가 "놀이"라고 부르는 과정을 한번 살펴 보자. 나는 장기 놀이, 카드놀이, 공놀이, 싸움 놀이 등을 생각한다. 이 모든 놀이에 공통적인 것은 무엇인가? 다음과 같이 말하지 말자. "그

것들에 공통된 어떤 것이 **있어야 한다.** 그렇지 않으면 그것들은 '놀이'라고 부를 수 없을 테니 말이다." 오히려 그것들 모두에 공통적인 어떤 것이 있는가를 **살펴보자.** 왜냐하면 당신이 그것들을 살펴볼 때, **모든 것에** 공통적인 어떤 것을 볼 수는 없을 것이지만, 유사성, 연관성들을, 그것도 아주 많이 보게 될 것이기 때문이다. 이미 말했듯이, 생각하지 말고 사태를 살펴보라! 예컨대 여러 가지 연관성을 지닌 장기 놀이를 살펴보라. 그런 다음에는 카드놀이로 옮겨 가자. 여기서 당신은 첫 번째 종류에 상응하는 점들을 많이 발견하겠지만, 많은 공통된 특징들은 사라지게 된다….

이러한 고찰의 결과는 다음과 같다. 우리는 서로 중첩되고 교차되는 유사성들의 복잡한 그물을 보게 된다….

67 나는 "가족 유사성"이라는 말을 통해서보다 이러한 유사성들을 더 잘 특징지을 수는 없다. 왜냐하면 몸매, 얼굴 생김새, 눈 색깔, 걸음걸이, 성격 등과 같이 한 가족 구성원들 간에 존재하는 여러 유사성은 서로 중첩되고 교차되기 때문이다….

그러나 당신들 중 누가 다음과 같이 말하려고 할 것이다. "따라서 이 모든 구성원에게 공통적인 어떤 것, 곧 모든 공통성의 상관성이 있다." 이렇게 말한다면 나는 그가 말장난하고 있다고 대답할 것이다. 마찬가지로 천 전체를 어떤 것이 관통하고 있는데, 그것은 천의 올들이 빈틈없이 중첩되는 것이라고 말할 수도 있을 것이다.

152 이 원문을 상세하게 인용한 것은 이 본문이 비트겐슈타인의 분명하게 표명된 견해를 나타낼 뿐만 아니라, 그가 암묵적으로 수용한 전제들을 드러내기 때문이다. 비트겐슈타인은 사람들이

공통적인 표현으로 나타내는 대상들(사물들, 작용들, 성질들)에는 그것들 모두에 공통적인 것은 없다고 주장한다. 하지만 그렇다고 해서 사람들이 아무 근거도 없이 상이한 사물들에 대해서 동일한 표현을 사용한다고 말하는 것은 아니다. 왜냐하면 이것들 간에는 유사성이 있기 때문이다. 물론 이 유사성 자체는 서로 상이해서, 동일한 의미로 두루 통용되지는 않기 때문에, 유사한 모든 사물에 하나의 공통된 어떤 것으로 이해될 수는 없다. 그래서 비트겐슈타인은 유사한 사물들에 대해서 "가족 유사성"이라는 특별한 명칭을 사용하는 것이다.

153 원문에 명시적으로 드러나지는 않지만, 이로부터 우리는 비트겐슈타인이 왜 하나의 말로 나타내는 사물들의 공통성 또는 통일성을 수용할 수 없는가를 알 수 있다. 그러니까 그는 사물들 간에 **분명하게 확정될 수 있고 정확하게 같은 의미로 통용될 수 있는 공통성 또는 통일성**은 없다고 확신한다. 따라서 그는 (다른 모든 반실재론자처럼) 실재의 현실 속에 있는 일반자를 부정한다. 그것은 그가 물질적 대상들의 지각 가능한 통일성에 초점을 맞추는 통일성 또는 공통성의 개념을 고수하기 때문이다. 이러한 고찰 방식은 그가 선택한 천의 예에서도 명백하게 나타난다. 그에게서 천은 어떤 통일체가 아니다. 왜냐하면 천을 빈틈없이 메꿀 수 있는 것은 없기 때문이다. 기껏해야 통일성의 근거로서 "올들의 빈틈없는 중첩"을 생각할 수 있겠지만, 비트겐슈타인은 이를 거부한다. 따라서 통일성과 공통성에 대한 표상적인 개념은 비트겐슈타인에게 처음에 실마리로 떠올랐던 올바른 통찰에 대한 접근을 가로막고 말았다. 왜냐하면 "가족 유

사성"을 서술함으로써 그는 사물들의 지속적인 차이가 그것들 서로 간의 통일성을 배제할 필요가 없는 그런 통일성 이해에 이르렀기 때문이다. 이렇게 해서 그는 그러한 통일성이 있어야 한다는 것을 막연히 알아차리기는 했지만, 그것을 나타내지는 못했다. 왜냐하면 그는 통일성을 단지 동질적인 같은 종류의(homogen) 통일성으로만 생각할 수밖에 없었기 때문이다.

154 마지막으로 유사성 문제에 대해 한 가지 더 언급해야 한다. 동일한 표현이 상이한 사물들을 대표할 수 있는 근거로서 이 사물들의 유사성을 제시한다면, 이는 사물 자체에 (곧 내면적으로) 해당되는 것을 규정하는 것일 수 없다. 오히려 사물들 자체에 해당되는 어떤 유사성은 상이한 사물들의 실제적인 일치를 의미한다. 달리 말해서 유사성에 대한 숙고 없는 표상에만 단순히 머물지 않고 유사성을 철저히 사유한다면, 우리는 유사성의 근거로서 사물들 상호 간의 실제적 일치를 상정하지 않을 수 없다.

155 **(c)** 개념주의에 대해서 말할 때, 우리는 **칸트**를 언급하지 않을 수 없다. 왜냐하면 그의 인식론은 다음과 같은 통찰에 토대를 두기 때문이다. 그에 의하면 우리의 인식에서 필연적이고 보편적인 것은 실재(의 경험)에서 나오는 것이 아니다. 오히려 이는 인간의 인식 능력의 작용이다. 이러한 인식 능력은 시공간적으로 질서 지어진 감성적 직관의 내용을 지성에 선험적으로 주어져 있는 범주를 통해 개념의 통일로 가져간다. 그런데 이러한 점이야말로 전형적인 개념주의이다. 왜냐하면 개념주의의 본질은 '사유 안에 존재하는 개념적인 통일성에는 현실에서의 어떤

통일체도 상응하지 않는다'는 명제에 있기 때문이다(이를 보다 더 조심스럽게 표현하자면, 우리는 현실에서의 통일체에 대해서 어떤 것도 말할 수 없다는 것이다). 그러나 사실이 그렇다면, 사유와 존재는 서로 분리될 수밖에 없는데, 말하자면 본래의 실재는 우리에게는 인식 불가능하게 된다. 알다시피 칸트는 명시적으로도 이 점을 주장했다. 그러나 이에 대해서 앞서(예를 들어 78항 이하) 말했던 모든 점을 따라서 볼 때, 우리는 이 주장을 받아들일 수 없다.

156 **(4)** 중세의 아리스토텔레스주의자들, 예컨대 토마스 아퀴나스로 대변되는 **온건 실재론**은 아리스토텔레스가 플라톤에 대해서 비판한 잘못을 피하려고 한다. 이는 플라톤이 사유에서만 발견될 수 있는 개념들의 보편성을 실재 안으로 투영해서 독립적인 것으로 만들었을 것이라는 잘못이다. 그 때문에 토마스는 보편 개념의 **내용**과 이 내용이 그때마다 현실화하는 **방식**을 서로 구분한다. 그리고 개념이 표현하는 **바 그것**은 한 개념으로 서술되는 각각의 "사물들" 안에도 현존하며, 사유를 통해서 의식 안에 생기는 개념에도 현존한다는 것을 강조한다. 하지만 이 경우에 동일한 개념 내용이 대상 안에서 또는 의식 안에서 주어지는 **방식**은 다르다(참조: *Met* I lect. 10, n.158). 개별 대상들에서 개념의 내용은 따로 떨어져서, 곧 개별적으로 존재하는 실재로 현존한다. 대상들의 영역에서는 결코 현실적인 통일성이 존재하지 않는다. 그 때문에 여기서 우리는 일반성에 대해서 말할 수 없다. 일반성, 곧 공통된 속성들의 통일성은 의식 안에서만 존재한다. 하지만 온건 실재론은 초월적 실재론뿐만 아니라 개

념론과도 자신을 구분하려고 한다. 그 때문에 온건 실재론은 의식이 상이한 개별적인 대상들의 공통성을 하나의 일반 개념 속에 종합할 때, 자의적으로 그렇게 하는 것이 아니라는 것을 강조한다. 왜냐하면 실재성 자체는 개별적으로 차이 나는 것을 하나의 개념 안에 종합하고 이 차이 나는 것을 동일한 말로 나타내게 하는 기반을 우리에게 제공하기 때문이다(참조: *Thomas von Aquin: De ente et essentia* cap. 3, 1979, 32~41).

온건 실재론은 초월적 실재론과 개념주의를 매개하는 지위를 얻고자 한다. 하지만 이러한 시도는 성공한 것으로 볼 수 없다. 온건 실재론은 의식 바깥에는 보편성이 없다는 주장을 통해서 초월적 실재론과는 선을 긋는다. 동시에 개념론과는 반대로 현실 속에는 많은 경우에 상이한 것을 하나의 통일성으로 생각하게 만드는 어떤 근거가 있다고 주장한다. 하지만 이러한 주장은 더 이상 다음과 같이 묻지 않을 때에만 만족스러울 수 있다. 그 물음은 현실에 존재하는 근거들을, 곧 자체로 상이한 것을 사유 안에서 통일적인 것으로 서술하는 것을 가능하게 하는 근거들을 어떻게 이해해야 하는가 하는 것이다. 이러한 물음을 추적한다면, 온건 실재론의 입장은 본질적인 문제는 제쳐두고, 말하자면 "현실에는 상이한 것들의 어떤 통일성이 있는가 아니면 없는가?"라는 물음을 피하려는 언어상의 타협일 뿐이라는 것이 입증된다. 보편자의 사유를 위해서 현실에 주어진 근거들을 말하는 것이, 상이한 것이 사유 작용에 앞서서 어떤 식으로든지 실제로 통일성을 이룬다는 것을 의미해야 한다면, 이 점은 분명하게 진술되어야 한다. 그러나 만일 그렇지 않다면, 곧 현실에 상이한 것들의 그 어떤 통일성도 없다면, 근거들에 대해 말하는 것은 아무런 의미도 없다. 왜냐하면 이때는 개념의 통일성이 단지 사유의 구성물일 뿐이기 때문이다. 그렇다면 온건 실재론은 단지 명칭상 개념주의와 구별될 뿐이다. 그러나 개념이 실제로 존재하지 않는 일반성을 서술하는 것이 맞는다면, 우리는 다음과 같은 주장을 피할 수 없는데, 이러한 주장은 우리의 개념들이 실재에 상응하지 않을 뿐만 아니라 심지어 실재를 왜곡한다는 것이다. 그렇다면 여기서 내용과 이 내용의 서술 방식을 구별하는 것도 아무런 도움이 되지 않는다. 왜냐하면 내용과 이 내용이 서술되는 방식 간에는 서로 의존적인 관계가 성립되기 때문이다. 동일한 내용이 그때마다 상이하게 실현되는 방식은 내용 자체와 관련된다. 그러나 단지 내용을 추상해서 고찰할 때에는, 무차별적인 통일성에 대해서만 말할 수 있게 된다.

/참/고/문/헌/

Vignaux 1931; 1948.

Baudry 1958, 258~262; 278~284.

3.3. 차이를 배제하지 않는 통일성

157 지금까지 다룬 모든 해결 시도들은 하나의 공통적인, 절대 엄밀하게 연구된 것이 아닌 전제를 기반으로 하였다. 이러한 시도들은 다음과 같은 가정에서 출발했다. 그 가정은 개별성과 보편성(차이성과 통일성)이 어떤 경우에나 서로 배척하고, 따라서 상

이한 것은 결코 동일하지 않고 동일한 것은 결코 상이할 수 없다는 것이다. 이 점을 전제하고 동시에 동일한 개념으로 표현되는 대상들의 차이성을 진지하게 받아들인다면, 실제로는 단지 두 가지 일관된 입장이 있을 뿐이다. 그러니까 한편으로 우리는 개념주의로서 현실에서 모든 통일성을 부정할 수밖에 없다. 또는 그럼에도 불구하고 어떤 통일성을 인정하려고 한다면, 아리스토텔레스가 해석한 플라돈주의에 따라서 개별 대상들로 구성된 실재의 밖에서 통일성을 찾을 수밖에 없다.

158 이와 같은 막다른 골목에서 빠져나오는 길은 한 가지뿐이다. 말하자면 우리는 앞서 언급한 암묵적인 전제를 버리지 않으면 안 된다. 이로써 우리는 본래 플라톤이 의도하고 인도했던 바를 신뢰할 수 있게 된다. 본래 플라톤은 그러한 전제를 하지 않았기 때문에 종종 오해를 불러일으켰다. 플라톤에 대한 몰이해는 물론 그가 초월적 실재론자라는 인상을 불러일으킬 수 있는 표현과 예가 그의 작품에서 나타난다는 점에도 그 원인이 있다. 그러나 이 점은 놀랍지 않다. 플라톤은 생각하는 방식의 신기원을 열어야 했다. 따라서 그는 언어가 유비와 은유의 도움으로만 서술할 수 있는 실재의 차원과 관련되는 표현 방식과 사투를 벌여야 했다. 그렇기 때문에 그가 종종 오해를 받는다고 해서 놀랄 일은 아니다. 그런데도 우리는 플라톤이 자신의 이데아론을 분명하게 하려고 사용한 표현과 예들을 "두 세계 이론"(여기서는 감성적 세계와 그 너머의 이데아의 세계)의 의미에서 해석할 수밖에 없을 것이다. 만일 우리가 실제적인 것은 본래 개별 사물일 뿐이어서 결과적으로 실재로서의 일반자도 이러한 모델에

따라서 사유하는(보다 정확하게 말하자면 표상되는) 것으로부터 출발한다면 말이다.

159 이렇게 예비적으로 숙고한 이후에, 우리는 다음과 같은 논제를 제시하게 된다. (어떤 적극적인 내용을 표현하는) 하나의 개념(또는 그러한 개념의 통일성)에는 현실에서 이 개념을 통해 표지되는 (개별적으로 상이한) 대상들의 하나의 실제적인 (물론 "사물적인 것"은 아닌) 통일성이 상응한다. 그러나 이 통일성은 그 대상들의 상이성을 제거하지 않는다(그리고 이 통일성은 실제적인 상이성에 의해 훼손되지도 않는다). 우리는 이 논제를 우리의 참된 (따라서 실재에 적합한) 진술의 불가피한 전제들에 주목함으로써 그 근거를 마련할 수 있다.

160 "인간"이라는 말은 의심의 여지 없이 모든 사람에게 동일한 의미로 타당한 같은 개념 내용을 표현한다. 말하자면 이 개념 내용은 모든 사람에 대해서 참된 방식으로 진술될 수 있다. 이제 다음과 같은 물음이 제기된다. 우리는 철수와 만수가 분명히 서로 다른데도 무슨 권리로 이들에게 똑같이 **동일한 것**(곧 "인간)이라고 말하는가? 아마도 그것은 이들이 그때마다 자신들의 고유성에도 불구하고 이들 모두가 인간이라는 점에서 일치하기 때문일 것이다.

하나의 진술은 그것이 실재에 상응할 때에만 참이다. 이제 이성의 판단 작용을 통해서 설정된 (우리가 양자 모두 동일하게 "인간"이라고 말하는) 철수와 만수의 통일성 또는 동일성이 **단지** 이성의 구성물이고 **그저** 이성의 설정에 불과하다면, 그래서 이에 대해서 실재에서 어떤 통일성이나 동일성도 상응하지 않는다면, (이러한 동일화 또는 통일화가 우리 인식의 본질적 특징이기에) 우리의 인식이 근본적으로 거짓이라고 결론지을 수밖에 없을 것이다. 왜냐하면 우리의 인식은 있지도 않은 동일성을 그럴싸하게 내세우기 때문이다. 이런 결론을 내리지 않으려고 한다면, 우리는 또한 개념적인 통일성 또는 보편성의 근거로서 이에 선행하는 통일성 또는 일반성이 현실에 존재한다고 확정해야 한다.

161 우리의 판단이 진리라는 것을 전제한다면, 여러 사람이 그들의 인간 존재에서 일치한다고 말할 수 있다. 물론 이러한 확정은 추상적으로 이해되어서는 안 된다. 우리가 여기서 이해하는 것처럼, 철수와 만수라는 인간 존재는 추상적인 크기가 아니라, 정확히 이들이 그때마다 개별적이고 구체적인 실재를 이루는 바이다. 그러니까 이 인간 존재는 그것을 통해서 이들이 살아 있고 감각적이며 그 어떤 공동체에 속하는 개별 인간으로 존재하는 바의 총체이다. 이를 좀 더 첨예화해서 표현하면, 사람들은 그때마다 개별적인 인간이라는 점에서도 서로 일치한다는 결론에 이르는 것이다. 하지만 이는 분명히 초월적 실재론이 아니다. 왜냐하면 여기서 말하는 통일성은 개별적인 구체적 사람들의 "외부" 어딘가에 있는 것이 아니라, 상이한 사람들 상호 간의 통일성이기 때문이다. 그 밖에도 사람들이 개별적임과 상이함에서도 서로 일치하는 것은 이러한 통일성에 속한다는 것을 분명하게 강조할 수 있겠다. 따라서 사람들 상호 간의 동일성(통일성)을 주장한다고 해서, 이들 서로 간의 상이성을 부정하는 것은 아니다. 사람들의 실제적인 동일성에 대한

주장으로부터 다음과 같은 경우에만 이들의 실제적 상이성을 부정하는 결과가 나온다. 그것은 인간이 되게 하는 모든 것을 근거로 해서 사람들 사이에 성립되는 동일성이 물질적인 개별 사물의 모형에 따라 표상된(곧 "사물적인") 동일성으로 파악되는 경우이다.

162 앞서 의미한 통일성 또는 동일성에 대한 올바른 이해를 위해서 다음 의견이 도움을 줄 것이다. 여기서 동일성이기도 한 통일성에 대해서 언급할 때 다음의 사항에 유의해야 한다. 그것은 볼 수 있고 만질 수 있는 물질적 대상들의 직관적 통일성만을 통일성으로 간주하려는 경향에 빠지는 것이다. 피상적일 뿐인 반성의 빛으로 보더라도, (예컨대 책상의 통일성과 같은) 이러한 통일성에서는 본래 의미의 통일성이 가장 적게 실현된다. 왜냐하면 이러한 통일성은 단지 서로 이어져 있는 부분들이 단절 없이 연속되는 것일 뿐이기 때문이다(이러한 단일성은 사실 우리의 감각적 지각에 대해서만 빈틈이 없는 연속체로 나타날 뿐이다). 이러한 단일성에서는 인접한 부분들이 서로 관통하고, 서로 동일하다고 말할 수는 없다. 비록 이러한 점이 그 참된 의미로서의 통일성에 필수적이라 하더라도 말이다. 본래의 통일성은 우리 안에서 실재와의 접촉을 통해서 생겨나는 것으로 선험적으로 주어지는 것이다. 그러나 이 통일성은 일반적으로 다른 것과 함께해서만 경험되기 때문에, 선험적인 것은 의식적으로 전개되어야 한다. 이에 대해서는 다음 세 가지 점을 말할 필요가 있다. 첫 번째, 우리는 우리 신체를 하나의 통일체로 체험한다. 비록 치아와 발이 내 신체의 서로 다른 부분이라고 하더라도, 내

가 치통을 느끼고, 내가 발의 통증을 느낀다. 여기서 중요한 것은, 우리 의식에서 체험하는 이러한 통일성은 기계의 통일성과는 전혀 다르다는 것이다. 기계의 통일성은 부분들이 서로 외적인(예컨대 기계적이거나 전자 공학적인) 접촉만을 할 뿐이다. 두 번째, 그러나 우리는 의식에서 우리 신체의 통일성을 체험할 뿐만 아니라, 우리가 인식하는 모든 대상의 초공간적이고 초시간적인 통일성도 체험한다. 말하자면 의식 안에서는 지나간 것도 현재하며, 공간적으로 서로 떨어져 있는 "사물들"도 인식된 것으로서 비공간적인 방식으로 (나에게 인식된 대상으로서) 현재한다. 세 번째, 여기서 시공간적으로 서로 다른 대상들이 인식함에서 하나의 통일성을 이룬다는 점이 드러난다. 왜냐하면 인식함에서 대상들과 인식하는 의식 간에 동일성이 생기기 때문이다. 인식되는 대상과 인식하는 주체 간의 이러한 동일성 없이는 어떠한 인식도 있을 수 없을 것이다. 이러한 통일성 또는 동일성은 인식을 가능하게 하는 조건이어서 현실적이고 실제적인 통일성 또는 동일성이다. 이러한 동일성은 결코 인식하는 자와 인식되는 것의 물리적인 융합을 의미하지 않는다. 본래의 통일성은 이러한 경험으로부터 이해되어야 한다.

163 그러므로 우리가 (철수와 만수처럼) 개별적으로 상이한 것들의 실제적인 통일성을 이들의 실제적인 상이성 때문에 부정해야 한다고 생각한다면, 이때 그저 물질적인 대상들에 대한 경험에서 취해진 직관적일 뿐인 통일성을 통일성 일반의 척도로 삼는 셈이 된다. 이 경우에는 사물적인 통일성을 파악할 수 있는 조건이 우리 의식의 배후에서 인식하는 자와 인식되는 것의

직접적으로 파악되는 통일성임을 잊고 있는 것이다(따라서 이 동일성은 최종적으로 자아의식 안에서 주관과 객관으로서 나의 동일성이다).

이제 이와 같은 숙고를 근거로 우리는 다음과 같이 말할 수 있겠다. 사람들은 사람 각자의 구체적인 인간 존재에서 서로 일치할 뿐만 아니라, 그들의 구체적 인간 존재에서 서로 구별된다. 사람들의 인간 존재를 이루는 **바, 그것[본질]**은 서로 유사할 뿐만 아니라 동일하기도 하다. (그러니까 같은 것들이 서로 동일성의 계기를 갖지 않는다면, 같은 것이 아니다!) 비록 이러한 동일성이 불완전하더라도 말이다(참조: 217항 이하). 하지만 동시에 이 인간 존재가 실현되는 **방식**은 그때마다 서로 상이하다. 이때에 다음과 같은 점을 유념해야 한다. 인간 존재에 있어서는 한편으로 인간 존재의 내용(인간 존재를 이루는 "바, 그것")과 다른 한편으로 인간 존재에 그때마다 개별적으로 실현되는 "방식"이 있다. 이 두 측면은 추상적 인식에서만 명백하게 구분될 수 있을 뿐이다. 반면에 이 두 측면은 실재에서, 그리고 모형적 특성을 넘어서는 형이상학적 인식에서는 서로 관통한다.

164 지금까지는 보편 문제의 원칙적인 해결 방향만이 제시되었을 뿐이다. 왜냐하면 여러 문제가 여전히 남아 있기 때문이다. 앞서 언급한(159항) 정식화한 논제는 단지 적극적인 내용을 표현하는 일반 개념들을 참작할 뿐이다. 어떤 것의 결여를 표현하는 일반 개념에는 어떤 실재성이 속할 수 있는지의 물음에 대해서는 아직 아무것도 말해지지 않았다. 더 나아가서 상이한 일반 개념들 또는 이 개념들에 상응하는 실재성들이 서로 어떻게 관

련되는냐는 물음도 여전히 제기된다. 이로써 일반적인 유(類)들 일반의 존재론적인 의미에 대한 물음이 제기된다. 이 물음은 다음 성찰들의 테두리 안에서만, 특히 철학적 전통에서 "본질"이라고 부르는 존재론적 지위에 대한 설명을 통해서만 답해질 수 있을 것이다.

/참/고/문/헌/
Ritter 1931, 115~190.
Ross 1966.
Flasch 1973, 39~47.
Martin 1973.

4. 존재자의 유비

165 앞서 살펴본 성찰을 통해서 다음과 같은 점이 도출되었다. "존재자"는 모든 범주를 초월하며, 서로 다른 모든 것이 서로 일치되는 관점과 서로 일치하는 것이 서로 구별된다는 관점을 최종적으로 분명하게 구별하는 것이 가능하지 않다는 것이다. 여기서 등장하는, 전통적으로 "유비"(類比, *analogia*)로 다루어진 문제들에 대한 더 정확한 진술에 이제 접근해 보기로 하자.

4.1. 우리는 유비라는 말로 무엇을 이해하는가

166 "유비"라는 용어는 그리스어[*αναλόγια*]에서 유래하며, 원래는

관계, 유사성을 의미한다. 이 말은 전문 용어로서 수학적 관계(비례, *proportio*)를 나타내기 위해서 사용되었고, 이후에는 엄밀하게 양적인 종류가 아닌 관계를 나타내기 위해서도 사용되었다. 중세 철학에서는 "유비적"이라는 말은 특별히 술어의 한 가지 사용 방식을 의미했다. 여기서 유비론은 일차적으로 의미론적 문제와 연관되었다. 그 결과 우선적으로 의미 전이(意味轉移)의 이론이 등장하게 되었다.

167 의미 전이 이론의 출발점은 다음과 같은 관찰이었다. 모든 언어에는 뜻이 다른 의미로 사용되는 표현과 말이 있다. 어떤 말을 이렇게 전이된 의미로 사용하는 것은 물론 그 말이 적용되는 다른 말들에 비해서 일차적인 본래 의미를 지닌다는 것을 전제한다. 예컨대 "건강하다"라는 말은 본래 어떤 생명체의 속성을 의미한다. 따라서 이 말은 그 생명체의 생명 기능이 방해받지 않고 수행된다는 것을 말해 준다. 우리가 건강한 아이나 건강한 망아지에 대해서 말할 때, 우리는 건강하다는 말을 본래 의미에서 사용하는 것이다. 하지만 이 말은 다른 맥락에서도 사용된다. 우리는 건강한 생활 방식이나 건강한 안색에 대해서도 말하며, 귀리가 건강하다고도 말한다. 이렇게 말하는 것은 다음과 같은 이유에서이다. 말하자면 어떤 생활 방식은 생명 기능의 순조로운 진행에 도움이 되며, 검게 탄 얼굴은 그 사람의 건강 상태를 알려 주고, 귀리는 영양분이 풍부하고 몸에 이로워서 건강을 증진시킬 수 있다.

따라서 어떤 말을 유비적으로 사용할 경우에 이 말의 의미는 그때마다 다르기는 하지만, 그럼에도 이들 상이한 용법 사이에는 내면적 연관성, 내면적 통일성이 성립된다. 이러한 통일성은 ("건강하다"는) 동일한 말로 표현되는 (생활 방식, 안색, 귀리와 같은) "대상들"이 그 말이 본래 관련되는 실재(곧 유기체의 정상적 기능들)와 더 하거나 덜한 정도로 밀접한 관계에 있다는 점에서 나온다.

168 어떤 말을 유비적으로 사용한다고 할 때, 우리는 이 말을 상이한 경우들에서 서로 연관은 되지만 그때마다 각기 서로 다른 의미로 사용한다. 이러한 유비적 용법은 어떤 말을 한 가지 의미로 사용하는 소위 "일의성"(Univokation)과는 구분되어야 한다. 일의적 용법은 어떤 말이 상이한 경우에 완전히 같은 의미로 사용될 때 나타난다. "일의적" 또는 한 가지 의미의 용어 사용에서는 그 말을 통해서 표지되는 개념의 동일한 내용에 주목한다. 하지만 이 경우에 동일한 개념 내용이 구체적인 모든 경우에 각각 약간씩 다른 방식으로 실현된다는 것을 간과한다. 예를 들어 (모든 생명체에 대해서 말해질 수 있는) "삶"이라는 말이 모든 생명체에 공통적인 것에만 주목하는 것으로 사용된다면, "삶"은 한 가지 뜻으로 (정확히 "일의적" 의미로) 사용되는 것이다. 어떤 말을 일의적으로 사용하는 것은 정의(定義)로써 확정된 추상적 개념에 해당한다.

169 그런데 유비적 용법은 "일의적 용법"뿐만 아니라 "다의적 용법"(Äquivokation)과도 구분된다. 다의적 용법은 소리의 동일성으로 가장 잘 이해할 수 있다. 다의적 용법은 특수한 경우에만 등장하거나 항상 우연으로 나타난다. 다의성은 하나이며 같은 말(더 정확하게 말하자면 같은 소리를 내는 말)이 서로 아무런 관련

없이 전혀 다른 대상들을 가리킬 때 나타난다. 예를 들어서 "라마"(Lama)라는 말은 남미(南美)의 짐을 실어 나르는 동물뿐만 아니라 티베트의 승려를 가리키기도 한다. 동일한 소리의 말 또는 동일한 말의 다의적인 사용에는 그때마다 전혀 다른 인식 내용 또는 개념이 대응한다.

170 이미 중세 철학자들은 말을 유비적으로 사용하는 문제와 일의적인 사용의 문제에 대해서 고민했다. 물론 이들은 의미론적 문제의 배후에 인식론적이고 존재론적인 문제가 숨어 있다는 것을 알고 있었다. 하지만 이들은 여기서 대두되는 문제들이 실제 얼마나 영향을 미칠지 알지 못했다. 그것은 물론 스콜라 철학의 강력한 개념론적-본질주의적 태도 때문이었다. 그래서 유비의 문제는 거의 다음과 같은 맥락에서만 언급될 뿐이었다. 말하자면 이 맥락에서는 세계 내적 경험에서 나온 개념들의 편협성이 신에 대한 이성적 논의의 가능성과 연관해서는 유지될 수 없다는 점이 분명해진다. 더 나아가서 유비론은 기껏해야 실체와 우유성(속성)에서 존재의 상이한 실현이 문제가 되는 곳에서 적용되었을 뿐이다. 하지만 중세 철학자들은 사람들이 근본적으로 모든 술어를 유비적으로 사용한다는 점을 의식하지 못했다. 그 때문에 아래의 성찰들은 유비에 관한 이러한 전통적 이해와는 다르다. 오히려 이 성찰들은 토마스 아퀴나스에게서 나타나는 몇 가지 근본적 통찰들을 계승해서 발전시키려는 것이다.

다시 말해서 우리는 말의 유비적 사용이 전의(轉意)된 의미로 사용되었다는 것을 분명하게 알게 된 경우에만 국한되지 않는다고 생각한다. 오히려 유비적 용법은 인간 언어의 일반적인 성질이라고 생각한다. 이제 이 점을 앞으로 밝혀야 할 것이고, 여기서 나온 결론들이 해명되어야 할 것이다.

171 앞서 보았듯이, 어떤 말이 상이한 경우에 정확히 동일한 의미로 받아들여서 사용되는 일의적 용법에는 일반 개념이 여기에 상응한다. 철수와 만수 사이에 있는 개별적인 차이들을 간과할 때, 오직 그때에만, 우리는 이들에 대해서 "인간"이라는 술어를 정확히 같은 의미로(곧 "일의적으로") 말하게 된다. 추상 개념은 상이한 대상들이 서로 일치하는 것을 그때마다 분명하고 예리하게 같은 의미로 표현한다. 그러나 이러한 명백성의 대가(代價)는 개념의 모형적 특성, 곧 구체적인 실재와 불가피하게 생기는 거리이다. 추상적인 일반 개념은 우리에 의해(우리의 사유에 의해) 구성된 실재와 관련될 때에만 실재에 완전히 상응한다. 예컨대 이러한 구성된 실재는 수학의 점, 선 등이다. 개념적 인식과 실재 간에 대립이 생긴다는 이러한 통찰이 바로 인식 비판적인 문제를 불러일으켰다.

172 그럼에도 불구하고 인식하는 인간은 개념을 통해 포괄되는 대상들(예컨대 철수와 만수)이 실제로는 서로 다르다는 것을 안다. 하지만 이 대상들로부터 형성된 개념("인간")은 분명하고 명백히 제시될 수 있는 내용에 따라서 고찰된다. 이때 개념은 이 대상들이 서로 일치하는 점들만을 내포하며, 서로 상이한 점들은 포함하지 않는다. 그러나 대상들의 비동일성은 대상들이 똑같은 "이데아"를 두 번 "찍어낸 것"일 뿐이라는 점에 있지 않다(이는 마치 같은 컨베이어 벨트에서 두 대의 자동차가 원칙적으로 정

확히 동일한 설계도에 따라 만들어졌지만, 생산되는 순서가 다르고 서로 다른 "질료"로 만들어지는 것과 같다). 오히려 이 비동일성은 대상들 서로 간의 일치에도 불구하고 이들에게 속하는 속성들을 그때마다 다르게 실현시키는 방식을 통해서 서로 구별된다는 점에 있다. 개념 자체는 모든 것을 관통하는 차이를 표현하지 않는다. 그럼에도 우리는 우리의 구체적인 인식 작용에서 이 차이에 대해서 알고 있다. 말하자면 우리는 이 차이를 명시적으로 주제로 삼지는 않지만 의식하고는 있다. 인간은 자신의 개념들(더 정확하게는 단어들)을 문장 속에서 사용함으로써 이미 추상적이고 단지 개념적인 인식을 항상 넘어서 있다. 그러한 한에서 인간은 사물들의 통일성(일치성, 동일성)뿐만 아니라 동시에 이러한 통일성을 내적으로 세분화하는 차이성도 파악하게 된다. 달리 말하자면 인간은 존재자들의 유비에 대해서 안다는 것이다.

173 따라서 우리는 근본적으로 모든 명칭을 유비적으로 사용한다(이러한 명칭이 우리에 의해 구성되지 않은 어떤 것과 관련되는 한에서 말이다). 다시 말해서 사물들의 존재에 걸맞은 유비에 대해서 아는 것, 그리고 동시에 사물들의 통일성과 상이성을 파악하는 것은 근원적인 인식이다. 반면에 추상적이고 개념적으로 인식하는 것은 이차적인 것에 불과하다. 왜냐하면 일상 언어에서 그 말의 의미 영역에 상이하게 속하는 사물들에 적용되는 동일한 말의 의미는 표상된 구체적인 사물들의 상이성에 따라서 그때마다 다르기 때문이다. 하지만 이러한 점은 동일한 말로 표현되는 상이한 사물들의 통일성이 유효하지 않다는 것을 의미하지

는 않는다. (그때마다 맥락에 따라서 각각 어느 정도 다른) 동일한 술어를 유비적으로 사용하는 것은 의미들을 가능한 한, 한 가지로 의미로 지칭하는 학술 언어에서만 배후로 밀려나게 된다. 하지만 완전한 일의성은 심지어 학문적 언어에서조차 제한적으로만 나타날 뿐이다.

174 언어의 특징이라 할 수 있는 **유비적 용어 사용**은 유비적인, 더 정확히 말하자면 **초개념적인 인식**에 상응한다. 이러한 초개념적인 인식은 **현실에서 지배적인 유비**에 상응한다. 이러한 유비는 사물들이 일치하는 점과 구별되는 점이 상호 관통함으로써 생겨난다. 이로써 우리는 실재의 한 본질적 규정으로서 유비에 이르게 되었다.

4.2. 존재자의 근본적 특성인 유비

175 우리가 현실에 주어진 유비에 대해서 말할 때, 그것이 무엇을 의미하는가를 이해하기 위해서는, 앞서(132~136항) 존재자 "개념"의 초범주성에 대해서 확정했던 점으로 되돌아가야 한다.

앞서 말했듯이, 그것이 무엇이든지, 어떤 방식으로 있든지 간에 모든 것은 존재자이기 때문에, 존재자는 유(類)가 아니다. 더 나아가서 아무리 심한 차이가 나더라도, 심지어 개별적인 존재 방식도 존재자이다. 그렇다면 여기서 존재자들에게 공통된 것뿐만 아니라 존재자들을 구분하는 것도 그 외에는 아무것도 있지 않은 존재에 근거하고 있고 존재로부터 나온 것이라는 결론에 도달하게 된다. 하지만 존재는 공통성, 통일성, 심지어 동일성을 설정할 뿐만 아니라(참조: 119항) 차이를 짓는 것이기도 하다. 따라서 모든 존재자는 **이들의 존재에 근거해서** 서로 하나이기도 하고 서로 다르기도 하다. 다시 말해서 모든 존재자는 **동일한 "관점"에서** 서로 하나이면서 서로 다르다. 이때 존재는 어떤 특정한 관점을 의미하는 것이 아니라 그때마다 존재자의 내용 전체를 의미한다. 따라서 존재자는 그 각각의 존재 요소를 근거로 다른 것과 동일할 뿐만 아니라 다른 것과 다르기도 하다.

176 물론 이러한 진술들의 의미와 그것이 미치는 범위는 "존재"라는 말이 의미하는 것을 이해했을 때에만 파악될 수 있다. 이를 위해서 우선 이와 관련해서 앞서(95항 이하) 말했던 것을 상기하자. 하지만 다른 한편으로 후기 토마스 아퀴나스 사상을 관통하는 것으로서, 존재가 모든 것의 근본적인 완전성이라는 통찰도 참조하자. 이러한 존재에 대한 이해는 특히 『신학대전』(*Summa theologiae*)에서 발췌한 다음의 구절에서 잘 드러난다. "존재는 모든 것 중에서 가장 완전한 것이다. 왜냐하면 존재는 모든 것에 실재를 부여하는(*ut actus*) 원리에 해당되기 때문이다. 말하자면 어떤 것은 그것이 존재하는 정도로만 실재성(*actualitas*)을 지니고 있다. 그렇기 때문에 존재는 모든 것의 실재성일 뿐만 아니라 모든 형상의 실재성이다"(I q.4 a.l ad 3). "모든 것을 최고로 규정하는 것(*maxime formale*)은 존재 자체이다"(I q.7 a.l). "존재는 모든 것의 가장 내면적인 것이며, 모든 것에서 가장 깊이 현존하는 것이다. 왜냐하면 존재는 어떤 것에

[여전히] 있는 모든 것에 대해서 형상을 부여하는 것(본질을 규정하는 것)이기 때문이다"(I q.8 a.l).

따라서 존재자들이 존재 자체 안에서 일치한다면, 존재자들은 자신들에게 가장 본질적인 것에서 일치하는 것이다. 동시에 이러한 일치는 있을 수 있는 가장 내면적인 일치이다. 왜냐하면 다시 말해서 존재를 "가진다"는 것은 "존재한다"와 같을 뿐만 아니라, "존재 공통성을 가진다"는 것은 "같은 것이다" 또는 "동일하다"와 같은 의미이기 때문이다. 이와 마찬가지로 다음도 타당하다. 존재자들이 존재 자체에서 서로 다를 때, 이들은 그들에게 가장 근본적인 것에 있어서 서로 상이하다. 동시에 이러한 상이성은 있을 수 있는 가장 근본적인 점이다.

177 결국 모든 존재자는 동일한 것, 곧 존재에서 각각 다른 존재와 일치하며, **동시에** 각각 다른 존재와 서로 상이하다. 이것이 **존재론적인 의미에서 존재자의 유비로** 나타내려고 하는 것이다. 존재론적인 출발점에서 볼 때, 서로 구별되는 **그 점에서** 일치하는 사물들은 유비적이다. 물론 일치하는 것과 상이한 것을 서로 항상 분명하게 구분해야 하는 개념적 사유에서는 이러한 진술이 황당하고 무모순율에 위배되는 것처럼 여겨질 것이다. 그래서 우리는 뒤에서(244~263항) 이 문제에 대해서 상세하게 다룰 것이다. 여기서는 다만 존재에서 존재자들의 유비가 단지 초개념적이고 형이상학적인 인식으로만 접근할 수 있다는 점을 살펴볼 것이다. 이 점은 자명하다. 왜냐하면 존재에 대한 우리의 앎은 항상 초월적 반성을 통해서 매개되기 때문이다. 같은 근거에서 유비가 무엇인가 하는 것도 결코 분명해질 수 없다. 그 때

문에 유비에 대한 이해를 비례나 배분의 의미로 전달하려는 일반적인 설명이 위험하지 않다고는 할 수 없다. 이러한 설명은 항상 일의적인 의미로 오해될 수 있다. 비록 유비를 분명하게 밝힐 수는 없지만, 그럼에도 유비가 의미하는 것이 무엇인지를 이해할 수는 있다. 유비에 대한 이해로 존재에 대한 이해까지 성립되거나 후자는 전자에 달려 있으며, 결국 이는 형이상학에 대한 이해이기도 하다. 유비를 이해하기 위해서 개념적 사유에서는 항상 서로 분리되지만 실재에서는 서로 관통하는 측면들을 함께 고려해야 한다. 이는 항상 모든 것을 관통하는 **동일한** 존재이다. 존재는 상이한 존재자들에 항상 유비적으로 실현된다. 그러니까 존재는 존재자들 각각에, **그때마다 그 존재자에게 고유하며, 다른 존재자와는 다른 방식으로** 실현된다. 왜냐하면 존재는 모든 것을 두루 장악하기 때문이다. 이렇게 모든 것을 "두루 장악하는"(perichoretisch) 존재의 근본 구조 때문에 다음의 정식이 타당하다. 항상 특정하게 존재하는 것은 무엇이든지, 또한 항상 존재자로 있는 것은 무엇이든지 하나이요 동일한 것, 곧 존재 안에서 다른 모든 존재자와 하나이다. 그리고 동시에 하나이요 동일한 것, 곧 존재 안에서 다른 모든 존재자와 상이하다. 실재에서, 그 때문에 초개념적인 인식에서도 상호 간의 일치(동일성)과 상호 간의 상이성(차이)는 서로 관통한다.

178 존재자가 존재에서 서로 일치하며 같은 존재에서 서로 상이하다는 진술은 잘못 이해하지 말아야 한다. 이를 위해서 모든 것은 각각의 다른 것과 일치하는 동시에 다르다는 점을 유의해야 한다. 따라서 다음과 같은 두 가지 사항을 잊어서는 안 된

다. 그중 하나는, 존재론적 유비 자체는 항상 유비적으로 이해되어야 한다는 것이다. 다른 하나는, 존재자들 간에 성립하는 각각의 유비(곧 일치 가운데 상이성과 상이성 가운데 일치)는 그 자체로 각각 다른 것이라는 것이다. 존재에서 모든 것이 일치한다는(또는 상이하다는) 점으로부터 모든 일치(또는 차이성)가 정확히 같은 일치라는 결론을 내린다면, 이는 용납될 수 없다. 오히려 그 반대가 사실이다. 그 이유는 "존재"가 일의적으로 추상된 어떤 것이 아니라, 그 안에서 일치성과 상이성(또는 동일성과 차이)이 상호 관통하는 구체적으로 현실적인 것이기 때문이다.

179 이와 같은 성찰로 유비의 존재론적인 의미가 전면적으로 개진된 것은 아니다. 그 문제 전체를 고려한 설명은 다음 장에서 다루어질 것이다.

/참/고/문/헌/

Przywara 1932(1962).
van Leeuwen 1936.
Coreth 1951.
Klubertanz 1960.
Montagnes 1963.
Krings 1964.
Beck 1965.
Siewerth 1965.
Welte 1965.

5. 존재 안에서 존재자의 동일성과 차이성

180 존재자들의 통일성과 차이성의 문제에는 일련의 경험을 토대로 해서 두 가지 상반된 입장이 나온다. 우선 (몸을 가진 존재

로서 우리 자신도 속하는) 개별적인 대상들과의 일상적 접촉으로부터 출발해 보자. 이로부터 통일성과 차이성이 서로 대립되고 배타적인 규정이라는 통찰이 나오게 된다. 이에 따르면 하나인 것(통일적인 것)은 하나의 유일한 것이 자신 안에 완결되어 나뉘지 않은 것이다. 반면에 어떤 것이 다른 것과 구분되는 그러한 것들은 상이하다. 하지만 이미 가장 단순한 생명체의 영역에서, 곧 개별체들에게 고유한 작용이 중요한 역할을 하기 시작하는 곳에서는 다른 종류의 통일성과 차이성이 나타난다. 각 생명체가 자신과는 다른 타자에 의존한다는 사실에서 상이한 것들의 공속성(共屬性)이 명백해진다. 따라서 상이성이 배제되지 않고 오히려 전제가 되는 동일성의 한 형태가 생기게 된다. 이로부터 이와 상응하는 상이성도 단순히 동일성의 대립이 아니라는 결론이 나온다. 이미 앞서 언급했듯이(162항) 이러한 사태는 정신적 작용의 영역에서 가장 분명하게 드러난다. 그러나 무엇보다도 인격 상호 간 (적어도 우정이나 사랑과 같은 적극적 형태의) 관계에 대해서도 다음과 같은 법칙이 적용된다. "동일성이 크면 클수록 상이성도 더 커진다." 말하자면 서로 결합되어 있는 인격들이 각각 자신으로부터 더 많이 벗어날수록, 그들 자신을 더 많이 실현하게 된다. 같은 법칙이 인식 작용에서도 발견될 수 있다. 그러니까 인식은 주관과 객관의 동일성에서 성립된다. 이러한 동일성에서 양자의 차이가 제거되는 것이 아니라 오히려 동일성과 함께 성립되어 남아 있다. 이와 같은 구조는 심지어 인식 자체에 대한 동일성의 의미가 강조되어야 할 때 항상 인용되는 인식, 곧 자기의식에도 현재한다. 왜냐하면 자기의식에 대해서는 다음과 같은 점이 타당하기 때문이다. 그러니까 자기의식의 특징은 자아가 자기 자신과 동일할 뿐만 아니라, 동시에 (자신에게 머무름을 지양하지 않고서) 자기 자신으로부터 거리를 취한다(이로써 우리는 자기의식에서 다만 인식의 동일성의 계기만을 발견할 수 있을 뿐이라는 의견에 반대한다).

181 그렇다면 동일성과 차이성은 서로 어떤 관련이 있는가? 대상적이고 사물적인 고찰 방식에서처럼 서로 배척하는가? 아니면 정신적이고 인격적인 실재 이해에 대해서 추정할 수 있는 것처럼 서로를 제약하는가? 이 경우에 화해할 수 없는 대립들이 문제가 되는가? 아니면 동일성과 차이성의 여러 방식이 보다 더욱 더 큰 연관성에 있는 측면들로서 여겨질 수 있는가? 아래의 논의에서는 후자의 경우가 맞는다는 것을 입증할 것이다. 하지만 그러한 성찰들은 우리가 어떤 견해들로부터 거리를 두려고 하는지를 보여 줄 때 가장 쉽게 공감할 수 있을 것이다(그리고 그 밖에도 독자들에게 역사적으로 영향을 준 가장 중요한 문제 해결책들을 제시하는 것도 존재론 과정의 기본 과제에 속한다). 따라서 우선 고전 형이상학에서 표현된 단일성-다수성 문제에 대한 통찰들을 간략하게 살펴보아야 한다. 그런 다음에 이러한 견해들과의 논쟁으로부터 여기서 서술되는 해결책과 그로부터 귀결되는 결론들을 전개하는 방향으로 나아갈 것이다.

/참/고/문/헌/

Haeffner 1982, 23~28.

5.1. 고전적인 본질 형이상학에서 동일성과 차이성

182 여기서 "고전적인 본질 형이상학"이라는 용어는 아리스토텔레스의 철학을 의미한다. 이 철학은 중세 스콜라 철학에서 수용되었고 중세 전성기의 철학적 이론을 규정했으며, 이보다 더 나아가서 (이 철학과 대립적인 입장을 취하는 곳에도) 영향을 미쳤다. 이 철학에서는 플라톤이 철학 용어로 도입한 개념인 "우시아"(*οὐσία*, "본질" 또는 "실체"로 번역된다)가 중심적인 역할을 했다. 그래서 사람들이 이 철학을 "본질 철학 또는 실체 철학"으로 부르는 것은 당연하다.

183 아래에서는 이 철학 노선에서 특징적인 견해들을 "단일성-다수성 문제"의 관점에서 간략하게, 따라서 어쩔 수 없이 다소 단순화해서 서술할 수밖에 없다. 하지만 이러한 서술은 일반적이라고 할 수 없으므로, 우리는 본질 형이상학의 탁월한 대표자인 토마스 아퀴나스로 국한할 것이다. 여기서 물론 많은 이가 토마스는 본질 형이상학을 극복하고 참된 존재 형이상학으로 나아갔다는 이유로 항의할 것이다. 우리는 모든 위대한 철학자들처럼 토마스가 그에게 토대를 두고 있는 학파적 전통보다 훨씬 다채로운 모습을 지녔다는 것을 인정한다. 뿐만 아니라 그의 후기 작품에서 존재에 대한 근본적인 통찰들이 꽃을 피웠다는 것도 인정한다(참조: 176항). 그럼에도 불구하고 우리는 이 새로운 통찰들이 그것들에 내재해 있는 체계 혁신적인 힘을 전개할 수 없었다고 생각한다. 그 때문에 (이러한 통찰들이 아무리 중요하다고 하더라도) 완결된 토마스 이론 전체에 대해서는 결정적인

것이 되지 못했다고 생각한다.

184 우리가 앞에서(156항) 온건 실재론에 대해서 말한 것과 연관을 지어서, 이제 현실에서 단일성과 다수성의 문제에 대한 토마스의 입장을 설명하고자 한다. 아리스토텔레스주의자로서 토마스는 본래의 존재자, 곧 일차적 의미에서 실제적인 것이 실체, 그러니까 자립적으로 출현하는 것이라는 점으로부터 출발한다. 이러한 출발점은 본래 실제적인 것이 일반적인 것에 있다고 보는 플라톤주의와 원칙적으로 양립할 수 없다. 왜냐하면 토마스에게서 실체적 존재자는 항상 (돌, 나비, 사람과 같은) 개별자이기 때문이다. 따라서 이미 출발점에서부터 플라톤주의에 대한 거부가 근거가 되고 있다. 이러한 점으로부터 개별 실체에 대해서만 현실적 또는 실제적인 단일성을 말할 수 있다는 결론이 나오게 된다. 여기서 개별 실체들은 셀 수 있으므로, 개별적인 실체적 존재자들의 **수적 단일성**이 성립된다(말하자면 이것들은 "수적으로 하나"[*unum numero*]인 것들이다). 하지만 그렇다고 해서 우리가 세계 안에서 관계를 맺는, 개별적으로 자신 안에 존립하는 존재자들이 서로 고립되어서 실존한다는 것은 아니다. 오히려 상이한 실체들은 어려움 없이 몇 개의 그룹으로 나뉜다. 한 그룹의 구성원들은 서로 많은 공통점이 있으며, 동시에 다른 그룹의 구성원들과는 구별된다. 이렇게 그룹을 분류하는 데 있어서 종("*species*")이라고 부르는 그룹이 중심적인 역할을 한다. 그러니까 종은 동일한 정의(定義)로 지시될 수 있거나 지시해야 하는 존재자들의 그룹이다(여기서 정의는 개별적인 것이 본래 무엇인가에 대한 답을 준다). 그래서 동일한 종에

속하는 개별 실체들은 그 본질에서 서로 일치한다. 따라서 "동일한 종류의 것들" 아래서만 통일성이 존재하는데, 우리는 이 통일성을 "종적 통일성"이라고 부를 수 있다(여기서 어떤 종의 개체들은 "종적으로 하나인 것"[*unum specie*]이다). 이와 달리 다른 실체들은 자신들의 정의의 한 부분에서만 서로 일치한다. 이 실체들은 (그때마다 더 상위의) 최근류(最近類)의 규정을 통해서만 서로 연결된다. 여기서 유적 통일성을 말하게 된다(이 실체들은 "유적으로 하나인 것"[*unum genere*]이다). 물론 종의 통일성과 유의 통일성은 앞서 말한 것을 근거로 하자면 실제적인 통일성으로 여겨질 수 없으며, 그렇게 간주되지도 않는다. 오히려 양자의 통일성은 그것을 통해서 존재자들 안의 그때마다 공통적인 것을 추상해서 하나의 통일성으로 포괄되는 사유의 작용이다(참조: 예를 들어 *Summa theol.* I q.85 a.2 ad 2; 85,3).

185 하지만 종 또는 유의 통일성이 최종적으로 개념에만 있다고 이렇게 확정하는 것은 토마스의 견해를 전체적으로 온전히 표현하지 못한다. 왜냐하면 공통적 본질, 공통적 본성은 토마스에 의해 전적으로 실제적인 어떤 것으로 간주되기 때문이다(이 점은 근본적으로 플라톤에게서 벗어날 수 없었던 아리스토텔레스의 생각과 이어져 있다). 말하자면 이러한 공통적 본질 또는 공통적 본성은 규정적인 원리, 곧 존재자의 "형상"이다. 이 원리를 통해서 각각의 존재자는 자신이 있는 그대로 존재하며, 심지어 이 원리는 존재자에게 그의 존재를 부여한다(*forma dat esse rei*). 물질적 사물들의 본질 형상은 토마스에게서는 그야말로 참된 실재이기 때문에, 개별적 사물의 개체성이 오히려 설명이

필요했다. 따라서 “양으로 나타나는 질료”(*materia quantitate signata*)에서 제시되는 “개체화의 원리”가 문제로 불거지게 된다. 여기서, 그리고 본래는 종과 개체의 관계가 문제 되는 모든 경우에 (예를 들어 순수한 모든 정신적 존재는 각각 고유한 종이기 때문에, “천사들의 수만큼 많은 종이 있다”[*tot species quot angeli*]는 토마스의 유명한 이론의 경우처럼) 분명히 형상으로부터 사유가 이루어지며, 그다음에 이 형상은 주어진 것으로 여겨지게 된다. 따라서 개별 질료를 통해서 개체화되기는 하지만, 보편적인 본성은 “존재한다.” “**공통적인 본성 외에** 개별 실체들에 실존하는 것은 개별적 질료이다. 개별적 질료는 개체화의 원리이며, 따라서 앞서 언급된 질료를 규정하는 개별적인 우유성이다”(*De Pot* q.9 a.l). 이에 따라서 상이한 종들의 통일성은 그저 개념적인 통일성에 불과한 것이 아니다. 개별 사물들에 대한 공통적인 형상적 규정들은 질료 형상론(참조: 275항 이하)의 의미에서 존재 원리들로 간주된다. 이 원리들은 규정하는 것(현실적인 것)으로서 완전히 무규정적인 것이지만 임의로 규정될 수 있는 것(잠재적인 것), 곧 “제일 질료”(*materia prima*), “원질료”(原質料)와는 대립된다. 이와 같은 개념을 통해서 개별적인 것(다수의 것)은 분명하게 일반자(하나의 것)에 종속된다. 이 철학이 동일성과 차이성을 고유하게 평가하는 방식은 다음과 같이 표현된다. 말하자면 이 철학에서 존재자들의 차이는 항상 현실적 원리의 제한과 존재의 결핍을 통해서 생긴다. 그러니까 차이는 불완전성을 의미한다는 것이다.

186 하지만 토마스는 일반적인 본성의 통일성에 대한 이러한 설

명에 머물지 않는다. 아마도 그는 이러한 통일성이 모순적이라고 생각한 것 같다. 왜냐하면 한편으로 이러한 통일성이 단지 사유된 통일성이지만, 다른 한편으로는 실제적 사물들에 선행하는 통일성이어야 하기 때문이다. 그래서 그는 상이한 공통적 본성들의 그때마다의 통일성을 최종적으로는 신의 본질로 환원시킨다. 신 안에서 이 공통적 본성들은 (신적 본질과 동일시되는) 영원한 이데아들[이념들]로 존재한다. 반면에 이 본성들이 무한한 신적 완전성을 모방하는 상이한 방식들을 의미하는 한에서는 서로 상이하다. 이로써 토마스는 아리스토텔레스의 형상 이론을 플라톤-아우구스티누스적인 관여 사상(關與思想, Partizipationsgedanken)으로 종합하게 된다. 이때 토마스는 이를 "아리스토텔레스와 모순되지 않게 했지만, 이는 역사적으로 통찰되지는 못했다. 그러나 이와 동등하게 토마스는 자신의 플라톤적인 근본 동기들을 재현하고 갱신하는 방식으로 그렇게 했다"(Hirschberger 1979, 492).

187 토마스는 세계 내에 실현되지 않는 형상 또는 본질 자체는 전혀 아무것도 아니라는 점을 통찰했다(이 통찰은 아마도 *De Potentia* q.3 a.5 ad 2에서 가장 분명하게 진술된다). 이러한 통찰이 중요한 이유는, 형이상학에 대한 순수 추상적인 본질의 고찰을 금지함으로써, 고전 형이상학의 전통이 언제나 다시금 빠져들었던 근본적인 해악을 차단해 주기 때문이다. 이 해악은 사람들이 개념적 사유에서 나타난 것을 곧장 실재와 동일시함으로써, 형이상학을 불신에 빠뜨리고 그에 대한 정당한 비판을 불러일으킨다는 데에 있다. 그럼에도 불구하고 유감스럽게도 토마스

의 사유 과정에도 본질(형상)이 그 자체로 존재자라는 점이 암묵리에 전제되어 있다.

188 이러한 전제가 받아들여지는 논거는 이미 앞에서 언급하였다. 그것은 물질적 사물들의 형상이 개별화되어야 하는(곧 개체화될 뿐만 아니라 개별적인 것에도 한정되어야 하는) 실재로 간주된다는 것이다. 토마스의 사상 체계에서 중요한 사상이 하나 더 있는데, 그것은 형이상학에 대해서 추상 개념을 숙명적으로 실체화하는 것을 내포한다. 이는 본질이, 잠재적인 원리의 방식에서 현실적 원리로서 파악된 존재를 제한하기 때문에, 존재에 대립되는 것으로서 존재와는 구분된다는 이론이다.

189 물론 이러한 사유에서 정당한 것은, 어떤 유한한 존재자도 존재 자체는 아니며, 따라서 어떤 유한한 존재자와 존재 자체 간에 절대적 동일성은 성립될 수 없다는 점이다. 왜냐하면 이러저러한 유한한 존재자가 존재하지 않는다는 것은 모순 없이 얼마든지 생각할 수 있기 때문이다. 이렇게 어떤 유한한 존재자도 "존재 자체"는 아니며, 적극적으로 표현한다면, 유한한 존재자는 항상 존재를 어떤 식으로든지 제한함으로써 규정된 존재자이다. 그렇기 때문에 유한한 존재자의 경우에는 (유한한) 본질이 항상 존재의 어떤 제한된 방식을 의미하는 한에서 존재와 본질을 구분해야 한다.

190 그러나 **존재의 제한된 방식으로서의 본질**로부터 **존재를 제한하고 존재에 대립되는 어떤 것으로서 본질**에 아주 쉽게 이르게 된다. 이러한 본질에는 쉽게 규정할 수 없는 어떤 독자성이 부여되어야 한다. 토마스는 이렇게 자명한 것처럼 보이지만, 형이상

학에서 숙명적인 발걸음을 내딛게 된다. 이 점에 대해서 토마스는 두 가지 근거를 제시한다. **첫 번째로** 그는 다음과 같은 점에서 출발한다. 존재는 그 개념상 어떤 제한도 의미하지 않기 때문에 무제약적인 것으로 여겨지기 때문에, 존재는 자신에 대립되는 어떤 것을 통해서 제한되어야 한다는 것이다. 이로써 존재는 근본적으로 오로지 토마스 철학에서 더러 등장하는 원리가 된다(이 원리에서 추상 개념의 실체화가 이미 이루어진다). 이 원리는 다음과 같다. "다른 어떤 것에서도 실현되지 않은 완전성은 어떤 것을 통해서도 제한되지 않는다"(*actus in nullo existens a nullo terminatur, Contra Gent.* I 43, 360). 말하자면 이러한 원리에 존재가 적용되었을 뿐이다. 이제 존재에 대립되는 이러한 다른 어떤 것은 본질이다. 본질은 제한적으로 "존재할 수 있는 가능성"으로서 "잠재성"(*potentia*)의 방식으로 존재를 수용하는 것이다(참조: 예컨대 *De ente et essentia* cap. 4[1979, 48~51] 및 후기 작품의 많은 구절). **두 번째로** 토마스는 특히 초기에 존재를 본질에 추가되는 어떤 것으로 설명했다(그는 이 점에서 아비켄나의 영향을 받았다). 『존재와 본질』(*De ente et essentia*)에서 다음과 같은 구절을 읽을 수 있다. "본질 또는 무엇임이라는 개념에 속하지 않는 것은 … 외부에서 와서 본질과 결합하는 것이다. 왜냐하면 본질의 부분이 되지 않고서는 어떤 본질도 생각될 수 없기 때문이다. 하지만 모든 본질 또는 무엇임은 그 존재에 대한 어떤 것을 알지 못하고서도 생각할 수 있다. 예컨대 나는 어떤 사람 또는 어떤 불사조 피닉스(Phönix)가 실재의 영역에서 존재하는지 그렇지 않은지를 모르면서도 그것이 무엇인지 알 수 있다. 따라서 존재가 본질 또는 무엇임과는 다른 어떤 것이라는 것이 분명하다"(cap. 4 1979, 48~49). 토마스는 이러한 성찰의 결과를 명백하게 가르치지는 않았지만, 이는 그의 저술들 속에 근거해 있으며, 토마스학파에서 근본적 논제로 높여진 존재와 본질 간의 실제적 구별이다. 이러한 구별은 이미 앞서 언급한 통찰과 관련된 것으로서, 유한한 본질은 항상 존재의 제한된 방식을 의미한다는 것이다.

191 하지만 실제적 구별의 논제는 이미 언급된 토마스의 중요한 통찰과는 대립된다. 그 통찰에 의하면, 존재는 완전성 중의 완전성으로서, 그리고 모든 것 중에서 가장 내면적인 것으로서 내용성과 충만함을 의미한다(참조: 176항). 말하자면 실제적 구별의 사유는 본질이 존재 없이도 "있을 수 있는 객관적 가능성"으로서 어떤 존재론적 지위를 갖는다는 것을 전제한다. 그뿐만 아니라 그렇게 이해된 본질이 그 내용에 속하는 모든 규정을 이미 내포하고 있다는 것도 전제한다. 그래서 존재에는 다음과 같은 과제만이 남게 된다. 그러니까 그 과제는 그 자체로 존립하는 가능성으로서 이해된 본질을 가능성의 양상에서 실재성의 양상으로 옮겨 놓는 것이다. 그러나 이로써 존재는 전혀 내용이 없는 어떤 것으로 설명되는 셈이고, 이로부터 존재에 대한 이해는 한갓 실존으로 귀결된다. 이러한 이해는 후기 스콜라 철학과 수아레스에서 지배적인 점이 되었고, 이후 여전히 독일 강단 철학을 통해서 소위 존재론적 신 증명에 대한 칸트의 성찰들을 규정하게 되었다(참조: *KrV* B 628).

5.2. 본질 형이상학에 대한 비판 의견

192 본질 형이상학의 예로써 선택된 토마스 철학의 종합에서 동일성과 차이성에 대한 가장 중요한 진술들을 설명하려는 시도는 이 철학 체계에서 존재와 본질 개념에 대한 설명으로 이어졌다. 이러한 설명에 대해서는 이미 몇 가지 가치 있는 평가들이 이루어졌다. 이제 여기서 제기된 문제의 해결을 위한 준비로써 본질 형이상학에 대한 가장 중요한 반론들이 제시되어야 한다. 본질 철학에 대한 포괄적이고 체계적인 비판은 그 결함의 근거들과 그 내적인 연관성을 다방면으로 전개해야 하기에 이러한 비판은 다루지 않을 것이다. 여기서 우리는 일차적으로 앞선 설명에서 이미 분명해진 이 철학의 약점들을 종합하는 것으로 만족하고자 한다. 그다음에 본질 형이상학의 가장 중요한 결함 중의 한 가지를 부각시켜서 몇 가지 예를 통해서 이를 설명할 것이다.

193 **(1)** 본질 형이상학은 이미 아리스토텔레스 이래로 이중(二重)의 출발점이라는 걸림돌에 발목이 잡혀 있다. 한편으로 본질(*οὐσία*)은 『범주론』에서(cap. 5, 2 a 11~15) 실체인 다른 어떤 것에 수반되지도 않으며, 다른 어떤 것에 대해서 진술될 수도 없는 개별적인 독립된 사물("제일 실체")로 규정된다. 다른 한편으로 본질은 일반적 형상으로, 곧 정의가 표현하는 같은 종의 개별자들에서 동일한 것으로("제이 실체") 이해된다. 아리스토텔레스의 후기 작품에는 "제일 실체 또는 제이 실체" 같은 명칭이 등장하지 않는다. 그럼에도 불구하고 본질 개념에 대한

이러한 이중적 의미는 여전히 남아 있다. 이 이중적 의미에는 이미 그 출발점에서부터 나타나는 미결정성이 나타나 있다. 그것은 실재 일반인 바를 감각적으로 지각되는 개별 사물로부터 규정하는 경험주의적 근본 입장과 사유에서 파악된 일반자를 실재에 대한 전형으로 보는 이성주의적-개념 실재론적 이해 사이의 미결정성이다. 그 때문에 한편으로 "본질"은 사물의 자립성에 실존하는 개별적인 것이다. 그러나 다른 한편으로 본질은 근본적으로 사유에 의해 산출된 일반 개념이 실체화되지만 "개별화"되는 정도만큼 실재가 되는 "형상"이다. 이에 따라서 일반자의 통일성은 한편으로는 단지 사유된 어떤 것이며, 다른 한편으로는 사유에 선행하는 어떤 것이지만, 이를 단순히 "실제적"이라고는 말할 수 없다.

194 **(2)** 이러한 경험적인 출발점에도 불구하고 이 철학 전체에는 개념적-이성주의적 요소들이 우위를 점하고 있다. 말하자면 개별적인 것은 원칙적으로 일반자에 종속된다. 일반자는 그것에 대해서만 학문이 가능한 "본래적인 것"으로 이해된다. 항상 제한을 통해서만 성립되는 것으로 서술되는 개체성은 항상 불완전성을 의미한다.

195 **(3)** 구체적 현실과는 유리된 일반자의 우위성은 형이상학을 "그 자체로 가능한 것"에 대한 학문으로 이해하게 해 준다. 동시에 일반적 본질이 그 자체로 주어진 것이라는 견해는 존재를 전혀 내용이 없는 단순한 "실존"으로 여기는 공허한 존재 이해로 이끈다.

196 그러나 본질 형이상학에서 이렇게 문제가 되는 모든 논제는

하나의 근본적인 결함으로 환원된다. 이러한 결함은 추상 개념의 실체에도 근거하고 있으며, 심지어 이중적 의미의 출발점도 규정한다. 이 결함은 **개념적 사유에 의해 제공된 실재의 모형**(여기서는 상이한 측면들이 서로를 포괄한다는 것은 있을 수 없다)**과 실재 자체**(여기서는 존재자의 완성도의 정도에 따라 상이한 것과 동일한 것이 서로를 관통한다)**를 동일시**하는 데에 있다. 따라서 본질 형이상학의 근본적 결함은 존재 안에서의 존재자들의 유비를 고려하지 않는다는 것이다. 왜냐하면 유비는 존재자가 최종적으로 서로 상이한 점에서 일치한다는 것에 근거하며, 바로 그러한 점에서 성립하기 때문이다. 그리고 유비는 일의성(분명한 차이)을 목표로 삼는 개념적인 사유가 항상 유비적인 실재에서는 거리를 가질 수밖에 없기 때문에, 유비가 실재와는 결코 일치할 수 없다는 데 대한 본래의 근거이기도 하다. 아래에서는 본질 형이상학에 대한 특징적인 난제들이 사실은 실재의 개념적 모형과 실재 자체를 동일시하는 것으로 생겨난다는 점을 몇 가지 예를 통해 밝혀낼 것이다.

5.2.1. 동일한 것과 상이한 것을 서로 지양함

197 개념적 사유는 항상 일의적으로 구분을 지으려 하기 때문에, 동일한 것과 상이한 것을 상호 관통하는 것을 나타낼 수 없다. 그 때문에 개념적 사유는 동일한 것과 상이한 것을 서로 대립적이며 근본적으로 배타적인 존재자의 "구성 요소들"로 나누며, 이 요소들은 이후에 "존재 원리들"이라 불리게 된다. 이러한 원

리들의 상호 공속성이 강조되기는 하지만, 이 점은 종종 단지 허울 좋은 말일 뿐이다. 이 점은 다음과 같이도 표현될 수 있다. 존재 요소 전체를 통해서 근거가 되는 존재자 간의 그때마다 상호 관통하는 동일성과 차이, 곧 존재자의 존재론적 유사성은 우리의 개념에서 **부분적으로는 일의적인 동일성**으로, **부분적으로는 다의적인 차이**로 서술된다. 하지만 이로써 유비는 일의적인 부분과 다의적인 부분으로 갈리진다. 이것이 의미하는 바는 "인간"이라는 개념에서 설명될 수 있다. 철수와 만수는 둘 다 인간이다. 이들은 자기들이 구체적인 인간이라는 점을 근거로 해서 서로 동일하며, 동시에 이들이 동일하게 인간임을 근거로 서로 상이하기도 하다(참조: 160항).

오해를 피하기 위해 다음과 같은 점에 유의해야 한다. 두 사람의 동일성과 차이성은 다음과 같은 의미에서 **총체적**이다. 그러니까 이 두 가지 점은 그때마다 두 인간의 존재 구성 요소 전체에 관련되지만, 결코 **절대적인** 동일성과 차이성은 아니다. 오히려 이 두 가지 점은 때로는 동일성으로서, 때로는 차이성으로서 내적으로 불완전하게 제한된 것이다. 왜냐하면 인간 존재는 존재의 제한된 방식이지 존재 자체는 아니기 때문이다. 이렇게 중요한 사태와 이로부터 나오는 결과들은 아래에서(218~223항) 더욱 상세하게 다루게 될 것이다.

이제 우리에게는 다음과 같은 점이 중요하다. 철수와 만수 간에 이들의 전체 인간 존재에 근거해서 성립되는 동일성과 차이성은 개념적 사유에서는 하나의 동일성으로 나타난다. 이에 대한 근거는 두 사람의 본질을 구성하고 이들에게 무차별적으로 속하는 "인간 본성"이어야 한다. 그렇다면 이들의 차이는 이들이 그때마다 다른 사람과 그 어떤 공통성도 지니지 않고서, 그들 안에서 본질 밖에 있는 것과 관련을 맺는 점을 통해서 부각된다. 하지만 이렇게 개념적으로 명백한 구상은 해결 불가능하기 때문에 관철될 수 없다. 그렇다면 두 사람에게(그리고 모든 사람에게) 공통적이고 동일한 "인간 본성"은 무엇이어야 하는가? 이러한 인간 본성으로 인간의 경우에 인간의 영혼에 해당하는, 그와 대립되는 원리, 곧 "제일 질료"를 통해서 제한되고 개별화되는 비질료적인 "본질 형상"을 의미하는가? 이러한 설명 모델은 실제로 사용되었고, 인간의 영육(靈肉)의 통일성을 설명하는 것과 관련될 때에도 상당히 타당하다. 하지만 이 모델은 많은 문제점을 안고 있다. 왜냐하면 "육체의 형상"(*forma corporis*)으로 생각된 정신적 영혼이 곧바로 인간의 "본질"과 동일시될 수는 없기 때문이다. 말하자면 질료성은 인간의 본질에서 배제될 수 없다. 더욱이 이러한 모델에 따르면 다음과 같이 주장할 수밖에 없기 때문이다. 말하자면 영혼들은 그 자체로 완전히 동일하기에, 사람들 사이에 존재하는 차이는 단지 인간 본성에 외적이고 우연적인 규정들에 의해서만 기인한다는 것이다(이러한 규정들은 물질의 개념을 통해서 표현되어야 한다!). 이러한 주장은 얼핏 보기에는 매력적일 수 있다. 왜냐하면 이러한 주장을 통해서 겉보기에는 모든 인간의 동등함이 이론적으로 확보되는 것처럼 보이기 때문이다. 하지만 사실 이러한 주장은 아주 문제가 많다. 왜냐하면 이에 따르면 인격의 개별성은 단지 제한을 통해 생겨난 어떤 것이고 외적으로 규정된 것으로 이해될 수 있기 때문이다. 그러나 이러한 문제점 때문에 "인간 본성"을 그 내용에 물질성도 속하는 본질 형상으로 이해할 때에는, 다른 어려움이 생기게 된다. 무엇보다도 "비물질적인 질료성"을 주장하는 것은 개념적 사유에서는 잘못된 것이다. 하지만 이러한 주장은 수용되어야 한다. 왜냐하면 본질 형상 자체는 질료적일 수는 없기 때문이다. 여기서 "공통 질료"(*materia communis*)와 "개별 진료"(*materia individualis*)의 구별이 도움을 준다. 공통 질료는 구체적이지 않은 질료로서 (그것이 어떤 것이든지 간에) 본질 자체에 속한다. 반면에 개별 질료(또는 "양으로 규정되는 질료"[*materia quantitate signata*])는 본질에 대립되는 원리로서 본질을 제한하고 개별화할 수 있다(참조: *De ente et essentia* cap. 2 1979, 14~15). 그러나 이와 같은 교묘한 구별은 단지 문제점에 대한 번드레하고 설득력 없는 해결책일 뿐이다. 더욱이 이러한 구별은 개념적 사유에 대해서 굴복하는 것이 된다. 말하자면 여기서 개념적으로 더하거나 덜한 정도로 분명한 일련의 구별들의 마지막에는 차이 **가운데서의** 동일성을 근본적으로 주장하는 진술로 도피하게 된다. 비록 교묘한 전문적 술어들에 의해 가려졌더라도 말이다.

5.2.2. 존재 없는 본질

198 이미 언급한 존재와 본질 간의 실제적 구별이라는 논제도 개념적 사유와 실재를 혼동한 결과이다. 왜냐하면 본질을, 존재하지 않지만 무는 아닌 "이해할 수 있는 내용 자체"(Brugger 1979,

182)로 생각할 때에만, 존재와 본질의 실제적 동일성을 주장하지 않고도 실제적 구별을 주장할 수 있기 때문이다. 여기에는 추상적인 것을 실체화하려는 본질 형이상학의 경향이 드러난다. 이러한 경향에는 두 가지 이유가 있다. **첫 번째** 이유는 유한한 존재자의 우연성(존재하지 않을 수 있음)이다. 이러한 우연성 때문에 "어떤 것이 존재하는가"라는 물음과 "어떤 것이란 무엇인가"라는 물음은 서로 구별되어야 한다. 말하자면 어떤 물음에 대한 대답을 통해서 다른 물음이 답해질 수는 없다. 이로써 어떤 것이 존재**한다**는 주장을 통해서는 그것이 **무엇인가**에 대해서는 아무것도 말하지 않았다는 인상이 생겨난다. 역으로도 그것이 무엇이라는 것을 설명하는 진술을 통해서는 그것의 실존, 그것의 존재에 대해서는 아무것도 주장하지 않은 것이다. **또 다른** 이유는 우리의 관심이 일반적으로 그 대상의 **무엇임**, 곧 내용적 규정으로 향하는데, 이때 이 대상의 실존은 자명한 것으로 전제되어 있다는 사실이다(참조: De Petter 1972, 123, 99 이하). 이 점도 또한 존재자의 개별적 규정들을 추상하듯이, 존재를 추상할 수 있다는 인상을 불러일으킨다. 마치 공의 색깔을 고려하지 않고 공을 생각할 수 있다는 듯이 말이다. 이러한 이유에서 수용된 존재하지 않는 본질성의 문제와 대결하지 않으면 안 된다.

199 본질과 존재에 대한 본질적인 공속성은 이미 "그것이 존재하는가" 또는 "그것이 실존하느냐"는 물음과 "그것이 무엇인가"라는 물음이 서로를 함축한다는 점에서 드러난다. 그러니까 어떤 것의 실존에 대해서 묻는다면, 이 물음은 "어떤 것", 곧 특정한

내용, 특정한 본질과 관련될 때 한에서만 의미를 지닌다. 빈 존재, 내용 없는 실존은 무와 구별될 수 없을 것이다. 이와 마찬가지로 "그것이 무엇인가?"라는 물음은 무엇보다도 의심의 여지 없이 그 말의 본래 의미에서 **존재하는** 어떤 것과 관련된다(참조: De Petter 1972, 98 이하). 그런데 존재를 추상하려고 시도할 때, 아주 특이한 어려움이 생겨난다. 이때 사유는 심연에 빠지게 되는 것이다. **왜냐하면 존재를 추상한다는 것은 어떤 것을 실존하지 않는 것으로 생각한다는 것을 의미하기 때문이다.** 이는 무엇을 의미하는 것인가? 이때 우리는 어떤 것을 실현되지 않은 한갓 가능성으로만 생각함으로써, 이 어떤 것을 실존하지 않은 것으로 생각한다는 것을 의미할 수 있을 것이다. 그렇다면 존재를 추상한다는 것은 이해될 수 있는 어떤 내용을 단지 가능적인 것으로 파악한다는 것을 의미한다. 상당수 저명한 철학자들은 이 경우에 사람들이 존재에 속하지 않는 어떤 것을 생각한다는 견해를 표명한다. 하지만 이는 오류로서, 이러한 오류는 어쨌든 추상적 실재의 모형만을 다루는 논리학자에게는 허용될 수 있을지 몰라도, 형이상학자에게는 그냥 넘어갈 수 없는 문제이다. 말하자면 어떤 것에 존재 또는 실존을 귀속시키지 않고도 이 어떤 것을 전적으로 생각할 수 있다고 한다면, 이는 환상에 빠지는 셈이다. 왜냐하면 어떤 내용이 실존하지 않는 것으로(더 정확하게는 의식의 외부에 실존하지 않는 것으로) **생각될** 때에도, 우리는 이미 이 내용에 존재를, 곧 생각되거나 의식에 의존하는 존재를 귀속시키기 때문이다. 따라서 "본질"은 항상 존재와 결합시켜서 생각된다. 그러니까 의식으로부터 독립적인 본질은 의식으로부터 독립적인 존재와 통합되고, 사유된 본질은 사유된 존재와 통합된다. **의식을 초월하는 존재에도, 의식에 의해 주어진 존재에도 속하지 않는 본질은 아무것도 아니다. 이 경우에는 "본질"에 대해서도 말할 수 없다.** 이와 같은 분명한 사태를 종종 보지 못하는 데에는 다음과 같은 세 가지 이유가 있다. 이 세 이유 모두는 무엇이 "가능성"인지에 대한 오해가 불러일으킨 것으로, 그 공통적인 뿌리는 다시 본질 형이상학에서 전형적인 것으로서 실재의 개념적인 모델과 실재 자체를 혼동하는 것이다.

200 **(a)** 존재하지 않는 "그 자체로 가능한 것"에 대해서 말할 수 있다고 생각하는 이유는 무엇인가? 그것은 그 자체로 가능한 것이 마치 무와 실제적인 것 사이에 있는 것처럼 생각하기(더 정확하게는, 그렇게 상상하기) 때문이다. 그러나 그러한 상상은 무를 그것에 대해서 반성하지 않고서 **어떤 것**으로서 생각하기 때문에만 가능하다. 하지만 그러한 생각은 완전히 모순적이다. 왜냐하면 절대적인 무는 존재하지 않기 때문이다. 그 때문에 존재자로부터 분리된, 존재와 무 사이에 "자리 잡고 있는" 가능성도 모순된 어떤 것이다.

201 여기서 그 자체로 가능한 것을 거부하는 것은 절대적인 무가 존재하지 않는다는 점의 결과이다. 그 때문에 이 문제에 대해서 다음과 같은 점을 유의해야 한다. 절대적인 무와는 반대로 상대적인 무(유한성 또는 결여)는 전적으로 존재하는 어떤 것이다. 물론 이 경우에는 상대적인 무가 어떤 **존재자**의 규정인 한에서만 그러하다. 여기서는 당연히 다음과 같은 반론이 있을

수 있다. 만일 우리가 절대적인 무를 생각한다면, 이 무에 의식적인 존재를 부여하는 것이 된다. 그렇다면 절대적인 무는 의식의 내용으로서 "존재하게" 된다. 이는 마치 생각되기는 하지만 현존하지 않는 우주 정거장이 "있다"는 것과 같다. 이에 대한 대답은 상대적인 무와 절대적인 무의 두 경우가 동일하지 않다는 것이다. 어떤 가능한 본질을 생각할 때는 존재할 수 있는 어떤 것을 생각하는 것이다. 반면에 절대적인 무를 생각할 때는 그렇지 않다. 절대적인 무를 생각하는 것은 적극적인 어떤 것을 생각하는 것에서 성립하는 것이 아니라, 오로지 다만 실재를 완전히 부정하는 것을 목적으로 삼는 사유 작용이 수행되는 점에서 성립된다. 사유는 부정(否定)을 할 수 있다. 그 때문에 사유는 부정의 극단적인 한계로서 모든 존재 내용을 제거하려고 할 수도 있다. 그럼으로써 사유는 실제로 거기에 도달하지 않고서도 절대적인 무를 "생각해 낼" 수 있다. 그러나 절대적인 무는 단지 한계 개념으로 구상될 수 있지만, 실제로 생각될 수는 없다.

202 **(b)** "그 자체로 가능한 본질성"을 가정하는 것을 지지하는 것으로 보이는 또 다른 근거가 있다. 이 근거는 실제로 가능한 것 외에 단지 사유적으로만 가능한 것이 있다는 견해이다. 하지만 이러한 구별은 적어도 오해를 불러일으킬 수 있다. 왜냐하면 존재하지는 않지만 존재할 수 있는 것, 따라서 현실적인 것이 될 수 있는 것은 가능한 것이기 때문이다. 그러나 존재할 수 있는 것은 실제적으로 가능한 것이라는 의미에서 가능한 것이다. 그렇기에 결코 존재할 수 없는 것, 전혀 현실적인 것이 될 수

없는 것은 불가능한 것이다. 하지만 불가능한 것은 생각될 수도 없다. 따라서 가능한 것과 불가능한 것 간에 제3의 것은 없기 때문에, (실제로) 가능한 것과는 다르게 생각으로만 가능한 것도 있을 수 없다. 물론 이러한 결론을 수용하는 것은 **불가능한 것은 생각될 수도 없다**는 진술에 대한 동의 여부에 달려 있다. 그리고 이 경우에 실제로 어려움이 감지될 수 있다는 것을 인정해야 한다. 왜냐하면 존재할 수 없는 어떤 것, 곧 불가능한 어떤 것을 생각하는 것이 가능하리라는 인상을 받을 수 있기 때문이다. 말하자면 사유는 가능한 것, 현실적인 것이 될 수 있는 것을 넘어설 수 있는 것처럼 여겨진다. 그것도 두 가지 방식으로 말이다. 첫 번째는 사유가 모순적인, 서로 배타적인 사유 내용들이 서로 결합함으로써 그렇게 생각한다. 예를 들어 네모난 원이 이러한 경우이다. 두 번째는 사유된 것을 현실화하는데 필요한 조건들이 없기 때문에 존재할 수 없는 어떤 것을 상상함으로써 그렇게 생각한다. 예를 들어서 10원짜리 동전으로 이루어진 거대한 돈의 산을 생각할 수 있을 것이다. 이 동전으로 이루어진 산은 오늘날에 생각하자면 무한하지 않은 세계에서는 동전으로 산을 만들 만큼 필요한 재료가 부족하기 때문에 현실화될 수 없다.

203 우선 첫 번째의 경우에 한정할 때, **모순적인 것을 긍정하는** 이런 모순적인 사유는 차라리 사유가 아니라고 부르는 것이 낫다고 말할 수 있다. 왜냐하면 오류에 빠진 사유는 그 자체로는 사유가 아니기 때문이다. 또는 더 정확하게 말해서, 사유는 그것이 모순적인 것을 고수하는 한 사유가 아니다. 이러한 확정은

사유의 개념이 "참되고 실제적인 것의 사유"로 단순히 자의적으로 제한하는 것을 넘어선다. 말하자면 이는 사유를 존재자에 대한, 이로써 참된 것에 대한 그 근본적 관련성을 통해서 규정되도록 하는 것이 아니라, 사유가 참된 것과도 거짓된 것과 똑같이 관계한다는 견해를 지지하는 것이다. 그렇다면 이 점은 참된 것과 거짓된 것의 근본적인 "비대칭성"을 고려하지 않는 것이다(참조: 75항 이하). 그러나 이는 중대한 오류이다. 그 때문에 그 모순성에 의해서 불가능한 것은 논리적으로 일관되게 생각될 수도 없다. 물론 이러한 연관성에서 다음의 두 가지 곤란한 사실을 숙고해야 한다.

204 첫 번째로, 사유는 서로 배타적인 것을 긍정적으로 연결시킴으로써 비사유(非思惟)가 될 수 있다는 것이다. 이때 사유하는 주관은 이 점을 의심하지 못하고, 곧 자신의 가장 고유한 규범에서 이탈했음을 알아차리지 못한다. 이 점을 강조하는 것은 특별히 중요하다. 왜냐하면 서로 합쳐질 수 없는 사유 내용들이 결합되어 있다는 것은 앞에서 인용한 네모난 원의 경우처럼 항상 명백하게 드러나지 않기 때문이다. 우리의 개념적 사유가 항상 다시금 우리가 그것을 알아차리지 못하고서 비사유로 바뀔 수 있는 데는 궁극적 근거가 있는데, 이 근거는 우리 사유가 "두 겹"으로 된 것에(참조: 74항, 83항) 있다. 말하자면 이 근거는 우리의 사유가 개념에서 명확히 드러나야 할 때, "오류를 벗어난" 사유, 곧 우리의 개념적 사유의 실재와의 관련성을 보증하는 존재 경험과 동일하지 않다는 점에 있다. 우리의 개념적 사유가 자신의 존재 관련성을 무시한다면, 따라서 존재 경험으로

부터 벗어난다면, 개념적 사유는 거짓이 되며, 이로써 "비사유"가 된다. 그 때문에 이때 네모난 원은 모순적이다. 왜냐하면 우리가 존재 없는 본질을 생각할 때, 바로 이런 모순이 발생하기 때문이다.

205 그러나 또 다른 중요한 사실을 숙고해야 한다. 우리는 어떤 의미에서는 불가능한 것을 실제로 생각할 수 있다. 이 불가능한 것을 그러한 것으로 인식함으로써 거부하는 한에서 말이다. 따라서 **그 안에서 모순적인 것이 부정되는** 모순적인 것에 대한 그러한 사유는 실제적인, 참된 사유이다. 말하자면 모순적인 것을 부정되는 어떤 것으로서 생각한다면, 이 어떤 것을 그 자체로 생각한 것이 아니라, 그 모순성에서, 곧 있을 수 없는 것으로 인식한 것이다. 이로써 모순적인 것에 대한 사유는 절대적 무에 대한 사유와 마찬가지로 한계 개념이다.

206 여기서 우리는 앞서 인용한(190항) 토마스 아퀴나스의 주장도 검토해 보아야 한다. 이 주장에 의하면, 불사조인 피닉스를 생각하면서도 이것이 실제로 존재하는지 그렇지 않은지를 모를 수 있다는 것이다. 그 내용을 경험하지 않고, 곧 그것을 실재와의 접촉을 통해서 형성함이 없이 어떤 개념을 얻을 수 있다고 토마스에게 동의해서 생각하는 것은 잘못이다. 피닉스를 생각할 수 있기 위해서 그것을 동물원에서 보아야만 하는 것은 아니다. 하지만 불에 타 죽고 재에서 다시 젊은 상태로 다시 살아나는 어떤 새를 생각할 수는 있어야 한다. 그러나 이는 새가 무엇인지, 불이 무엇인지, "늙어 간다"라는 것과 반대되는 "젊어진다"라는 것이 무엇을 의미하는지를 경험으로부터 알 때에만

가능하다. 하지만 그러한 것도 아직 충분하지 못하다. 비록 "피닉스"라는 **표상**의 구성 요소들을 이해하더라도, 이렇게 개별적 존재자들로부터 유래하는 표징들이 실제로 "피닉스"라는 하나의 일관된 **개념**으로 결합될 수 있는지, 따라서 한 마리의 피닉스를 실제로 생각할 수 있는지는 결코 확실하지 않기 때문이다.

207 여기서 제기되는 문제들은 다음과 같은 구별의 도움으로 해결될 수 있다. 첫째, 피닉스가 무엇인지에 대한 정확한 개념적인 규정에 큰 비중을 두는 입장에 선다면, 피닉스라는 것은 전혀 생각될 수 없다. 왜냐하면 "피닉스"라는 가정된 개념의 개념적인 구성 요소들은 서로 결합될 수 없기 때문이다. 둘째, 하지만 피닉스를 자연 과학적인 정확성으로 기술할 수 있는 현상으로 생각하는 것은 처음부터 실패하기 마련인 시도에 해당된다. 반면에 피닉스를 신화에서 등장하는 것처럼 불멸성의 상징으로 생각한다면, 실제로 생각될 수 있는 어떤 것을 생각한 것이다. 왜냐하면 그것은 어떤 경험의 표현이기 때문이다. 말하자면 이때 피닉스는 인간이 완전한 사멸성의 사유에 만족할 수 없다는 경험을 서술한 것이다. 따라서 이 경우에는 존재 경험에서 분리된 어떤 것도 생각되지 않고 모순적인 어떤 것도 생각되지 않는다. 왜냐하면 처음부터 어떤 이상한 새의 생물학적인 삶의 진행과 관련된 것이 아니기 때문이다. 따라서 불멸성에 대한 희망이 "있는" 한 피닉스도 "존재한다"고 말할 수 있다. 이와 유사한 방식으로 분석 철학에서 큰 역할을 하는 페가수스에 대한 진술도 분석될 수 있을 것이다.

208 **(c)** 마지막으로 사람들은 가능한 것 자체라는 의미에서 존재

하지 않는 본질을 옹호하기 위해서 다음과 같은 방식으로 논증할 수 있을 것이라고 생각한다. 말하자면 그 실현에 필요한 조건들이 결여되어 있기 때문에, 모순적이지 않아도 실현될 수 없는 것이 얼마든지 생각될 수 있다는 것이다. 이러한 논증은 앞서 두 번째 단락에서(202항) 이미 언급하였다. 그리고 이 논증은 사유에서 가능한 것은 실제로 가능한 것보다 훨씬 더 넓다는 것을 증명할 때 사용되곤 한다. 이 점은 따로 검토되어야 한다.

209 가능한 것은 존재하지는 않지만 존재할 수 있는 것을 가리킨다고 확정함으로써 시작해 보자. 가능한 것에 대한 이러한 규정에는 다음과 같은 점이 이미 함축되어 있다. 그것은 어떤 것을 산출할 수 있는 어떤 힘에, 어떤 능력에 관련될 때에만 어떤 것을 가능하다고 말할 수 있다는 것이다. 따라서 가능한 것의 근거는 항상 가능한 것 자체의 외부에 놓여 있다(이러한 의미에서의 가능성은 유일한 실제적 가능성으로서 이후에 생성의 문제와 관련해서 상세하게 설명될 것이다). 이렇게 이해했다면, 존재로부터(그리고 사실적으로 생각된 존재로부터도) 유리되고 독립적인 가능성 자체에 대한 가정은 본래부터 이미 배제되어 있다. 이러한 가능성은 그 근거를 단지 내용 자체의 내면적인 무모순성(無矛盾性) 속에 갖고 있을 뿐이다. 그렇다면 사유 가능한 것의 영역이 실제로 가능한 것의 영역보다 더 크다는 인상이 항상 되풀이해서 등장하는데, 이러한 인상은 어떻게 설명되어야 하는가? 이러한 인상은 제한된 존재자의 유한성에 대한 경험으로부터 귀결된다. 왜냐하면 유한적인 존재자(그의 힘과 그의 능력)와 관

련해서 볼 때, 그 자체로 사유 가능한 많은 것이 실제로는 가능하지 않기 때문이다. 이러한 점을 통찰했다면, 이러한 통찰 가능성의 조건도 고찰해야 한다. 유한한 존재 자체의 경험에서는 그 우연성에 대한, 곧 그것의 존재할 수 없음에 대한 앎이 함축되어 있다. 뿐만 아니라 이러한 경험에서는 그것 없이는 자기 자신의 근거를 마련하지 못하는 존재자의 사실성이 설명될 수 없는 절대적 존재를 가리키는 것도 함축되어 있다(참조: Weissmahr 1983, 63~72). 따라서 절대자에 대한 함축적인 앎은 유한자 **그 자체**에 대한 앎을 위한 최종적 근거이다. 그 때문에 이러한 함축적인 앎은 정신의 역동성이 한계를 알지 못한다는 점에 대한 최종 근거이기도 하다. 이렇게 해서 우리는 다시 명백한 개념적 사유와, 존재 경험 또는 초월적 경험과 동일한 사유 간의 구별에 이르게 되었다. 모순 없이 사유될 수 있는 것의 무제한적인 영역에 대한 앎에서 개념적으로는 결코 서술될 수 없지만, 인간적 사유를 구성하는(하지만 항상 초월적 분석을 통해서만 전개될 수 있는) 절대자에 대한 앎이 알려지게 된다.

210 이상과 같이 다음과 같은 점이 설명되었다. 그것은 존재하지 않는 본질은 아무것도 아니라는 것이다(또는 존재하지 않는 것으로 생각된 본질은 결코 사유된 것이 아니라는 것이다). 따라서 정신 외부의 존재를 추상했을 때 존재를 완전히 추상해 내었다고 생각하는 것은 오류이다.

5.2.3. 경험주의 또는 합리주의

211 더 나아가서 개념적 실재의 모형을 실재 자체와 혼동할 때, 이를 일관되게 밀고 나간다면, 경험주의와 합리주의[이성주의] 중의 하나를 선택하도록 강요받게 된다. 이때에는 다음과 같은 양자택일을 하게 된다. 개별적인 것을 일반적인 것보다 우월시하는 경우에 이러한 선택은 내적 필연성으로부터 경험주의로 이끌게 된다. 경험주의에서는 실재 일반은 감각적으로 지각되는 개별 사물로부터 규정된다. 반면에 일반자를 개별적인 것보다 더 중요시하는 경우에는 이성주의적이고 개념-실재적인 입장인 합리주의가 대두된다. 합리주의에서 실재에 대한 전형은 사유에서 파악된 일반자, 더욱이 사유에서 나타나는 일반자이다. 이러한 관점에서 볼 때, 본질 형이상학을 처음부터 괴롭혔던 이중적 출발점(참조: 193항)은 우연적인 것이 아니라, 오히려 개념적 사유에서 나타난 것을 실재와 동일시한 결과이다.

5.2.4. 단지 불완전성일 뿐인 차이성[상이성]

212 실재에 대한 개념적인 모델과 실재 자체를 혼동하는 것이 해결 불가능하다는 것의 마지막 예를 보기로 하자. 이는 다수성과 상이성이 항상 제한을 통해서, 그 때문에 불완전성을 통해서 생겨난다는 논제를 지지할 때 나타나는 불합리성을 지적하는 것이다(이러한 논제는 본질 형이상학에서는 불가피하게 지지된다).

실현된 존재로서 존재가 어떤 차이도 만들지 않는다는 것이 참이라면(Coreth [2]1964, 184), 존재 안에서의 차이들은 **단지** 실현된 존재의 불완전성에 근거해서만, 그러니까 존재자의 (상대적인) 비존재에 근거해서만 있을 수 있다는 결론이 나오게 될 것이다(사실 이러한 결론은 본질 형이상학에서 이끌어져 나왔다). 그러나 그렇다면 다음과 같은 점도 주장된 것이다. (존재 바깥의 차이는 문제가 될 수 없기 때문에) 존재자들 간에 가능한 유일한 차이는 단지 더 많거나 더 적은 존재의 정도에 있어서만 생길 수 있다. 따라서 서로 다른 존재자들은 오직 유일하게 양적으로 파악된 존재 정도에서만 구별될 뿐인 것이다. 그러나 이렇게 그에 따라 존재가 분화될 수 있는 유일한 양적인 "차원"만이 존재에 귀속될 수 있다면, 그러한 존재는 일의성(Univozität)에 이르게 되는 공허한 어떤 것일 것이다. 그러나 이러한 존재는 후기의 토마스에 의해 주장된 모든 완전성 중의 완전성은 아니다. 따라서 존재를 단순히 양적인 어떤 것으로 이해하지 않으려고 한다면, 다음과 같이 주장해야 한다. 그러니까 상이성은 **오직** 그때마다 실현된 존재의 불완전성을 근거해서만 있을 수 있는 것이 아니다. 다시 말해서 상이성은 **또한** 존재의 완전성으로서도 생각되어야 한다.

/참/고/문/헌/
Berger 1968.
Flasch 1974.
Scheltens 1968.

5.3. 완전성 및 불완전성으로서의 동일성과 차이성

213 **(1)** 존재에 대한 이해는 유비에 대한 이해에서 결정된다. 그런데 유비는 최종적으로 존재자들이 서로 구별되는 곳에서 서로 일치한다는 데서 성립된다. 다시 말해서 유비는 **각 존재자가 각자가 자신에게 고유하고 다른 존재자와는 구별되는 방식으로 동일한 존재를** 실현하는 데서 성립된다. 이와 같은 정식에는 다음과 같은 점이 표현되어 있다. 첫째, 어떤 존재자도 고립된 어떤 것으로서, 곧 다른 것과 관련되지 않은 것으로서 파악될 수 없다. 오히려 존재자는 다른 모든 존재자와 실제적인 존재 공동성에 속해 있다. 둘째, 각 존재자는 자신에게 고유한 존재 실현 방식을 근거로 다른 모든 존재자와는 다른 개별자이다.

214 이에 따라서 각 존재자의 구체적인 존재에는 양극성이 나타난다. 말하자면 존재는 각 존재자에게 **공통적인 것**일 뿐만 아니라 각 존재자에게 **개별적인 것**이기도 하다. 존재자는 자신의 존재를 근거로 다른 모든 존재자와 동일하면서 다른 모든 존재자와 상이하다. 따라서 존재는 **동일성**뿐만 아니라 **차이성도 만든다.** 이와 더불어서 이 두 계기 중의 어떤 계기도 다른 계기에 종속되어서는 안 된다는 점이 강조되어야 한다. **동일성과 차이성은 오히려 대등한 가치를 지니고, 서로 관련되면서, 존재자의 존재 정도에 따라 증가하거나 감소하면서, 서로 완전히 상응하는 존재 계기들로 파악되어야 한다.**

215 이러한 확정에는 두 가지 주장이 함축되어 있다. 첫 번째는 존재자들 간에는 존재 정도의 차이가 있다는 것이다. 존재 정

도에 대한 논의는 자연 과학적으로 정향된 세계 탐구에서는 결코 이해될 수 없다(비록 진화 사상에서 이 점을 요구하더라도 말이다). 하지만 철학에서 존재 정도는 플라톤 이래로 그 정당성을 확보했다. 왜냐하면 이러한 논의 방식에는 개념적으로 완전하게 객관화될 수 없는, 인간의 근본적인 존재 경험이 드러나기 때문이다. 여기서 인간은 적어도 자신의 고유한 의식에서 무기적인 것, 유기적인 것, 이성적인 것 간의 엄청난 존재 정도의 차이를 파악한다. 예컨대 인간은 갑자기 브레이크를 밟는 차 안에서는 자신을 관성이 있는 물질 덩어리로서, 자신의 의식에서는 이성적인 주체로 자기 자신을 인식함으로써 그러한 차이를 파악한다. **그 밖에도** 앞서 이루어진 확정은 존재의 내적인 양극성이 **해당되는 존재자의 존재 완전성이 더 높을수록 더욱 분명하게** 드러난다는 것을 함축한다. 따라서 존재 안에서 존재자들의 동일성과 차이성은 동시에 지배하며 서로 관통한다. 이러한 동일성과 차이성은 존재자들에서 **그들의 존재 정도에 따라서 그때마다 상이하다. 다시 말해서 더 크기도 하고 더 적기도 하다.**

216 이러한 통찰은 다음과 같이 개략적으로 설명될 수 있을 것이다. 어떤 존재자가 존재에 더 많이 "관여"할수록, 곧 **더 완전할수록**, 더 많이 "존재"를 실현하게 된다. 그 결과 이 존재자는 존재자들의 공통성을 이루는 것에 더 많이 관여하게 되고, 그 때문에 모든 것에 공통적인 존재를 근거로 다른 모든 존재자와 더욱더 동일하게 된다. 그리고 **동시에** 이 존재자는 **더 많은 정도로** "자기 자신"이게 되며, 오직 자신에게만 고유한 방식으로 존재를 실현하게 된다. 그 결과 이 존재자는 다른 모든 존재자

와 더욱더 구별되게 된다. 왜냐하면 이 다른 존재자들도 자신들의 존재 정도에 적합하게 자신들의 고유한 방식으로 존재를 실현하기 때문이다. 그러나 이 모든 점은 역으로도 다음과 같이 적용할 수 있다.

말하자면 어떤 존재자가 더 적게 **존재**할수록, 그에게 존재가 더 적게 속할수록, 이 존재자는 모든 것에 실현된 공통적인 존재를 근거로 다른 존재자들과 더 적은 정도로 **동일하게** 된다. 그리고 동시에 이 존재자는 그때마다 개별적으로 고유한 존재 방식에 상응해서 다른 존재자들과 더 적은 정도로 **상이하다.**

217 **(2)** 이렇게 존재자들 간에 주어진 동일성**과** 차이성은 그때마다 존재자들의 존재 정도에 따라서 더 크기도 하고 더 적기도 하다. 그렇다면 이로부터 다음과 같은 점이 귀결된다. 유한한 존재자들의 영역에서 공통적인 존재에 근거하는 동일성과 그때마다 고유한 존재 방식에 근거하는 차이성은 결코 절대적인 동일성 또는 차이성이 될 수 없다. 오히려 (항상 존재를 제한적으로만 실현하는) 유한한 모든 존재자는 이들에게 공통적인 존재를 근거로 서로의 동일성을, 그리고 그들의 그때마다 고유한 존재 방식 때문에 서로의 차이성을 실현하는데, 이때 이러한 실현은 항상 불완전하게만, 곧 그들의 제한적인 존재 참여의 정도로만 이루어진다. 물론 앞서 말한 동일성과 차이성은 결코 단순히 부분적으로만 주어지는 것이 아니라, 항상 그때마다 존재자들의 전체적인 존재에 근거해서 성립된다. 그렇기는 하지만 유한한 존재자의 경우에 이러한 전체 존재는 제한적인 것이기 때문에, 동일성과 차이성이 실현되는 것은 항상 결함이 있

으며, 이렇게 해서 유한한 존재자들은 부정성을 통해서 특징지어진다. 유한한 존재자들은 그들 모두에 공통적인 존재 때문에 서로 동일하다. 하지만 유한한 존재자들은 그들에게 공통적인 존재를 그때마다 유한한 방식으로만, 말하자면 불완전하게 실현한다는 점에서 볼 때 항상 **비동일적**이기도 하다(그리고 그러한 한에서 그들은 서로 상이하다). 다른 한편 유한한 존재자들은 그들에게 고유한 존재 방식에 따라서는 서로 상이하다. 하지만 유한한 존재자들은 유한하고 불완전한 방식으로만 개별성을 지닌다는 점에서 볼 때 항상 **비상이적**이기도 하다(그리고 그러한 한에서 그들은 **서로 일치한다**).

218 이에 따라서 두 가지 상이한 서로 대립되는 동일성과 상이성의 "종류"를 고려해야 한다. 이러한 통찰은 매우 중요하다. 왜냐하면 이러한 구분의 도움으로만 비로소 동일성(통일성, 일반성)과 상이성(다수성, 개별성)의 해석에 대한 어려움이 해결될 수 있기 때문이다. 이러한 어려움은 철학의 역사가 진행되면서 항상 다시 등장했다. 왜냐하면 (실재 자체에 대한 우리의 전체 지식을 그로부터 얻게 되는) 유한한 현실에서는 모든 동일성과 차이성은 항상 이중적 의미를 지니기 때문이다. 모든 동일성과 차이성은 완전성(존재의 충만, 긍정성[적극성])을 통해서 뿐만 아니라 불완전성(존재의 결핍, 부정성[소극성])을 통해서도 구성되어 있기에 말이다. 그러나 이와 같은 동일성 또는 차이성의 이중적 의미는 전적으로 일의성으로 서술하려고 시도하는 사유에서는 허용될 수 없다. 그렇기 때문에 이로부터 항상 다시 잘못된 해석들이 생겨나게 된다. 따라서 다음과 같은 점들은 구분되어야

한다.

219 **(a) 존재자들에 공통적인 존재에 근거해서** 주어지는 **동일성:** (존재자들의 "초월적인 규정"으로 여겨질 수 있는) 존재자들 간의 이러한 동일성은 그때마다 존재자들의 존재 높이에, 곧 완전성에 상응한다. 그리고 이러한 동일성은 각각의 고유한 존재 방식에 근거하는 상이성을 배제하는 것이 아니라 포괄한다. 이러한 통일성은 존재자들의 상호 관통 또는 각각의 개별적인 고유한 존재 방식에 근거해서 서로 초월하는 존재자들의 "상호 내재성"(*perichoresis*)의 원리이다.

220 **(b) 존재자들의 분화적이고 개별적이고도 고유한 존재 방식의 결여에 근거해서** 주어진 **동일성:** 이와 같은 동일성은 어떤 존재자의 존재 능력이 더 적을수록 더 많이 나타난다. 이러한 동일성에는 실현된 존재의 개별적인 고유성에 근거를 두는 모든 상이성을 가능한 한 제거하려는 경향이 추상적으로 드러난다. 물론 현실 속에서 무는 내면적으로 분화하는 고유성에 의해서는 결코 도달될 수 없다. 왜냐하면 **존재하지 않는** 것만이 이를 분화하는 그것에 고유한 존재 방식을 "갖는" 것은 아니기 때문이다. 이러한 동일성은 모든 존재의 정도 차이를 배제하는 것으로 향해진다. 따라서 이 동일성은 "일의성"의 원리, 곧 어떤 개별성도 없이 단지 수적으로 다수일 뿐인 동일성의 원리이다. 따라서 이 동일성은 연속해서 나열되는 동일한 수의 방식으로만 구분되는 그러한 것들에게 속해 있다.

221 **(c) 존재자들에게 그때마다 개별적으로 고유한 존재 방식을 근거로** 주어진 **상이성:** 존재자들의 존재 높이에 상응해서 증가하

는 이러한 차이는 다른 존재자가 가지고 있지 않은 어떤 것이 어떤 존재자에게 속함으로써 생기는 것이 아니다. 이러한 차이는 오히려 어떤 존재자가 (물론 유한한 존재자들이 그들의 존재 정도에 따라 항상 더하거나 덜한 정도로만 거기에 참여하는) 동일한 존재를 그때마다 다르게, 곧 그때마다 개별적인 고유한 방식으로 실현함으로써 생긴다. 따라서 "초월적 규정"으로도 파악되어야 하는 이러한 차이는 결국 존재자들의 동일성을 서로 배제하는 것이 아니라, 오히려 포괄한다. 이 차이는 인격적 존재에서 절정을 이루는 개별성의 원리이며, 그 때문에 "존재의 완전성으로서의 다수성"(존재와 치환되는 다수성)의 원리이다. 이 차이는 존재자들이 실현하는 동일한 존재를 근거로 서로 관통하는, 이들의 서로 다르게 존재함이다.

222 **(d) 존재자들에 공통적인 존재의 결핍에 근거해서** 주어진 **상이성:** 이러한 차이는 어떤 존재자가 존재를 더 적게 가질수록 더욱 뚜렷이 나타난다. 추상적으로 고찰하자면, 이러한 차이성에는 존재의 공통성을 근거로 개별 존재자들에게 속하는 모든 동일성을 가능한 제거하려는 경향이 특징적이다. 물론 현실에서 존재 공통성이 전혀 없는 것은 결코 나타날 수 없다. 왜냐하면 **존재하지 않는** 것은 오직 모든 존재 공통성의 외부에서만 "발견되기" 때문이다. 모든 공통성을 지양하려는 경향을 지니는 이러한 상이성은 "다의성"(Äquivozität)의 원리이다. 말하자면 이는 그 어떤 동일성도 없이 생각된 차이성의 원리이다. 따라서 이 차이성의 원리는 서로 어떤 관련성도 없는 것들의 차이를, 또는 더 이상 그들의 공통성을 의미하지 않음을 나타낸다. 이

들의 공통성은 기껏해야 수열들의 상이한 기본수들의 공통성을 의미할 뿐이다.

223 모든 유한한 존재자에게서 이렇게 이중적 방식으로 양극을 이루는 네 가지 측면이 동시에 실현된다. 다시 말해서 존재 공통성에 근거하는 동일성은 항상 고유한 개별성에 근거하는 상이성에 비례한다. 이와 같은 동일성과 상이성에 대해서는 다음과 같은 점이 타당하다. 동일성이 크면 클수록 상이성도 커지며, 그 역도 마찬가지이다. 더 나아가서 유한한 존재자에게서 존재 공통성에 근거한 동일성은 그때마다 존재 공통성의 결핍에 근거한 상이성을 통해서 제한된다. 그때마다 고유한 존재 방식에 근거한 상이성은 고유한 개별성에서 결핍된 동일성을 통해서 제한된다.

플라톤은 『소피스트』에서 참된 철학자의 가장 중요한 특징으로 올바로 구별하는 능력을 내세운다. 이 구절에서 플라톤이 방금 언급한 것과 동일시될 수는 없지만 이와 매우 유사한 네 가지 관점도 언급하고 있음에 주목해야 한다. 이는 다음과 같다. “그러한 능력이 있는 사람은 **하나의** 이데아[형상]가 어떻게 각자 따로 떨어져 있는 많은 것들을 관통해서 사방으로 퍼져 있으면서도, 서로 다른 많은 이데아가 하나의 유일한 이데아에 의해 바깥으로부터 포괄되어 있는가를 정확히 지각할 수 있다. 그리고 다른 한편으로 어떻게 하나의 유일한 이데아가 다른 모든 이데아로 퍼져가 있으면서도 자신의 통일성으로 이들을 종합하면서, 다른 많은 이데아가 서로 완전히 구별되는가를 정확히 지각할 수 있다”(253 d 5~9, Rufener의 번역, Platon 1965).

224 **(3)** 종합해서 다음과 같이 말할 수 있겠다. "존재하는" 모든 것은 **모든 것에 공통적인 존재를 그때마다 개별적인 방식으로 각각의 층을 이루어서** 실현한다. 이 명제는 이성적 인식으로만 접근할 수 있는 존재자들의 존재의 내적인 양극성을 표현한다. 동시에 이러한 양극성을 내적으로 제한하는 존재 정도의 차이에 주목한다. 이 명제로부터 동일성과 차이성, 통일성[단일성]과 상이성(또는 다수성)에 대한 문제의 해결도 진전시킬 수 있다. 왜냐하면 **존재하는** 모든 것은 하나의 존재 공통성에서 (상호 간의 내적인 관계에서) 존재함으로써 **상호 간의 통일성**을 이루기 때문이다. 그리고 **존재하는** 모든 것은 서로 다른 것과는 다르며 **자기 자신과만 하나**이고, 그때마다 실현된 존재의 정도에 따라서 개별적인 **어떤 것**이다. 이 개별적인 어떤 것은 공통된 존재에 근거해서 "다른 것과 더불어" 있으며, 다른 것을 관통하며, 다른 것과 관계한다. **존재의 그때마다 고유한 방식**을 근거로는 개별적인 어떤 것에는 불가역적인 고유성과 개별성이 속한다. 개별적인 어떤 것은 그때마다 자신에 의해 실현된 존재의 정도에 따라서 하나의 "자신", 곧 자립성을 지닌 어떤 것이다. 물론 여기서는 항상 다음과 같은 점을 유의해야 한다. 존재의 정도와 방식은 서로 넘나드는데, 말하자면 존재에 있어서 상이한 정도는 항상 상이한 존재 방식을 의미하며 그 역이기도 하다. 왜냐하면 "존재"라는 말로 의미하는 것은 결코 일의적으로 양적인 것으로 환원될 수 없기 때문이다.

225 우리의 세계를 이루는 사물들 전체는 **모두 존재자이기도 한 개별자들**의 매우 상이한 **다수성**으로 우리에게 나타난다. 더 정

확하게 말해서, 자신의 앎을 반성하는 인간은 세계에 어떤 방식으로 항상 "존재"하는 모든 것을 개별적인 것의 다양한 다수성으로서 지각할 수 있다는 것을 안다. 그것은 오직 인간이 개별자들과 접촉하자마자 이것들이 존재 안에 일치해 있는 것으로 파악하기 때문이다. 따라서 세계가 존재 안에서 일치하는 개별적인 것들의 다수성이라는 것은 직접적으로 의식되는 것이다. 왜냐하면 이 점은 의식적으로 수행되는 모든 인식 작용에서 적어도 함축적으로 함께 의식되기 때문이다. 이렇게 주어진 세계[소여성]에 대한 더 나아간 분석은 사유하는 이성에 대해 다음과 같은 점을 알려 준다.

226 **(a) 존재 통일성:** 이는 존재자에 의해 실현된 존재의 정도에 따라 모든 존재자를 서로 결합시키는 **실제적인 통일성**이다. 따라서 개별적인 것들의 다수성에서 내적인 연관성, 관계적 통일성, 곧 완전성을 의미하는 상호 간의 동일성이 드러난다. 실재의 이러한 측면은 아리스토텔레스적인 형이상학의 전통에서는 거의 주목되지 않았고 기껏해야 질서 사상을 통해서 표현되었을 뿐이다. 특히 중세 아리스토텔레스주의에서 이러한 측면은 플라톤의 관여(關與) 사상을 수용함으로써, 그리고 창조 개념과의 연결을 통해서 관련되게 된다.

227 **(b) 동일한 것의 반복:** 이는 불완전성을 의미하는 동일성이다. 따라서 개별적인 것의 다수성에서 일의성의 계기가 드러난다. 이러한 측면은 고전적인 본질 형이상학에서는 "제일 질료"(*materia prima*)로부터 시작되는 것으로서 그때마다 동일한 것의 "수적인 다수화"라는 개념 아래서 나타난다. 이러한 측면은

토마스가 말하는 것처럼 "수의 원리인 한에서의 하나"(*unum ut principium numeri*)라는 개념으로도 표현되며, 그 자체로서 모든 수량화의 토대가 된다.

228 **(c) 개별적 상이성:** 이는 그것에 의해서 존재자들이 그들의 그때마다 고유한 존재 방식에 상응해서(그들의 "달리 있음"에 상응해서) 서로 구분되는 차이이다. 따라서 개별적인 것들의 다수성에서 상이성이 개별성을 통해서 정립되는 한에서 완전성으로서의 상이성이 나타난다. 실재의 이러한 측면을 플라톤학파도, 아리스토텔레스학파도 알지 못했다. 다수성과 상이성은 그리스 사유에서는 전적으로 불완전한 것으로 여겨졌다. 그리스도교에 의해 대변된 삼위일체론, 곧 개별 인격의 절대적 존엄성에 대한 이론은 다수성을 존재 규정으로 생각하는 방향으로 나아갔다. 그렇기는 하지만 이러한 사유는 중세 철학에서도 정당하게 평가되지는 않았다. 오히려 이러한 사유는 그중 가장 중요한 인물인 니콜라우스 쿠자누스(Nicolaus Cusanus)와 같은 소수의 예외를 제외하고는, 계시를 통해서만 도달될 수 있지만 자연적 이성을 통해서는 도달할 수 없는 것으로 평가되었을 뿐이었다. 물론 이렇게 말한다고 해서 사람들이 실재의 이러한 측면을 전혀 파악하지 못했다는 것은 아니다. 당시에도 다음과 같은 통찰은 있었다. 그것은 모든 존재자는 그 자체로 하나의 것이며, 따라서 자기 동일성이라는 의미에서 하나인 것은 존재의 정도에 따라서 실현된 존재자의 규정이라는 것이다. 사람들은 "존재와 치환될 수 있는 하나"(*unum, quod convertitur cum ente*)에 대해서 말했으며, 이러한 "하나"를 (고전적 의미에서 이해

된) 존재자에 대한 초월적 규정 중에 제일의 것으로 여겼다. 물론 이와 같은 통일성[단일성]의 본래 근거, 곧 그때마다 개별적으로 고유한 존재자들의 존재 방식 또는 이러한 통일성의 존재자들 상호 간의 통일성과의 상보성은 파악되지 못했다. 왜냐하면 당시에는 의식 안에서 비치는 통일성 체험(참조: 162항)으로 향한 것이 아니라, 주로 사물적으로 현존하는 것에 대한 직관적인 통일성으로 향했기 때문이다. 이 점은 다음과 같이 통일성에 대한 일반적인 정의에서 분명하게 표현된다. 이에 따르면, 하나인 것은 자신 안에서 분할되지 않고 존재하는 것이다(그리고 다른 모든 것과 구별된다). 많은 저자가 초월적 다수성에 대해서 말한다는 사실(참조: 예컨대 토마스 아퀴나스의 *De Pot* q.9 a.7; *Summa theol.* I q.30 a.3)도 전체적 경향을 바꾸지는 못한다. 왜냐하면 이렇게 다수성의 방식을 기술하는 것도 적어도 부분적으로 사물적인 것의 다수성과 연관되기 때문이다.

229 **(d) 단편성, 부분성, 소외, 다른 것들에 대해서 "다르게 있음":** 이는 불완전성인 상이성이다. 따라서 개별적인 것들의 다수성에서 다의성의 계기가 드러난다. 이러한 측면은 고전적인 본질 형이상학에서는 다수성과 상이성의 개념을 통해서 설명된다. 하지만 여기서 이러한 개념들은 항상 결함의 표현으로 이해된다. 더욱이 이러한 측면은 항상 질료와 연관된다. 여기서 질료는 부정성의 원리로서 존재들에 대한 지루한 반복에 대해서뿐만 아니라, 존재자들 서로를 소외시키는 것에 대해서도 책임이 돌려진다.

230 **(4)** 위에서 설명한 사유들은 이전에(참조: 180항) 제시된, 통일

성과 상이성, 동일성과 차이성의 관계에 대한 물음의 답변도 포함한다. 앞서 보았듯이 그때마다 서로 대립된 특성을 지니는 두 가지 다른 "종류"의 통일성과 상이성이 있다. 이렇게 여기서부터 두 "종류"의 동일성과 차이성은 별 어려움 없이 다음의 동일성과 차이성과 연결될 수 있다. 한편으로 이는 "사물적인" 경험으로부터, 다른 한편으로는 "상호 인격적인" 또는 "정신적인" 경험으로부터 나오는 동일성과 차이성과 관련된다. "정신적인" 또는 "인격적인" 경험을 통해서 접근하는 통일성과 상이성은 존재 완전성으로서 통일성과 상이성이다. 이에 대해서 통일성과 상이성이 서로 제약한다는 점이 타당하다. 반면에 "사물적인" 경험 또는 감각적 지각에서 나타나는 통일성과 상이성은 불완전성에 따른 통일성과 상이성과 동일시될 수밖에 없다. 이러한 통일성과 상이성은 통일성과 상이성이 상호 배제하는 것으로 특징지어진다. 첫 번째 "종류"의 통일성과 상이성은 유비적 인식이다. 반면에 두 번째 종류는 개념적으로 명백한, 추상적이고도 일의적인 인식으로 접근될 수 있다.

231 우리에게 주어진 유한한 실재는 항상 "사물적인" 측면들을 통해서도 특징지어진다. 그래서 본질 형이상학은 감각적 경험에 의존해서 타당할 수 있었다. 이를 위해서 본질 형이상학은 실재에 대한 개념적 모델을 실재 자체와 동일시했던 것이다. 왜냐하면 상이한 것과 동일한 것은 유한한 현실에서는 사실적으로 서로 분리되어 나타나기 때문이다. 그러므로 상이한 것과 동일한 것은 항상 서로 분리될 수 있을 뿐만 아니라 분리될 수밖에 없다. 더욱이 어떤 존재자가 물질적일수록, 그것에게 존재가

더 적게 속할수록, 더욱 분명하고 명백하게 분리된다. 하지만 본질 형이상학의 결정적인 결함은 이러한 경험을 통해서 형이상학을 하려면 개념적 사유에 의존해야 한다는 견해로서 그릇된 방향으로 인도했다는 점에 있다.

/참/고/문/헌/
Siewerth 1961.
Coreth 1964.
Geissler 1964.
Kern 1964.
Lauth 1975.
Beierwaltes 1980.

5.4. 존재로부터 이해된 본질

232 **(1)** 지금까지 살펴본 바로부터 다음과 같은 결론이 나온다. 존재자의 형이상학적 구조를 설명하기 위해서는 다음과 같은 두 가지 점 외에는 다른 어떤 것에도 의존해서는 안 된다. 그것은 서로 제약하는 두 가지 긍정적[적극적]인 존재의 측면들, 곧 (그것을 통해 존재자가 모든 것과 하나가 되는) 존재 공통성이며, (그것을 통해 존재자가 다른 모든 것과 구분되는) 각각의 고유한 존재 방식이다. 존재자는 **유한하다.** 그러한 한에서 존재자는 당연히 우연적인 것으로서, 곧 **그에게 고유한 존재**가 실제로 그의 것인 어떤 존재자로 나타난다. 하지만 동시에 이 어떤 존재자는 그에게 고유한 존재를 받아들이는 존재자로 나타난다. 그것도 자신의 고유한 존재 정도와 방식에 따라서 말이다 (참조: Weissmahr 1983, 129~137). 따라서 유한한 존재자에게서

그때마다 "자신에게 개별적으로 고유한 방식의 존재"는 다음과 같은 두 가지 의미에서 **자기 자신을 통해서** 설명된다. 하나는 존재자가 "이 개별적인 것"임으로써 "존재한다"는 의미에서이다. 다른 하나는 존재자가 "존재자"이기도 함으로써, 곧 존재 안에 존립하는 것임으로써 "개별자"라는 의미에서이다. 우연적인 것으로서, 곧 존재하지 않을 수도 있는 것으로서 존재자는 물론 **오직 자기 자신을 통해서만** 설명되지는 않는다. 오히려 존재자는 자신에게 존재를 (이와 더불어 그때마다 자신에게 개별적인 존재 방식을) 부여하고 모든 점에서 절대적인 원리를 되돌려 가리킨다.

233 이로써 그때마다 개별적인 존재자의 "본질"이 무엇인지, 곧 그때마다(정도와 방식에 따라) 고유한 존재가 무엇인지가 이미 밝혀진 셈이다. 이것으로써 "제일 실체"와 "제이 실체"("개별적" 본질과 "일반적" 본질) 간의 이율배반이 해결된 셈이다. 그때그때 고유한 존재가 사물들의 형이상학적 본질이라면, 본질은 가장 개별적인 것일 뿐만 아니라 가장 일반적인 것이기도 하다. 존재자의 존재가 그 존재자에게 그 정도와 방식에 따라서 **고유한** 것인 한에서, 존재는 그때마다 개별적인 것에게만 속한다. 하지만 그것이 **존재**인 한에서 존재자는 다른 모든 것들과의 존재 공통성에 속해 있다. 따라서 한편으로 본질은 **그때마다 개별적인 (그 정도와 방식에 따라서) 개별자의 고유한 존재**의 의미에서 이해되어야 한다. 다른 한편으로 현실에는 하나(오직 하나!)의 "일반적 본질"이 있다. 이 본질은 추상적인 것이 아니라 개별성과 같은 실재적인 어떤 것, 곧 **모든 것에 공통된 존재**이다.

234 존재의 "본질"이 "그때마다 고유한 존재"라면, 존재와 본질 간의 실제적 구별을 말할 수는 없다. 왜냐하면 존재자가 그때마다 구체적인 존재, 곧 존재는 그것이 존재자의 고유한 존재인 한에서, 존재자의 본질과 전혀 대립되지 않고서도 동일하기 때문이다. 이는 수아레스(Suárez)가 제대로 통찰한 것이었다. 유일하게 그는 존재를 본질로부터 규정했다. 반면에 여기서는 본질이 전적으로 존재로부터 규정되고, 본질은 소위 존재에서 해소된다. 따라서 여기서 제시되는 해결책은 근본적으로 수아레스의 견해와는 다르다.

235 **(2)** 앞서 언급한 바로부터 다음과 같은 결론이 나온다. 모든 종과 유의 규정은 항상 상대적이다. 말하자면 모든 종과 유의 규정은 실제로 존재하는 차이와 일치도 표현하지만, 이는 다르게 나타날 수도 있는 그러한 방식으로 이루어진다. 왜냐하면 유들 간의 경계선과 어떤 유로 생각될 수 있는 것도 항상 구체적인 경우에 구분하는 사람의 관점과 관심에 의존하기 때문이다. 그래서 각자는 실재의 구분이 자신에게 있어서 바로 그러한 것이고 다른 것이지 않다는 데 대한 이유를 갖고 있다.

236 생물학에서는 상이한 유(類), 종(種), 계(界) 등의 분화뿐만 아니라 내적인 통일성도 아마도 최대로 "사태의 본성으로부터" 나온 것으로 여긴다. 진화론이 과학적으로 받아들여진 이래로, 서로 외형적으로 분명하게 구별될 수 있는 유들을 마치 서로 환원될 수 없는 "본질들"로부터 구성된 것처럼 여기는 것은 더 이상 불가능하게 되었다.

237 본질주의 형이상학은 오랫동안 본성적으로 불변하는 본질적

차이를 옹호해 왔다. 이에 따르면 **모든 것에** (생명과 같은) 하나의 본질적 징표가 속하는 ("생물"과 같은) 존재자들의 유가 존재한다고 생각했다. 더욱이 이 존재자들의 유는 **오직** 이것들에만 속한다는 것이다. 이 점은 물론 이러한 징표("생명")를 분명하게 규정할 수 있다는 것을 전제한다. 그러나 이는 사실이 아니다. 왜냐하면 추상적 사유는 실재가 아니기 때문이다.

238 그러나 형이상학은 존재가 존재자를 최대로 규정하는 자라는 것을 알고 있다. 따라서 형이상학에서 모든 존재의 차이는 이 차이가 아무리 작다고 하더라도 본질적인 차이로 생각해야 한다는 것이 자명하다. 또한 모든 존재의 일치는 이 일치가 어느 정도의 것이든지 상관없이 본질적인 일치로 간주해야 한다는 것도 자명하다. 그 때문에 형이상학적으로, 곧 "존재의 입장"에서 볼 때는, 전적으로 명백하게 정의될 수 있는 종은 존재하지 않는다. 실재를 "종"에 따라서 구분하는 것, 어떤 사물의 "본질"이 무엇인지를 규정하는 것은 항상 사유하고 말하는 인간이 사물에 **가까이 접근하는** 관점에 의존한다. 물론 어떤 특정한 맥락에서 다른 것보다 그 "사물"에 더 적합한 관점들이 있다. 하지만 모든 맥락에서 벗어난 유일한 존재의 "관점"이 있다. 왜냐하면 이러한 존재의 관점은 모든 이해를 가능하게 하는 조건으로서 어떤 (개별적인) 관점은 아니기 때문이다.

239 **(3)** 그러나 이렇게 말한 것 때문에 종개념(種槪念)을 무가치한 것으로 간주한다면 그것은 대단한 오해일 것이다. 종은 다른 것과 명백하게[일의적으로] 구별되고 내적으로 동질적인 크기는 아니다. 그렇기는 하지만 종개념은 실재의 한 가지 중요한 특성

에 상응한다. 말하자면 이러한 특성은 세계에서 같은 것에 (접근해 가는) 동일한 다수화가 방식에 따라서도 상이한 존재 단계들과 결합되어 나타난다는 사실이다.

앞서 말했듯이 모든 존재자는 다른 모든 존재자로부터 존재에 걸맞게, 그 때문에 "본질적으로" 상이하다. 동시에 다른 모든 존재자와 존재 안에서, 그 때문에 "가장 본질적인 것"에서 일치한다. 하지만 이로써 결코 모든 것이 서로 평준화되거나 서로 소외되는 것은 아니다. 왜냐하면 모든 일치와 모든 차이는 그때마다 어떤 다른 일치이며 어떤 다른 차이이기에, 그 어떤 것에도 **정확히 같은** 존재 의미가 속하지 않기 때문이다. 종개념의 상대적이지만 실제적인 가치를 이해하기 위해서는 다음과 같은 점이 고려되어야 한다. 말하자면 모든 존재자는 동일한 존재를 그때마다 고유한 방식으로 실현한다. 따라서 어디에서나 (본질적인) 동일성뿐만 아니라 (본질적인) 차이성도 존재한다. 그러니까 유비가 존재한다. 하지만 이러한 유비는 그 자체로는 항상 동일한 것이 아니다. 왜냐하면 모든 유비는 다른 모든 것들에 대해서 그때마다 다르게 비례[유사]하기 때문이다.

240 모든 유비적 관계(따라서 초개념적으로 파악된, 차이에서 동일성과 동일성에서 차이)는 다른 모든 유비적 관계와 **다르게** 일치하고, 다른 모든 유비적 관계와 **다르게** 구별되기도 한다. 하지만 어떤 유비적 관계에서 서로 상이한 존재자들은 **그때마다 (동시에 성립되는 동일성과 차이라는) 유비적 관계의 상대성이 유사하거나 유사하지 않음에 따라서** 서로 다른 유들로 배열될 수 있다. 이 같은 복잡한 말은 다음과 같은 것을 의미한다. 말하자면 존

재자들의 서로 간의 동일성과 함께 항상 존재자들의 서로 간의 차이도 동반되며, 이러한 동일성은 존재자들의 존재에 상응한다. 그 때문에 이러한 동일성과 차이는 항상 상호적인 것이지만, 이러한 상호성에서 결코 정확히 같은 동일성과 차이가 있는 것은 아니다. 예를 들어서 철수와 만수는 **그들의** 존재에 근거해서 서로 동일하면서 서로 상이하다. 서로 간의 동일성과 차이는 **그들에게 고유한 그들의 존재**에 근거해서 주어지는 것이다. **그렇기 때문에** 철수와 만수 간에 존재하는 동일성(또는 차이)은 만수와 철수 간에 생기는 동일성(또는 차이)과는 **구분된다.** 더 나아가서 철수와 그의 반려견 삐삐 간에도 차이 가운데 동일성과 동일성 가운데 차이가 있다는 것도 고려해야 한다. 그렇다면 철수와 삐삐 간에 있는 동일성(또는 차이)도 삐삐와 철수 간에 있는 동일성(또는 차이)과는 구별된다는 것이 명백하다. 이와 마찬가지로 **동일성과 차이성의 상호성에 있어서 두 차이가 서로 상이하다**는 것도 명백하다. 왜냐하면 철수와 만수 간의 동일성(또는 차이)과 만수와 철수 간의 동일성(또는 차이) 사이에 생기는 차이는 철수와 삐삐 간의 동일성(또는 차이)과 삐삐와 철수 간의 동일성(또는 차이) 사이에 있는 차이에 비해서 사소한 것이기 때문이다.

241 이렇게 존재자들의 유비적 관계에서 서로 간에 성립되는 상대성은 (인간 서로에 대한 경우처럼) 어느 정도까지는 서로 같다. 그러한 한에서 우리는 상당한 정도로 분명하게 한정된 존재자들의 유를 다루게 되고, 이러한 존재자들에 대해서 어떤 유를 말하게 된다. 하지만 존재자들 서로의 유비적 관계에서 성립되

는 상호 간의 상대성은 매우 다르다(인간과 인간의 관계에 비해서 인간과 개 사이의 관계는 매우 다르다). 그러한 한에서 이 점은 다양한 존재의 유들에 속하는 존재자들에 관련된다. 그 때문에 우리는 여러 유에 대해서 말할 수 있으며, 더욱이 그렇게 말해야 한다.

242 **(4)** 그렇다면 이로써 보편 문제를 다룸에 있어서 아직 해결되지 않은 물음들(164항)에 대해서도 근본적으로 답해진 셈이다. 왜냐하면 현실에서는 일의적으로 규정된 "보편적 형상들"은 존재하지 않기 때문이다. 본질 형상이라고 부르는 것은 추상된 것이다. 그렇다고 해서 보편적 형상들이 실재와 전혀 상응하지 않는, 인간 정신의 한갓 구성물에 불과하다고 말하는 것은 아니다. 왜냐하면 존재에서는 실제적인 공통성과 실제적인 차이가 있기 때문이다. 그럼에도 상이한 것들의 동일한 것만을 내포하고 있는 보편적인 형상들 자체는 단지 개념적인 사유에서만 존재하기 때문이다. 현실에서 모든 존재자는 각각 자신에게만 그때마다 고유한 형상을 갖고 있다. 따라서 이 형상은 다른 형상들과 실제적으로(또는 "본질적으로" 또는 "형식적으로"도 말할 수 있는 것으로서) 다르지만, 동시에 다른 모든 형상과 실제적으로 일치한다. 형이상학적 의미에서 사물들의 본래적인 "본질 형상"은 이미 말했듯이, **그때마다 고유한 존재**이다. 이러한 본질 형상은 그것이 "고유한" 한에서 그때마다 개별적인 존재자에게만 속한다. 그리고 그것이 "존재"인 한에서 이 본질 형상에 참여한다.

243 또한 지금까지 살펴본 바에 따르면 어떤 것의 결여를 나타내

는 보편 개념(본질성들)에 어떤 실재성이 속할 수 있는가라는 물음에 대한 답도 어렵지 않을 것이다.

개념적인 인식(또는 언어에서 실재에 대한 개념적인 서술 방식)은 결코 실재와 곧바로 동일하지 않다. 그리고 그 때문에 개념적인 인식은 비사물적인 실재를 "사물"의 방식에 따라 나타낸다. 이러한 두 가지 통찰에서 출발할 때, 추상적으로 서술된 존재자의 부정적인 측면들(또는 부정적인 속성들)을 긍정적인[적극적인] 어떤 것으로 나타내는 데는 어떤 어려움도 느끼지 않을 것이다. 이렇게 해서 사람들은 유한성, 불완전성, 무에 대해서(참조: 201항) 마치 이러한 것들이 "어떤 것"인 것처럼 말한다. 어떤 것의 결여에 관련된다면, 단순한 부정성에 반드시 있어야 할 어떤 것이 빠져 있다는 점이 추가된다. 어떤 것의 결여가 확정적이라면, 곧 어떤 것이 나쁘고 거짓이며 자유롭지 않고 병들어 있다고 말해진다면, 이는 이미 단순한 사실성을 넘어서는 것이다. 이로써 존재자에 속하는 이념(곧 목표, 목적, 의미 또는 역동적 국면)을 존재자의 실재의 구성적인 계기로 파악하는 것이다. 이러한 구성적 계기는 실제로 지각되는 상태를 결함이 있고 나쁜 것 등으로 간주하는 것이다.

5.5. 개념적인 인식과 초개념적인 인식, 그리고 무모순율의 타당성

244 무모순의 원리라고도 불리는 무모순율은 아리스토텔레스에 의하면 다음과 같이 정의된다. **동일한 것(동일한 규정)이 같은 관**

점에서 동일한 것에 속하면서 동시에 속하지 않는다는 것은 불가능하다(참조: *Met* IV 3, 1005b 19~20). 우리가 표현함으로써 파악하고, 문장으로 서술하는 모든 확실성은 최종적으로 이 원리에 근거한다는 것은 의심할 여지가 없다. 왜냐하면 가장 설득력 있고 결국 항상 결정적인 논증은 다음을 증명하는 데에 있기 때문이다. 말하자면 증명하고자 하는 논제를 부정하는 것은 자기모순에 빠지게 된다. 곧 이러한 자기모순은 사람들이 같은 관점에서 동일한 것을 주장하면서 동시에 부정하는 데서 생긴다. 명백하게 이렇게 한다면 논리적인 모순을 범하게 된다. 더 나아가서 명시적인 주장과 반대되는 것이 그 주장의 수행에 함축되는 것으로 그렇게 범한다면, 이는 선험적 모순에 해당된다. 따라서 우리의 모든 논증에는 무모순율의 타당성이 전제된다. 그 때문에 자기모순에 빠지지 않고서는 이 무모순율을 부정할 수 없다. 그럼에도 불구하고 무모순의 원리의 정확한 의미 또는 적용 영역의 연구는 필요하다. 말하자면 어떤 방식으로 분명하게 얻어진 우리의 모든 확실성이 이러한 원리에 근거하는가가 해명되어야 한다. 왜냐하면 존재자들의 유비 또는 동일성과 차이성에 대해서 말해진 것은 무모순의 원리와 일치될 수 있는가 하는 물음을 제기하기 때문이다.

245 **(1)** 우선 다음과 같은 점을 유념해야 한다. 존재자들은 그들이 서로 다른 점에서 일치한다. 또 존재자들은 그들이 일치하는 점에서 구별된다. 이는 상이한 존재자들이 서로 다른 **한에서** 다르다는 것을 의미하지 않는다. 그렇다고 서로 일치하는 존재자들이 서로 일치하는 **한에서** 서로 일치하지 않는다는 것을 의

미하지도 않는다. 이와 같은 진술들은 명백히 자기모순에 해당된다. 하지만 동일한 것이 같은 관점에서 주장되면서 부정된다는 것이 말해지는 것은 아니다.

246 존재자들은 서로 다른 점에서 일치하고 서로 일치하는 점에서 서로 구분된다. 이 진술은 다음과 같은 경우에만 무모순의 원리를 범한 것이 될 것이다. 그것은 존재자들의 동일성이 그들 상호 간의 차이성을 모든 경우에 배제한다는 것(또는 존재자들의 차이성이 그들의 동일성을 배제한다는 것)을 이미 이전에 확정했을 때이다. 그러나 바로 이 점은 확정되지 않으며, 그 때문에 더 연구되어야 한다. 더욱이 경험에 근거해서 가리키는 것에 따르면, 우리는 두 가지 서로 대립된 형태의 동일성과 차이성을 고려해야 한다(참조: 180항 이하 및 230항).

247 **(2)** 그렇다면 여기에서 제기된 동일성과 차이성에 대한 이해가 무모순의 원리와 일치하는가? 이 물음에 대한 적극적인 해결을 위해서 다음과 같은 성찰이 도움을 줄 것이다. 아리스토텔레스에 의해 정식화된 무모순의 원리는 사유의 원리일 뿐만 아니라 존재의 원리이기도 하다. 따라서 이 원리는 실재에 대한 어떤 것을 말해 준다. 바로 이 원리가 존재의 원리이기 **때문에**, 사유의 원리 또는 서술의 원리이기도 하다. 그러한 것으로서 이 원리는 동일한 것에 대해서 모순적으로 대립되는 것을 동시에 진술하는 것을 금지한다. 존재 원리로서 무모순의 원리는 존재와 절대적인 무가 무제약적으로 양립할 수 없다는 것을 표명한다. 그 존재론적인 의미를 보다 분명하게 드러내기 위해서 다음과 같이 정식화할 수 있을 것이다. 말하자면 **존재하는**

것은 그것이 존재한다는 관점에서는 존재하지 않을 수 없다. 또는 **존재하는 것은 그것이 존재하는 한에서는 존재하지 않을 수 없다.**

248 아리스토텔레스의 말로 돌아가기 전에, 먼저 이러한 정식들을 살펴보기로 하자. 이러한 정식들에는 비록 겉보기에는 전혀 문제가 없는 것처럼 보이지만, 어떤 이중적인 의미가 들어 있다. 왜냐하면 "그것이 존재한다는 관점에서"라는 표현 또는 "그것이 존재하는 한에서"라는 표현은 현저하게 서로 다른 두 가지 의미를 지니기 때문이다. 이 의미를 정확하게 밝히는 것이 우리에게는 매우 중요하다. 왜냐하면 다음과 같은 이유 때문이다. **한편으로** 그것은 "존재(존재자)의 관점에서" 또는 "그것이 존재자인 한에서"라는 뜻으로 이해될 수 있기 때문이다. **다른 한편으로** 그것은 "이렇게 명백하게 규정된 어떤 것이라는 관점에서" 또는 "그것이 (다른 것으로부터 명백히 구별된) 존재자인 한에서"라는 뜻으로 이해될 수도 있기 때문이다. 그러나 이로부터 존재 원리로서 분명하게 정식화된 무모순의 원리의 의미에 대해서 현저한 차이가 생겨난다.

249 **(a)** 첫 번째의 경우에 이 원리는 다음과 같이 이해된다. **존재하는 것은 그것이 존재자인 한에서는 존재하지 않을 수 없다. 또는 존재하는 것은 존재의 관점에서는 존재하지 않을 수 없다.** 이 원리는 이렇게 이해됨으로써, 존재와 순수한 비존재가 절대 양립할 수 없다는 초월적 경험에서 주어진 근원적인 존재 이해가 표현되는 것이다. 이러한 의미에서 무모순의 원리는 절대적으로 보편타당한 원리이다. 이러한 것으로 이 원리는 존재와 무는 결코 어떤 공통점도 없다는 것을 말한다. 이는 절대적인 무

는 없다는 것을 의미한다. 그러나 "순수한" 무는 없기 때문에, 존재는 (존재론적으로 볼 때) 어떤 대립자도 갖지 않는다. 존재에는 어떤 것도 대립되지 않으며, 실재에는 어떤 모순된 것도 없다. 모순적인 대립은 항상 개념적 사유의 산물일 뿐이다.

250 우리가 이 원리를 이렇게 이해할 때, 하나의 관점으로의 제한은 어떤 제한이 아니다. 왜냐하면 "존재"는 제한하는 관점이 아니며, 다른 것을 배제하는 "개별적인 측면"이 아니기 때문이다. 어떤 것이 존재자**로서** 받아들여질 때는 어떤 것도 배제되지 않는다. 따라서 여기서는 일반적인 (개별적) 규정들과는 달리 다른 것의 부정을 통해 성립되는 규정에 관련되는 것은 아니다. "모든 규정은 부정이다"(*omnis determinatio est negatio*)는 원리는 여기서는 해당되지 않는다(다만 여기서 "determinatio"는 "경계의 확정"이 아니라 "규정"으로 번역되어야 한다).

따라서 우리가 "존재하는 것"을 존재자**로서** 받아들일 때, 무모순의 원리는 실재뿐만 아니라 사유에 대해서도 절대적으로 보편타당한 원리이다. 이러한 의미에서 이 원리는 실재와 일치하는 한에서 이성의 원리, 따라서 사유의 원리이다. 이러한 관련성에서 이미 강조된 것과 같이 (존재하는 것은 존재하지 않을 수 없다는 의미에서) "무"도 본래 결코 존재하지 않는 무, 곧 "절대적인 무"이다. 반면에 "상대적인 무"는 실제적인 제한으로 주어진다.

251 **(b)** 두 번째 경우에 이 원리는 다음과 같이 이해된다. **존재하는 것은 그것이 이렇게 (다른 것과의 구별을 통해서) 규정된 존재자인 한에서 존재하지 않는 것일 수 없다. 또는 존재하는 것은 이**

렇게 명백하게[일의적으로] 규정된 어떤 것이라는 관점에서는 존재하지 않는 것일 수 없다. 여기서도 존재와 비존재가 절대적으로 양립하지 않는다는 근원적인 존재 이해가 표현된다. 하지만 이는 (a)에서 전개된 이해와 비교할 때 매우 제한된 방식으로 일어난다. 비록 이러한 제한이 우선은 전혀 눈에 띄지 않고, 그 때문에 쉽게 간과되지만 말이다. 그럼에도 불구하고 그러한 제한은 있다. 왜냐하면 여기서 (그것이 존재할 수도 동시에 존재하지 않을 수도 있다고 말할 수 없는) "존재하는 것"은 더 이상 **존재자 일반으로서** 받아들여지지 않기 때문이다. 오히려 존재하는 것은 "(다른 것과의 구별을 통해) 이렇게 규정된 존재자"로서, "이렇게 명백히 규정된 어떤 것"으로서 받아들여진다. 간략하게 말하자면, 존재하는 것은 **다른 것이 아닌 것으로서**, 곧 다른 모든 것과의 대립을 통해서 구성되는 어떤 것으로서 받아들여진다. 그런데 이 점은 매우 중대한 결과를 야기한다.

252 말하자면 "존재하는 것", 곧 존재자를 **다른 것이 아닌 것으로서** 간주할 때에는, (존재자로서 본래 항상 다른 것을 함축적으로 내포하는) 존재자는 다른 모든 것을 가능한 배제하는 어떤 제한된 관점에서는 말하자면 가능한 한 명백하게(일의적으로) 파악된다. 그러나 그러한 관점이 더 정확히 규정되면 될수록, 그것에 대해서 여전히 존재자로 부르는 것은 더욱더 존재에 있어서 공허해진다. 따라서 어떤 존재자가 이것인 동시에 이것이 아닌 것일 수 없다는 관점을 더욱 분명하게[일의적으로] 제시하면 할수록, 그 존재자가 존재할 수 있으면서 동시에 존재하지 않을 수 없다고 말하는 존재자는 스스로 **어떤 추상물로, 어떤**

단순한 관점이 되어 버리고 만다. 그러나 추상물, 관점은 현존하는 어떤 것이 아니라, 사유에 의해, 다른 것으로부터 구분해서 질서 짓는 이성에 의해 구성된다. 무모순의 원리에 대한 이러한 이해에서 문제가 되는 존재자는 사람들이 항상 다시금 그렇게 생각하듯이, 현전하는 어떤 것이 아니다. 오히려 존재자는 일의적인, 차이를 정확하게 제시하는 진술을 통해서 정립된 "대상"이자 이성의 구성물이다. 그렇게 이해된다면, 이 원리는 더 이상 보편타당하지 않다. 왜냐하면 더 이상 존재자**로서** 존재자에 관련되는 것이 아니라, 다른 존재자가 아닌 오직 이 존재자**로서** 존재자에 관련되기 때문이다. 이 원리가 적용되는 영역은 이미 분명하고 명백하게 정식화되고 개념적으로 서로 확실하게 구별될 수 있는 것으로 제한된다. 이러한 의미에서 무모순의 원리는 일의적인 언어의 원리이다. 그러나 이 원리는 이러한 언어에 타당하기는 하지만, 이 점은 여러 측면의 분명하고 명백한 구분이 일반적으로 가능한(또는 유의미한) 한에서이다.

253 위에서 이미 언급했듯이 이 두 번째 정식에서도 존재와 무가 절대적으로 서로를 배제한다는 근원적인 존재 이해가 표현된다. 이로부터 무모순의 원리의 이러한 정식도 타당성과 통찰가능성을 얻게 된다. 그러나 이러한 존재 이해는 단지 받쳐 주는 배경에 불과하다. 본래 절대적 존재와 비존재가 문제가 되는 것은 아니다. 이 점은 앞서 존재와 관련해서 논의한 바 있다. 그러나 마찬가지로 비존재에 대해서도 동일하게 적용된다. 정식은 "존재하는 것은 그것이 존재하는 한에서 존재하지 않을

수 없다"라고 말한다. 이 정식에서 "그것이 존재하는 한에서"라는 규정은 "그것이 다른 것으로부터의 구별을 통해서 규정된 존재자인 한에서"라는 의미로 이해된다. 그 때문에 "존재하는 것"이 **다른 것이 아닌 [바로 그] 것으로서** 이해됨으로써, 존재하지 않는 것일 수 없는 것은 절대적 비존재를 의미하는 것이 아니라, 실제적인 존재자의 제한에서 성립되는 단지 그런 비존재만을 의미한다. 따라서 이 비존재는 존재자의 존재에 대한 총체적인 부정이 아니라, 단지 어떤 관점에서 고찰된 부정을 의미할 뿐이다. 따라서 이러한 존재자로서 존재자에 대한 규정은 여기서 다른 모든 존재자로부터의 구별을 통해서 이루어진다. 그 때문에 이 경우에는 "모든 규정은 부정이다"라는 원리가 타당하다.

254 **(3)** 이제 아리스토텔레스의 정식으로 돌아가 보자. 이 정식에 의하면 "동일한 것이 같은 관점에서 동일한 것에게 속하면서 동시에 속하지 않는다는 것은 불가능하다." 이 정식에서 "어떤 것"이 전제되어 있어서, 이것은 "동일한 것"에 대해서 말해지며, 이와 관련해서 동일한 것을 주장하면서 동시에 부정할 수 없다는 것이다(참조: Flasch 1973, 50~55). 하지만 여기서 **그것에 대해서 어떤 것도 주장되면서 동시에 부정될 수 없는 것**이 본래 무엇을 의미하는가는 불확실하게 남아 있다. 그것은 마치 다른 대상들과는 구분되는 어떤 대상인 것처럼 여겨진다. 그것이 우리 사유의 대상이라는 것은 의심의 여지가 없으며, 언어철학적 의미에서도 어떤 "대상"이라는 것은 분명하다. 왜냐하면 그것은 어떤 말로 지칭될 수 있는 어떤 것이기 때문이다. 다

만 문제가 되는 것은 **다른 것과 구분되는 그 대상성이 우리의 사유에 미리 주어져 있는지, 또는 그러한 대상성이 우리의 사유 방식이나 우리의 명확한 개념 방식을 통해 구성되는 것인지** 하는 점이다(여기서는 물론 절대적인 구성이 아니라 **이것으로서의** 구성에 관련된다).

255 이러한 물음이 의도하는 것이 무엇인가를 분명하게 하기 위해서 다음과 같은 단순한 물음에 답하려고 한다. 그러니까 같은 하나의 공이 녹색이면서 동시에 녹색이 아닐 수 있는가? 분명하게 그렇다고 대답할 수 있다. 왜냐하면 같은 하나의 공은 여러 가지 방식으로 녹색이면서 동시에 녹색이 아닐 수 있다. 예컨대 이 공은 녹색 줄무늬와 빨간색 줄무늬를 가질 수 있다. 또는 이 공의 표면 전체가 녹색이더라도, 이 공의 속은 갈색 색조로 이루어져 있을 수 있다. 그러나 어떤 경우라도 이 공이 외면으로나 내면으로나 완전히 녹색이라고 하더라도, 동시에 녹색만인 것은 아니다. 그러니까 이 공은 녹색일 뿐만 아니라 그밖에도 단단하고 둥글고 무겁거나 가볍기도 하다. 그러나 "녹색이 아닌" 이 모든 규정은 공의 녹색임과 얼마든지 어우러질 수 있다. 더 나아가서 다음과 같은 경우를 생각해 보자. 같은 하나의 공의 동일한 표면이 녹색이면서 동시에 녹색이 아닐 수 있는가? 이에 대해서도 다만 그렇다고 답하는 것이 가능하다. 왜냐하면 그 공의 녹색인 특정한 표면은 매끈하거나 거칠하거나, 단단하거나 무를 수 있기 때문이다.

당연히 여기서, '그래서 어쨌단 말이야?' 하고 퉁명스러운 물음을 제기할 수 있다. 왜냐하면 같은 하나의 공이 녹색인 동시에 녹색이 아닐 수도 있느냐의 물음은 무모순의 원리와는 아무런 관련이 없기 때문이다. "녹색"의 규정에 속하는 어떤 것에는 "녹색이 아닌" 다른 모든 적극적인 규정들도 속할 수 있다는 것은 자명하다. 말하자면 무모순의 원리를 통해서 동일한 것에 **상이한 여러** 규정이 동시에 속한다는 것이 배제되는 것이 아니다. 오히려 이 원리를 통해서 다만 동일한 것에 동일한 규정이 속하기도 하고 동시에 속하지 않기도 하다는 것만이 배제된다. 다음과 같은 정식으로 물을 때에만 무모순의 원리와 관련된다. 동일한 하나의 공이 녹색이면서 녹색이 아닐 수 있는가? 또는 달리 표현하자면, 동일한 하나의 공이 (녹색인 한에서) 녹색이라는 관점에서 녹색이 아닐 수도 있는가? 이렇게 물을 때에만, 무모순의 원리가 적용될 수 있다. 왜냐하면 이 경우에만 다음과 같이 답할 수 있기 때문이다. 그러니까 녹색임이 동일한 공에 같은 관점에서 속하기도 하고 속하지 않기도 한 것은 가능하지 않다.

256 이 마지막 명제를 깊이 생각해 본다면, 여기서 더 이상 자신의 모든 성질을 지니고서 우리 앞에 현전하는 공이 아니라, 그것이 녹색인 **한에서의** 그 공과 관련된다는 것이 드러난다. 녹색인 한에서의 공에 대해서만, 그 공이 동시에 녹색이 아닐 수 있다는 것이 타당하다. 무모순의 원리에서 말해지는 본래의 대상에는 어떤 것이 동일한 방식으로 동일한 시간에 속하면서 동시에 속하지 않을 수 없다. 이 대상은 물리적인 의미에서의 대상이 아니라, 어떤 특정한 관점에서 고찰된 대상이다. 더 정확하게 말하자면, 그것이 **이것 또는 바로 이것인 한에서의 대상**, 이것

또는 바로 이것**으로서의** 대상이다. 여기서는 관점이 본래적인 대상을 구성하기 때문에, 이 경우에는 대상과 관점이 서로 분리되어서 구별될 수 없다. 비록 그 대상이 어떤 특정한 관점에서 해석된 것임에도 불구하고 항상 관점에 의한 규정에 선행하는 대상에 관련되는 것처럼 생각하는 것은 환상이다. 이러한 환상이 무모순의 원리의 이중 의미를 만들게 된다. 왜냐하면 어떤 것을 하나의 관점으로 고칠힌다는 것은 본래 주어진 관점에 주목한다는 것을 의미하기 때문이다. 그러나 그렇다고 해서 그 대상에 대해서 여전히 고찰할 수 있는 (근본적으로 무한히 많은) 규정 중의 어떤 것도 배제하지는 않는다. 하지만 개념적 사유에 의해 다루어지는 관점을 통한 규정은 다음과 같은 경향을 지니고 있다. 말하자면 이러한 규정은 그 관점을 따로 떼어 내어서 다른 모든 것을 배제하는 대상의 부분으로, 또는 독립적이고 고립적인 대상으로 만든다. 이로써 실재에서 상보적 관계에 있는 다른 것이 추상하는 (그리고 추상된 것을 쉽게 실체화하는) 사유를 통해서 마치 그것이 모순되는 다른 어떤 것인 것처럼 생각되는 이유를 이해할 수 있다. 그 때문에 모든 동일성도 제한적 동일성으로서, 모든 차이성도 제한적 차이성으로서 해석되지만, 이는 존재, 실재에서는 결코 있을 수 없다.

257 **(4)** 우리 인간은 존재 내에서 우리의 언어를 통해서 상이하고 서로 명백히 구별되는 대상들을 구성한다(특히 언어에서 가능한 한 분명하게 차별화하려는 우리 사유의 욕구도 표현된다). 우리는 어떤 장미 옆에 있는 고양이와 이 장미가 전혀 관련이 없는 것처럼 이 장미에 대해서 말한다. 또는 우리는 이 장미가 마치 다

른 장미와는 전혀 다른 어떤 것인 것처럼 고찰한다. 또는 이 장미의 붉은 색깔에 집중함으로써, 이 장미의 향기는 존재하지 않는 것처럼 여긴다. 이렇게 우리는 있는 그대로의 실재에 대해서 말하는 것이 아니라, 우리가 그것을 추상적으로 사유하는 한에서의 실재에 대해서 말하는 것이다. 그렇다면 이러한 경우에, 곧 대상이 우리 사유의 설정물인 한에서 무모순의 원리는 단지 사유의 원리일 뿐이지 존재의 원리는 아니다.

258 여기서 곤란한 점이 생긴다. 우리의 명백한 진술에서 전제하는 대상은 사실 우리의 차별적인 사유의 설정물이지만(그리고 그러한 한에서 그 대상은 추상물이다), 절대적으로 그러한 것은 아니다. 그러니까 우리의 개념적인 사유를 통해서 대상을 절대적으로 정립하는 것이 아니라 어떤 의미에서만 그렇게 하는 것이다. 그 때문에 모든 관념론은 유한한 사유가 절대적으로 자신의 대상을 구성한다고 주장하는 한에서는 거짓이다. 또한 실재론의 진리는 이면적으로 뒤집을 수 없는 확실성으로 의식된다. 이러한 실재론의 진리는 인간이 어떤 의미에서 자신의 설정물인 것을 자발적으로 그 자체로 존재하는 것으로 간주함으로써, 애를 써야만 그것이 사실이 아니라는 것을 알아차릴 수 있다는 데 대한 이유이다. 또 인간이 무모순의 원리를 처음에는 무제한적으로 존재의 원리로 이해하는 데 대한 이유이기도 하다. 이제 무모순의 원리가 어느 정도로 실재의 원리이며, 어느 정도로 개념적 사유의 원리인가 하는 것이 규정되어야 한다. 이때 개념적으로 구별되어서 파악된 것이 어느 정도로 인간 사유의 설정물이며, 어느 정도로 인간 사유에 미리 주어진 것인가를 밝히는

것이 중요하다.

259 이 점을 해명하기 위해서 유비와의 연관성에서 얻어진 통찰들을 소환해야 한다. 그때마다 상이한 개념들로 진술될 수 있는 것은 (그것이 실제로 상이한 개념들에 관련되는 한에서) 항상 **또한** 사유와 독립해서 서로 다른 것이기도 하다. 따라서 우리에 의해 구별된 대상들 또는 관점들의 상이성은 실제적인 것이다. 이것들은 항상 그때마다 상이하고 동일화될 수 없는 방식으로 사유에 제시된다. 하지만 우리에 의해 구별된 것들의 제한적 상이성은 개념적 사유의 구성물일 뿐이다. 이에 따라 실재에 정확하게 들어맞지 않는 모형적인 것은 어떤 것을 다른 것으로부터 (어떤 관점을 다른 관점으로부터) 구별하는 데에 있지 않다. 오히려 이러한 모형적인 것은 따로 분리시키는 구별에, 곧 개념적으로 분명하게 구별 짓는 진술을 통해서 암묵리에 함축된, 동일성 없는 대립의 주장에 있다.

260 우리는 우리의 개념적 사유를 통해서 동일성을 비차이성으로밖에는, 그리고 차이성을 비동일성으로밖에는 서술할 수 없다. 그래서 개념적인 사유는 항상 모형적이고 추상적이다. 하지만 그러한 사유가 실재를 완전히 파악했다고 생각한다면, 실재에는 어떤 것도 따로 떨어져 고립되는 것은 없다는 것을 간과하는 것이다. 말하자면 어떤 것은 그것이 전체와의 연관 속에서, 나머지 모든 것과의 관계에서 인식될 때 비로소 실제적으로 인식될 수 있다는 것을 간과하는 것이다. 물론 이렇게 확정할 때 다음과 같은 점을 덧붙여야 한다. 말하자면 이러한 인식의 이상은 명백하게 개념적으로 형성된 인식에서는 결코 완전하게 성

취될 수 없다. 어떤 개별적 대상이 전체 실재에 대해서 맺는 관계를 남김없이 고려하는 것은 인간에게는 절대 끝나지 않을 과제이다. 이러한 과제를 위해서 우리는 실재에 대한 명백한 지적 직관이 필요하지만, 우리는 이를 가지고 있지 않다. 우리의 인식은 그것이 명백히 표현될 때 항상 부분적이다. 이 인식은 따로 떼어 내어서 표현된 실재의 계기들을 개념적으로 서술된 다른 계기들과 판단을 통해서 결합하면서 부단하게 완성해 감으로써 한 걸음씩 앞으로 나아간다. 이 인식은 항상 추상적이다(적어도 이러한 추상성을 의식하고 있는 한에서는 말이다). 그렇기는 하지만 이 점은 이 인식이 거짓이라는 것을 의미하지는 않는다. 이러한 인식이 참인 한에서, 곧 서로 구별된 것으로 인식된 계기들(또는 일반적으로 말해서 서로 상이한 것으로 인식된 "사물들")이 실재에서 사실적으로 상이한 한에서, 무모순의 원리는 이러한 계기들("사물들")에도 제한 없이 적용될 수 있다.

261 마지막 명제에서 무모순의 원리의 타당성은 상이한 계기들(또는 "사물들")과 관련해서 진술되었다. 이는 물론 **상이한 계기들(또는 "사물들")이 사실적으로 상이한 한에서**라는 제한 아래서 이루어졌다. 그런데 이는 다음과 같은 점을 의미한다. 그것은 이러한 계기들이 동일한 한에서는, 무모순의 원리가 상이한 계기들(또는 "사물들")에 적용될 수 없으며, 존재의 원리가 아니라, 단지 개념적 사유의 원리일 뿐이라는 것이다. 왜냐하면 우리는 모든 상이성, 모든 대립성이 (이것이 실재에서 성립되는 대립에 관련되는 한에서) 동일성과 함께 주어진다는 것을 알기 때문이다. 결국 모든 것은 존재 안에서 일치하며 또한 존재 안에서 서

로 구별된다. 이러한 차원에서는 동일성과 차이성이 서로를 관통하며, 여기서 그러한 관점들을 예리하게 구분하는 것은 불가능하다. 왜냐하면 실재 내에서는 모순적인 대립은 존재하지 않기 때문이다. 실재에서는 단지 (그때마다 상이하지만 모형적으로 몇 가지 유형으로 환원될 수 있는) 상대적인 대립들이 있을 수 있다. 다시 말해서 대립들에서는 대립되는 것들이 최종적으로는 서로 일치하는 곳에서 대립된다.

262 물론 우리의 추론적 사유는 이와 같이 최종적으로 확정되는 데 있어서는 변증법적이며 개념적으로 결합될 수 없는 것을 종합하는 특성 때문에 별로 쓸모가 없다. 추론적 사유는 앞서 확정된 내용을 부정할 수는 없다. 왜냐하면 그렇게 한다면 자신의 고유한 토대가 무너질 것이기 때문이다. 하지만 추론적 사유는 그때마다 부분적 인식에 대한 분석과 종합을 통해서 앞으로 나아가는 사유이다. 그러한 한에서 추론적 사유는 상이한 국면들을 개괄적으로, 그 때문에 가능한 한 명백하게 구별하는 작업을 진지하게 수행해야 한다. 그러나 개념적으로 분명한 구별이 문제시되는 곳에서는, 이러한 구별이 상이한 것들이 서로 동일한 그러한 측면과 동일하지 않은 측면에 따라서 수행되어야 한다. 이러한 점과 관련해서 무모순의 원리는 다음과 같은 원리로 이해될 수 있다. 이 원리는 **우리가 상이한 것들을 서로 동일시하는 관점을 요구한다. 이러한 관점은 서로 동일한 것을 서로 구별하는 관점과 그때마다 구분해야 한다.** 이러한 숙고에 근거해서 우리는 다음과 같이 말하게 된다. 철수와 만수는 둘 모두 "인간 본성"에서는 서로 일치하지만, "양으로 규정되는 질료

"에 따라서는 서로 상이하다. 이러한 의미에서 무모순의 원리는 보편적인 존재 원리가 아니라, 오히려 추론적인 사유의 원리, 또는 일의적인 언어 사용의 원리이다. 하지만 이는 이렇게 이해된 무모순의 원리가 실재와 전혀 관련이 없다는 것을 의미하는 것은 아니다. 그렇게 이해되더라도 이미 언급했듯이 실재에 대해서 타당하다. 물론 상이한 계기들을 일의적으로, 그 때문에 따로 분리해서 구분하는 것이 필연적이거나 적어도 유의미한 한에서만 실재에 대해서 타당하다. 이 원리는 논리학과 수학과 같은 추상적 학문에서는 항상 타당하다. 그리고 다른 학문의 경우에서도, 특히 그 성과를 다른 이들에게 제시해야 할 때도 광범위하게 관련된다. 철학 자체도 이러한 필요성에서 벗어나 있지 않다. 그 때문에 우리도 무모순의 원리가 주요 규칙인 명백한 사유가 사유 자체로서 제한된다는 것을 가능한 한 분명하게 진술하려고 노력했다. 따라서 다음과 같이 확정할 수 있겠다. 실재의 최종적인 차원들을 설명하는 것에 관련될 때에, 인간 이성은 그것을 해결하는 데 있어서 개념적인 명확성이나 최종적 깊이의 파악 중에서 어떤 쪽을 포기해야 하는가의 물음에 직면하게 된다.

263 **(5)** 종합적으로 다음과 같이 확정할 수 있겠다.

무모순의 원리에 대한 아리스토텔레스의 정식은 이미 주어진 "어떤 것"을 진술들의 동일한 주어로서 전제하며, 이 어떤 것에 대해서 동일한 것을 주장하면서 동시에 부정하는 것을 금지한다. 이 "어떤 것"을 존재자로서 존재자로 이해할 때에는, 무모순의 원리는 그것이 어떤 방식으로, 무엇으로 존재하든지 간에 그것이 (절대적으로) 무라고 주장하는 것을 금지한다. 이러한 의미에서 이 원리는 무제약적으로 타당한 존재의 원리이다. 그러나 다른 한편 (무모순의 원리에 대한 아리스토텔레스의 정식 자체가 암시하듯이) 이 어떤 것을 다른 것과의 대립을 통해서 규정된 어떤 것으로 이해할 수 있다. 이는 다른 모든 것으로부터의 배제가 더욱 철저하게 수행될수록 더욱 추상적인 대상이 되는 관점이다. 이렇게 이해될 때는 무모순의 원리의 의미가 (그리고 그 적용 영역도) 이미 제한된다. 따라서 이 원리는 명백한 진술을 근거로 상이한 대상들(상이한 측면들)을 주어져 있는 이들의 동일성을 고려하지 않고도 구분하는 것이 필요하거나 유의미한 한에서만 타당성을 지니게 된다. 이렇게 무모순의 원리는 상이한 측면들의 분명하고 일의적인 구분이 이러한 측면들에 관련된 진술들에 이미 **앞서서** 성립된 것으로 이해된다. 그러한 한에서 이 원리는 분명한 진술 또는 추상적인 진술의 법칙으로서 항상 모형적으로 머물러 있는 사유의 법칙이다. 반면에 있는 그대로의 실재를 파악하는 사유에 대해서는 존재자가 (곧 존재자로서) 구분되는 곳에서 최종적으로 일치한다는 법칙이 타당하다.

/참/고/문/헌/
Nink 1952, 28~41.
Gochet 1963.
Flasch 1973, 35~104.

6. 존재자들의 관련성

264 관계(관련성)는 사유 자체도 속해 있는 전체 현실의 근본적 규정이다. 왜냐하면 관계는 우리가 그것에 대해서 숙고할 수 있는 것일 뿐만 아니라, 모든 사유 작용에서 수행되는 것이기도 하다. 한편으로 언어도 대상들 상호 간의 다양한 관계 또는 표지(標識)와 표지된 것 간의 관계를 전제한다. 다른 한편으로 관계 자체가 표지들의 관련 체계이다. 관계만이 사유 과정, 사유의 진행을 가능하게 한다. 자연과 사회의 법칙도 어떤 일정한 관계들의 표현이다. 관계가 없으면 고립된 정체된 개별적 사실들만이 있을 뿐이고, 어떤 연관, 구조, 질서, 전체, 부분은 없게 될 것이다. 관계가 없다면 제약하는 자와 제약된 것에 대해서, 원인과 결과에 대해서 언급할 수 없을 것이다. 왜냐하면 이 모든 규정은 항상 어떤 관계들을 표현하기 때문이다. 관계가 없는 곳에서는 어떤 것도 이해될 수 없고, 거기서는 주어진 것은 어떤 의미도 지니지 않는다(참조: de Finance 1966, 464 이하).

265 그렇다면 관계는 어떻게 규정되어야 하는가? 관계는 어떤 방식으로 실재 전체 안으로 들어와야 하는가? 이러한 물음에 대한 답은 우리의 존재 형이상학적 성찰에 따르면 본래 자명하다. 우리는 존재 안에서 모든 것이 일치한다는 점으로부터 출발해서, 다음과 같은 통찰에 이르게 되었다. 그것은 존재자들 사이에서 각자 고유한 존재 방식 때문에 성립되는 상이성이 존재자들을 서로 결합시키는 통일성 또는 동일성이 지니는 것과 동등한 가치의 계기로 간주된다는 것이다. 더 나아가서 통일성뿐만

아니라 상이성에도 두 가지 서로 다른 "종류"가 있다는 것도 밝혀졌다. 말하자면 이러한 통일성과 상이성은 완전성에 상응하고 불완전성에 상응하는 통일성 또는 상이성으로서 서로 구별되는 것이다. 이러한 전망에서 비록 "관계"라는 말이 아직 분명하게 쓰이지는 않았지만, 관계라는 말이 이미 지금까지 우리의 모든 숙고에서 다양하게 관련되었다는 것은 분명하다. 그러니까 관계에 대해서 말할 수 있기 위해서는, 어떤 방식으로도 항상 **서로 일치하는 어떤 것과 서로 관련되는[공통적인 것을 지니는] 상이한 것**이 있어야 한다. 그 때문에 관계는 아주 일반적으로 보자면 **상이한 것들의 통일성 또는 동일성으로** 규정될 수 있다. 이로써 존재론적으로 중심적인 관계의 의미가 즉시 분명해진다. 말하자면 관계는 존재자들의 공통된 존재에 근거한 동일성을 의미한다. 이 존재자들은 그들의 개별적인 각자의 고유한 존재 방식을 근거로 해서는 서로 상이하다. 관계는 그들의 개별성에 따라서 상이한 존재자들을 서로 결합하는 것이다. **존재자는 그 자체로 서로 관련된다.** 왜냐하면 존재는 그 안에서 모든 것이 일치되는 것이기 때문이다. 따라서 관계는 초월적 완전성이다. 곧 "모든 존재자는 관계적이다"(*omne ens est relatum*).

266 물론 유한한 영역에서 관계는 항상 불완전성을 통해서 특징지어진다는 것도 염두에 두어야 한다. 그 때문에 유한한 영역에서 모든 구체적인 관계는 항상 상이한 것들의 **제한된** 동일성이다. 이에 따라서 유한자들의 관계에서는 항상 상이한 것들의 비동일성의 계기(곧 고립, 소외) 또는 동일한 것의 비차이성의 계기(곧 존재자의 독립성을 훼손하는 의존성)도 존재한다. 그러나 어

떤 것을 다른 것으로부터 완전히 분리시키는 것(이는 동시에 모든 독립성의 부정을 초래할 것이다)만이 모든 관계성의 부정을 의미할 것이다. 왜냐하면 아무리 미약하더라도 실제적인 모든 관계 내에서는 모든 (상대적인) 분리 또는 모든 (상대적인, 곧 다른 것에 관련된) 의존성은 그 어떤 관계를 의미하기 때문이다.

267 이로써 우리는 우리의 사유 과정을 잠시 중단하기로 하자. 왜냐하면 관계의 형이상학은 실체 문제를 형이상학적으로 다루는 연관에서만 전개되기 때문이다. 여기서 추가되는 것은, 지금까지 전개된 전망에서만 보자면, 관계가 너무 쉽게 단순히 정체된 어떤 것으로 이해될 수 있다는 점이다. 하지만 이 점은 결정적인 오류이다. 그 때문에 이 점은 지금까지 말해진 전체 내용에 대해서 필수적으로 보충되어야 할 것이며, 우리는 이하에서 존재의 작용으로 관심을 돌릴 것이다. 이 연구의 마지막 부분에서 관계의 의미를 보다 더 큰 관련성으로 서술할 수 있을 것이다.

제2장_ 그 작용에 있어서 존재

268 지금까지의 숙고에서 존재자의 중요한, 항상 나타나는 한 가지 특성이 아직 파악되지 않았다. 이 특성은 존재자란 변화하며, 생성되고, 다양한 방식으로 작용하는 것이라는 점이다. 변화, 생성, 소멸, 작용을 우리는 우리를 둘러싼 세계에서뿐만 아니라, 심지어 특히 우리 자신 안에서, 그리고 우리의 고유한 생성과 활동에서도 경험한다. 따라서 활동성은 인간이 자기 자신 안에서, 자신의 고유한 의식 안에서뿐만 아니라, 세계에서도 경험하는 것으로 주어져 있는 것이다. 이렇게 주어진 것[소여성]을 이제 살펴보기로 하자.

1. 변화와 생성은 어떻게 이해되어야 하는가

269 세계 내에서, 적어도 현상의 차원에서 변화와 생성이 있다는

것은 의심의 여지가 없다. 그 어떤 것도 항상 동일한 상태에 머물러 있지는 않다. 이전에 있지 않았던 것이 생성되고, 이전에 있었던 것이 소멸한다. 여기서 즉시 다음과 같은 물음이 제기된다. 이와 같은 변화와 생성은 단순히 현상에만 관련되는가? 또는 존재론적인 의미에서 변화와 생성에 관련되는가? 다시 말해서 존재자 자체가 변화하는가? 그러니까 (새로운) 존재의 생성이 있는가? 이러한 물음이 제기되는 것은 다음과 같은 이유 때문이다. 그것은 실제적인 생성을 인정하는 것은 개념적 사유에 있어서 중대한 어려움을 초래하기 때문이다. 여기서 생성은 최종적으로 단순히 외견상의 생성으로 해석될 수 없다. 그 때문에 생성을 가상으로 표명하려는 시도가 항상 재차 시도되었다. 말하자면 제한된 영역 내에서 지각된 변화를 마치 어떤 초월적 입장에서 볼 때 모든 것이 변하지 않고 머물러 있는 것처럼 보인다는 식으로 해석하는 것이다. 이 경우에 이중적인 문제에 직면하게 된다. 첫째, 존재자로서 존재자의 변화와 생성은 어떻게 가능한가? 둘째, 생성에서 새로 등장하는 존재는 어디에서 유래하는가? 이 두 물음은 서로 관련되어 있지만, 그럼에도 같은 것은 아니기 때문에 서로 구분해서 다루어야 한다.

1.1. 존재자는 어떻게 자신 안에서, 곧 존재자로서 변화될 수 있는가

270 **(1)** 이 문제는 아주 오래되었는데, 이미 파르메니데스에 의해

제기되었다(참조: Diels-Kranz 28 B 8, 6~16). 아리스토텔레스는 파르메니데스의 유명한 딜레마를 자신의 『자연학』(*Physik*) 1권에서 다음과 같은 방식으로 논설한다(참조: *Phys* I 8, 191a 23~34). 존재자는 생성될 수도, 소멸될 수도 없다. 말하자면 새로 생성되는 것은 존재하는 것으로부터 생성되거나 존재하지 않는 것으로부터 생성된다. 그런데 존재자가 존재하는 것으로부터 생성된다면, 존재자는 실세적인 생성에 관련될 수는 없다. 왜냐하면 (모든 존재자는 존재하는 것이기에) 새로운 어떤 것, 이미 있는 것과 비교해서 다른 어떤 것은 없기 때문이다. 반면에 존재자가 존재하지 않는 것으로부터 생성된다면, 이는 불가능한 것을 주장하는 것이다. 왜냐하면 무로부터는 어떤 것도 생거나지 않으며[*Nihil ex nihilo*], 무는 어떤 것의 생성에 대한 설명이 될 수 없기 때문이다. 따라서 생성이라는 개념은 모순된 것이다. 결과적으로 생성은 있을 수 없다. 달리 말하자면 지각된 생성은 가상일 뿐이다.

개념적 사유의 입장에서 볼 때 변화는 사실 모순적인 것이다. 왜냐하면 **어떤 것이 상이한 시점에서 동일하기도 하고 상이하기도 할 때**에만 변화에 대해서 말할 수 있기 때문이다. 따라서 존재하는 것이 있는 그대로 지속하면서 동시에 다른 어떤 것으로 되어야 한다. 한편으로 존재하는 것은 지속하지 않으면 안 된다. 그렇지 않다면 변화에 대해서가 아니라 다른 어떤 것을 통해서 대체되는 것에 대해서 말할 수 있을 뿐이기 때문이다. 다른 한편으로 존재하는 것은 다른 어떤 것으로 변화되어야 한다. 그렇지 않다면 변화된 것은 없을 것이기 때문이다. 따라서 변화는 동일성(연속성)일 뿐만 아니라 차이성(불연속성)도 의미한다. 더욱이 최종적으로는 동일한 것에 대해서, 곧 존재에 대해서 그러하다. 이러한 존재는 자신에 대한 관점들의 명백한 분리를 더 이상 허용하지 않는다. 이러한 분리는 바로 어떤 것이 동일한 것으로 지속하는 것으로 보는 관점과 어떤 것이 변화되는 것으로 보는 관점을 뚜렷하게 구분하는 것에 해당한다. 이때는 생성된 것에 대해서 항상 항상 새로운 딜레마가 생긴다. 이 딜레마에 의하면 생성된 것은 (이미) 있는 것으로부터 나온 것이든지, 아니면 (아직) 없는 것으로부터 나온 것일 수밖에 없다. 이렇게 해서 무한 퇴행에 빠지게 된다. 이 무한 퇴행은 항상 논리적으로 끝까지 밀고 나가면 막다른 골목에 이르게 되는 잘못된 가정으로부터 출발했다는 명백한 증거이다.

271 **(2)** 이처럼 생성의 개념적 모순성에 직면해서는 파르메니데스와는 정반대되는 입장에 설 수 있다. 말하자면 변화가 본래 근원적인 실재에 속한다는 견해를 대변할 수 있다. 이러한 견해는 파르메니데스 이전 시대에 살았던 헤라클레이토스 입장이다. 그에 의하면 모든 것은 끊임없이 유전하기 때문에, 같은 냇물에 두 번 들어갈 수 없다.

272 전체 사상사에 있어서 변화 문제의 해결을 위한 중요한 제안은 원자론자들인 레우키포스와 데모크리토스로부터 나왔다. 이들의 핵심적인 사상은 무가 존재하지 않는다는 파르메니데스의 근본적인 가정이 폐기되어야 한다는 것이다. 오히려 존재 밖에 무가 "텅 빔"(빈 공간)의 형태로 "존재"한다면, 분리될 수 없는 존재의 미립자[원자]는 분리될 수 있고, 항상 다시 다른 형태로

결합될 수 있다. 이렇게 해서 변화는 원자들의 장소 이동으로 환원된다. 여기서 존재자의 내적[본질적] 변화는 없다.

273 변화에 대한 플라톤의 견해는 자신의 이데아론과 밀접하게 결합되어 있다. 그의 초기와 무르익은 시기의 대화편에 나타난 진술들을 근거해서 다음과 같이 정당하게 주장할 수 있다. 이에 따르면 플라톤에게 있어서 참된 존재는 불변인 반면에, 감각적 지각의 영역은 항상 변화한다. 그러나 후기 대화편에서 이와 같은 너무 도식적인 대립은 비판을 받는다. 예컨대 『소피스트』(*Sophist*)에서는 참된 존재가 인식된 존재이자 인식하는 존재인 한에서 참된 존재에는 운동이 속한다. 이와 같은 확정으로부터 시작해서 플라톤은 정지와 운동에 대한 분석을 제시한다. 이 분석에서 헤라클레이토스와 파르메니데스의 이론이 지니는 내적 모순이 지적되고, 변화 문제의 해결을 위한 원리들이 전개된다. 물론 이와 관련된 플라톤의 진술에 대한 해석은 논란의 여지가 있다. 그럼에도 불구하고 플라톤의 가장 중요한 통찰 두 가지는 다음과 같이 말할 수 있다. 첫째, (존재, 정지와 운동, 동일함과 상이함도 속하는) 근본 규정들은 서로 관통한다. 그러나 이는 모든 것이 동일한 방식으로 모든 것과 결합될 수 있다는 것을 의미하는 것은 아니다. 둘째, 비존재자도 어떤 방식으로 **존재한다**고 할 수 있다. 말하자면 비존재자를 존재에 절대적으로 대립된 것으로 생각해서는 안 되고, 오히려 존재 내에서 상이한 것으로 이해해야 한다(참조: 248a~259d). 하지만 후기 플라톤의 이러한 통찰은 역사적으로 별로 영향력이 없었다. 오히려 철학사에서는 아리스토텔레스가 변화의 문제를

해결한 인물로 인정되었다.

1.1.1. 아리스토텔레스의 고전적인 해결 시도

274 아리스토텔레스는 다음과 같은 통찰에 이르렀다. 그에 의하면 다음과 같은 경우에만 비로소 (존재자가 내적으로 변화되는) 실제적인 변화에 대해서 말할 수 있다. 그때는 변화하는 존재자가 내적으로[본질적으로] 차별화될 때이며, 따라서 규정되어 있을 뿐만 아니라 비규정적인 상태에도 있을 때이다. 그에게 있어서 존재자가 규정되어 있는 한에서 존재자는 "현실적으로 존재하는 것"(*ἐνεργείᾳ ὄν*, 스콜라 철학의 용어로는 "*ens actu*"이다. 여기서 오늘날에도 사용되는 용어인 "*Energeia*" 즉 '현실태' 또는 "*Akt*" 즉 '작용'이 유래한다)로 불린다. 그러나 존재자란 규정될 수 있는 것이지만 아직 규정되지 않은 한에서 존재자는 "가능적으로 존재하는 것"(*δυνάμει ὄν*, 스콜라 철학의 용어로는 "*ens potentia*"이며, 이에 상응해서 "*Dynamis*" 즉 '가능태·잠재태' 또는 "*Potenz*" 즉 '가능태'라는 용어가 나왔다)으로 불린다. "가능적으로 존재하는 것"은 완결되고 완전히 실현된 존재자로 간주된 것의 관점("현실적으로 존재라는 것"의 관점)에서는 아직 비존재자이다. 그러나 가능적으로 존재하는 것은 절대적인 비존재자는 아니다. 왜냐하면 (보다 더) 규정될 수 있는 것으로서 그것은 이미 **존재하는** 것이기 때문이다. 따라서 그것은 "상대적인 비존재자"이다. "가능성"(*δύναμις*, "*potentia*")이라는 말은 여기서처럼 규정될 수 있는 것으로서의 존재자에 관련될 때에는, "수동적 특

성" "수동적 능력"(*potentia passiva*), 곧 "규정될 수 있는 가능성"을 의미한다. 또는 더 정확하게 "서로 대립적인 규정들을 수용할 수 있는 능력"을 의미한다. 이러한 가능성과 능동적 의미에서의 능력으로서 "능동적 능력"(*potentia activa*) 또는 어떤 것을 규정할 수 있는 "능력"은 구별된다. 여기서 이에 대해서 다음과 같은 점이 특별히 언급되어야 한다. 그것은 규정될 수 있는 것은 본래 그것을 규정할 수 있는 자의 전제 아래서만 규정될 수 있는 것으로서 타당할 수 있다는 것이다. 이로부터 귀결되는 것은, 수동적 능력과 능동적 능력의 구별은 항상 "함께 속하는 것들의 구별"일 수 있을 뿐이다.

275 아리스토텔레스는 자신의 개념을 대체로 어떤 것을 형성하는 인간의 활동에서 취한 예들의 도움으로 밝힌다. 공예가가 만든 공은 현실적으로 존재하는 것이다. 공을 만들기 위해서 그가 사용한 질료(진흙 또는 청동)는 (수동적 의미에서 보자면) 가능적으로 존재하는 것이다. (완성된 작품의 관점에서 보자면) 아직 꼴을 갖추지 못한 질료는 공예가의 작업을 통해서 완성된 공을 규정하는 계기로서 둥근 형태를 얻게 된다. 이 예로부터 아리스토텔레스에게서 다음과 같은 점도 명백히 드러난다. 그것은 그가 "지구상"(sublunaren)에서, 곧 변화에 종속된 실재의 영역에서 "가능태-현실태"라는 개념 쌍(概念雙)이 자신의 자연철학 또는 자연 철학적 존재론을 특징짓는 개념 쌍인 "질료-형상"(*ὕλη*=질료, *μορφή*=형상 또는 형태)과 일치하는가의 이유이다. 왜냐하면 사실적으로 일어나는 변화는 항상 질료라고 불리는 어떤 것의 변화이기 때문이다. 이 어떤 것은 그것이 기체(基

體, *hypokeimenon*, substrat)[3]의 방식으로 계속 규정을 받을 수 있거나 계속 규정을 필요로 하기 때문에 질료라고 불린다. 이러한 이해에 있어서 "가능적으로 존재하는 것"은 항상 질료의 방식으로 규정될 수 있는 기체이다. 그 때문에 순수한 규정 가능성에 다름 아닌 것으로서 모든 변화의 최종적 기체(基體)를 상정해야 할 필요성이 생겨난다. 아리스토텔레스는 이러한 "제일 질료"를 "그 자체로 어떤 것도, 양적인 것도, 존재자를 규정하는 언술 방식 중에 어떤 것에 의해서도 표지되지 않는 것"(*Met* VII 3, 1029a 20 이하; Bonitz-Seidl)으로 기술한다. 동시에 그는 제일 질료가 홀로, 곧 어떤 형상을 통해서도 규정됨이 없이는 결코 나타날 수 없다는 것을 강조한다.

276 그러나 (세상의) 물질적인 것들의 영역에 타당한 가능태-현실태 이론과 질료-형상 이론의 동일화는 아리스토텔레스의 질료 개념에 근거하고 있다. 뿐만 아니라 이러한 동일화는 아리스토텔레스에 의하면 물질적인 존재자의 본질 형상에 속하며, 생명체의 영역에서 가장 분명하게 나타나는 특성들로부터 나온 것이기도 하다. 말하자면 생명의 단계에서는 본질 형상이 종을 규정하는 일반자라는 것이 명백하다. 이러한 일반자는 생식 작용을 통해서 계승되고 그때마다 (단지 그 질료성에 있어서만 서

3) 『형이상학』의 Z권에서 아리스토텔레스는 실체는 '첫째 기체'이며 '어떤 종류의 이것'이자 '분리되는 것'이라고 말하고 있다. 범주론에서는 기체를 제일 실체인 개별자로 규정하지만, 개별자는 질료와 형상의 합성물이기에, 본래 의미에서 기체는 형상을 배제한 순수 질료이다.

로 상이한) 개별자들에게서 다양화된다. 종을 규정하는 보편자로서 본질 형상도 개별적 존재자들이 자신들의 완전한 형태(그 목표="*telos*")에 도달할 때까지 개별적 존재자들에 현존하는 이것들의 자기 전개의 원리이기도 하다. 그 때문에 (본질) 형상은 "현실태"일 뿐만 아니라 "완전태"(*entelecheia*)이기도 하다.

277 "*potentia*"와 "*actus*"에서 유래한 가능태(Dynamis)와 현실태(Energia)에 대한 올바른 이해를 위해서 이것들이 존재자에게 서로 관련된 계기들("존재 원리")이지만, 스스로 존재자는 아니라는 것을 유의해야 한다. 그 때문에 아리스토텔레스는 질료도 형상도 단독으로 **생성 작용**을 하는 것이 아니라, 이들로부터 합성된 것만이 **생성 작용**을 한다는 것을 항상 다시금 강조한다. 따라서 형상 또는 본질에 대해서 다음과 같은 점은 타당하다. "이것은 필연적으로 영원하든지 또는 소멸됨이 없이 무상하고 생성됨이 없이 생성된 것이다"(*Met* VIII 3, 1043b 14~16; Bonitz-Seidl). 서로 대립된 계기들의 상호 관련성은 아리스토텔레스의 "운동"(변화 일반)에 대한 정의에서도 잘 표현된다. "변화는 가능적으로 존재하는 것이 그러한 한에서 그것의 실현이다"(*Phys* III 1, 201a 10). 모든 변화는 이미 가능적인 것의 실현이다(왜냐하면 가능적으로 어떤 것인 존재자는 아직 운동 과정에 들어서 있는 것은 아니기 때문이다). 하지만 변화는 완결되지 않았기 때문에 불완전한 실현으로서, "그것이 그러한 것인 한에서(곧 가능적으로 존재하는 것인 한에서)"라는 표현을 통해서 암시된다.

/참/고/문/헌/

Fink 1957. Stallmach 1958.

1.1.2. 더 나아간 비판적 견해들

278 아리스토텔레스는 변화의 두 원리, 즉 가능태와 현실태의 비분리성(非分離性)과 상보성(相補性)도 강조한다. 그렇지만 그는 가능태(Dynamis)와 현실태(Energia)가 그들의 상이성에도 불구하고 상호 관련성을 맺으며 이로써 서로 동일하기도 하다는 것은 결코 명백하게 말하지 않는다. 오히려 그의 사유 체계 내에서 결정적으로 중요한 구절에서는 항상 가능태[능력, Vermögen]와 현실태[실현, Verwirklichung]의 상이성이 이들의 통일성보다 더 강하게 강조된다. 아마도 그 이유는 다음과 같을 것이다. 아리스토텔레스는 구별이 이루어지는 여러 관점이 항상 서로 분명하게 구분될 수 있어야 한다는 것을 확신했던 것이다. 파르메니데스의 본래 오류이기도 한 것으로서 본질 형이상학의 특징적인 이러한 가정으로부터 가능태-현실태 이론의 모든 난점이 불거져 나오게 된다.

279 **(a)** 분명하고 명백하게 구별하려는 아리스토텔레스의 노력은 가능적으로 존재하는 것이 단지 수동적 잠재성만을 의미한다는 결론으로 이끈다. 가능적으로 존재하는 것이 현실적으로 실현된 존재자에 대립되는 한에서 말이다. 다시 말해서 체계적인 가능태-현실태 이론의 의미에서 "가능태"는 온갖 역동성이 박탈된다. 이로써 현실화하는 원리와의 관련성은 순수하게 외적인 관계로 전락한다. 이것이 무엇을 의미하는가는 아래에서 검토될

것이다(참조: 285항 이하).

280 **(b)** 가능적인 것과 현실적인 것이 최종적으로 명백하게 구분되어야 한다는 요구는 의문시되지 않았다. 이로부터 전적으로 비규정적이지만 결코 무일 수 없는 "제일 질료"에 대한 가정도 필연적으로 귀결된다. 하지만 이 제일 질료의 독립적 실존이 불가능하다는 것을 아무리 강조하더라도, 그 개념은 모순적이다. 왜냐하면 규정될 수 있는 것으로서 제일 질료도 합성된 것 내에서 "어떤 것"이어야 하기 때문이다. 그러나 아리스토텔레스가 제일 질료를 독립적인 존재자로 만들려고 하지 않음으로써, 이 어떤 것을 부정하며, 또 부정하지 않을 수 없기 때문이다.

281 **(c)** 가능태-현실태 이론은 아리스토텔레스의 질료-형상 이론과의 동일화를 통해서 규정된 그 형태에 있어서 정신적 존재자에게는 적용될 수 없다. 왜냐하면 정신적 존재자는 자신으로부터 모든 것으로 향하는 개방성이기 때문이다(아리스토텔레스 자신도 이 점을 알고 있다. 왜냐하면 그에 의하면 영혼은 어떤 식으로든 존재자들의 전체성이기 때문이다. 참조: *Phys* III 8, 431b 21). 그래서 정신적 존재자에 대한 규정은 항상 더 높은 것을 향해 (그리고 최종적으로는 절대자를 향해) 나아가려는 노력으로 이루어진다. 하지만 이러한 생각은 가능태뿐만 아니라 현실태에 대한 아리스토텔레스의 이해에 의해서는 배제된다. 왜냐하면 이러한 이해는 결코 뛰어넘을 수 없는 확고한 본질적 한계라는 가정을 함축하기 때문이다.

282 변화에 관한 아리스토텔레스의 설명에 대해 앞서 행해진 비판은 다음과 같은 점에서 정당화될 수 있다. 말하자면 아리스

토텔레스도 결국은 규정될 수 있는 것과 규정하는 자를 마치 서로 다른 두 존재자인 것처럼 해석하는 것을 피할 수 없었다는 것이다. 물론 아리스토텔레스를 정당하게 평가하기 위해서는 다음과 같은 두 가지 점이 강조되어야 한다. 한편으로 그가 이러한 결론을 피하려고 애썼다는 점이다(여기서도 그렇게 했다). 다른 한편으로 다음과 같은 점도 인정해야 한다. 말하자면 규정될 수 있는 원리와 규정하는 원리는 어느 정도 분리될 수 있다. 이러한 분리는 유한한 현실에서 수행되는 변화의 간과할 수 없는 특징이다. 이러한 특징은 구체적인 경우에 변화가 일어나는 존재자들의 존재 정도가 적을수록, 더 분명하게 나타난다. 따라서 변화에 대한 개념적(원자론적 또는 자연 과학적) 설명은 현실에도 적합하다. 왜냐하면 이러한 설명은 유한한 영역에서 존재자들의 존재에 대한 결여를 나타내는 측면을 서술하기 때문이다.

1.2. 생성에서 등장하는 새로운 존재는 어디에서 생겨나는가

283 생성, 곧 가능성의 상태에서 현실성의 상태로의 이행에 관련될 때, 이에 대한 사유 가능성이 설명되어야 할 뿐만 아니라, 다음과 같은 물음에도 답해야 한다. **가능적인 존재자에게는 없고 현실적인 존재자에게는 고유한 더 이상의 것은 어디에서 유래하는가?** 왜냐하면 아리스토텔레스에게 현실태는 가능태보다 존재에 더 적합하다는 것이 확실하기 때문이다. 그는 이 점을 가

능성에 대한 현실성의 우위에 대해서, 곧 "선재성"(先在性)에 대해서 말함으로써 표현한다. 여기서 그는 삼중의 우위성을 구분한다(참조: *Met* IX 8).

284 **(1)** 현실태는 **개념에 따라서** (곧 인식 질서에서) 가능태보다 "앞선 것"이다. 가능성이 자신의 실현으로 향해 있음으로써만 인식될 수 있는 반면에, 실현된 현실성은 그 자체로 이해되는 한에서 그러하다.

(2) 현실태는 **본질에 따라서** (곧 존재 질서에서) 가능태보다 "앞선 것"이다. 실현된 현실성이 가능성의 완전성인 한에서 그러하다. 현실태는 가능태를 완성시키고 가능태가 전개되는 목표이기 때문이다.

(3) 시간적으로 앞선 것에 관련될 때에는 다음과 같이 구별해야 한다. 스스로 변화하는 개별자(개별 생명체)에게서 가능적으로 존재하는 것은 현실적으로 존재하는 것에 대해서 시간적으로 선행한다. 하지만 각 개별자는 특정한 종의 개체로서만 생성될 수 있다. 그러므로 현실태에 대한 가능태의 선행성[우위성]은 시간적인 관점에서도 확실하다. 왜냐하면 종(種)에 고유하게 작용하는 원인으로서 현실적으로 존재하는 것은 생식 작용을 통해서 가능적으로 존재하는 것을 실재의 상태로 옮겨 놓기 때문이다.

285 따라서 다음과 같이 물음을 제기할 수 있다. 아리스토텔레스에게 있어서 어떻게 잠재적인 어떤 존재자로부터 실제적인 어떤 존재자가 되는가? 그는 다음과 같이 답한다. "현실적으로 존재하는 것은 항상 현실적으로 존재하는 어떤 존재자를 통해서

가능적으로 존재하는 자로부터 생성된다"(*Met* IX 8, 1049b 24 이하). 하지만 이와 같은 진술은 여러 가지 방식으로 이해될 수 있다. 이 진술은 아리스토텔레스 자신에 의해서는 현실적인 존재자가 가능적인 존재자와는 상이하고 다른 존재자로 해석된다. 불완전하고 잠재적인 존재자로부터 완전하게 실현된 존재자로 되는 것이기 때문이다. 예컨대 다음과 같이 설명할 때, 이러한 도식에 따르는 것이다. 찬물은 외부의 가열을 통해서 따뜻한 물이 된다. 살아 있는 유기체는 영양을 섭취함으로써 성장하게 된다. 교육을 통해서 무지한 자는 아는 자가 된다. 그런데 이미 두 번째 예에서 그리고 세 번째 예에서는 더욱 분명하게 밝혀지는 것은 다음과 같은 점이다. 현실적 존재자로 되는 가능적 존재자는 생성의 과정에서 결코 수동적인 태도만 취하는 것은 아니다. 왜냐하면 성장과 지식의 증가는 단지 영양의 공급이나 지식의 자료를 통해서 생겨나는 것만은 아니기 때문이다. **현실적으로 존재하는 것은 가능적인 것으로 존재하는 것을 현실적으로 존재하는 어떤 것으로 만든다. 여기서 현실적으로 존재하는 것은 가능적으로 존재하는 어떤 것과는 다른, 그와 대립된 다른 존재자로 간주될 수 있다. 뿐만 아니라 현실적으로 존재하는 것은 항상 완성될 가능성을 지닌 존재자의 이미 현전해 있는 실현이기도 해야 한다.** 이는 다음과 같은 점을 의미한다. 생성에 있어서 새로운 존재적 완전성을 설명할 때 이 완전성을 그 전체성에 따라서 다른 (완성되어야 할 존재자와는 상이한) 존재자에게로 환원시켜서는 안 된다. 오히려 생성에서 생겨나는 새로운 요소는 항상 **또한** 생성되는 존재자 자신으로부터도 나오며,

따라서 모든 구체적인 생성은 항상 **또한** 생성하는 것의 자기 능가이기도 하다는 점으로부터 나아가야 한다.

286 생성에서 스스로 작용한 존재적 성장이 있다는 것은 두 가지 방식으로 증명될 수 있다. 첫째, **직접적으로는** 우리의 고유한 활동에서 체험한 것을 분석함으로써 증명될 수 있다. 둘째, **간접적으로는** 자신을 능가하는 것을 원칙적으로 부정하는 것이 모순된 결론에 이른다는 것을 보여 줌으로써 증명될 수 있다.

287 첫 번째 방식에 대해서는 다음과 같이 증명될 수 있다. 우리의 활동에서, 특히 우리의 정신적 활동에서, 인식과 의지에서 우리는 다음과 같이 경험한다. 우리는 작용이 다른 것으로부터 물려받은 것을 단순히 계승하는 것 이상이라는 것을 경험한다. 그리고 우리는 온전한 의미에서 우리가 고유하게 규정한 어떤 계기를 포함하는 것을 경험한다. 말하자면 우리는 모든 점에서 그런 것은 아니지만, 우리 자신이 우리의 고유한 행위의 실제적인 근원이라는 것을 알고 있다. 이러한 앎은 활동 중에 함께 주어진 직접적인 지식으로서 의심의 여지가 없다. 그러나 이 앎은 이를 반성하면서 개념화하려고 할 때는 항상 우리로부터 달아난다. 왜냐하면 우리 행위를 개별적으로 서술할 수 있는 모든 계기는 다른 어떤 곳에서 연유된 것으로 해석될 수 있기 때문이다. 하지만 다음과 같은 점은 주의해야 한다. 수행된 반성의 계기는 우리 행위를 스스로 설정하는 것에 대한 의심을 비로소 가능하게 한다. 그런데 이러한 계기는 스스로 설정된 행위 외에 다른 것으로 파악될 수 없다. 왜냐하면 반성은 스스로 설정된 것이고, 이러한 전제하에서만 반성의 (초개념적인, 곧 전혀 비

직관적이고 결코 대상적 기술로서 해석될 수 없는) 개념에 따라서 당연히 그러해야 하는 것이기 때문이다.

288 두 번째 방식에 대해서는 다음과 같이 증명될 수 있다. 모든 존재자는 항상 외부의 작용을 수용하는 것인 한에서만 작용하는 자로 볼 수 있다. 만일 그렇다면 모든 존재자는 그 본성상 그저 수동적일 뿐일 것이고, 작용도 세계의 어떤 개별 존재자에게도 속하지 않을 어떤 것일 것이다. 그렇게 됨으로써 작용은 항상 수동적인 존재자들과는 완전히 분리되어서 존재자들의 세계 밖에 놓여 있을 "어떤 것"으로서, 세계 안의 어떤 것이 될 것이다. 이 작용은 개별적인 존재자들을 관통해서 영향을 미치기는 하지만, 이 존재자들로부터 유래하는 것이 아니게 된다. 하지만 세계 안에서 능동적이고 수동적인 원리의 이러한 분리는 받아들일 수 없다. 이러한 가정으로부터 양자택일의 입장이 귀결된다. 그중 하나는 작용이 어떤 필연적인, 심지어 그 자체로 근거가 된 세계의 성질이라고 모순되게 주장하게 된다. 비록 이러한 성질이 세계를 이루는 존재자들의 성질은 아니더라도 말이다. 또는 세계를 초월하는 절대자를 유일하게 작용하는 원리로 설명할 수밖에 없다는 주장에 이르게 된다. 그러나 이러한 주장은 세계의 존재자들을 비현실화하는 결과에 이르게 된다 (이와 같은 난점에 대한 상세한 설명은 참조: Weissmahr 1983, 76 이하). 오히려 작용은 존재자 자체에 속하며, 존재자는 자신에게서 능동적이어야 한다. 그 때문에 존재자는 자신에게서 나오는 작용에 스스로로부터 무엇인가를 덧붙이며, 이로써 자신의 작용을 통해서 자기 자신을 "넘어서게" 된다.

289 물론 이와 같은 자기 능가(凌駕)는 단지 유한적인 작용자 자체로부터만 설명될 수 없다. 존재자의 존재 증가는 스스로 작용된 것이다(이는 동시에 세계 전체의 존재 증가이기도 하다). 그런데 이 존재 증가가 유한한 작용의 결과일 뿐이라면, 이 작용은 존재자 자신의 최종적이며 완전한 근거 지음일 것이다. 그러나 유한한 존재자에게는 절대적인, 자기 자신을 전적으로 근거를 세우는 작용이 속할 수 없다.

290 세계 내에서 근원적인 것, 새로운 것의 생성은 이 새로운 것이 세계 내적일 **뿐만 아니라** 세계 초월적이고 절대적인 원인의 결과일 때에만 설명될 수 있다. 따라서 가능적인 존재자의 자기실현, 자기 능가는 다음과 같을 때에만 생각될 수 있다. 그것은 "순수한 작용으로서 모든 실재를 자신 안에 미리 내포하는 무한한 원인이 존재자로서의 유한한 원인에 내적인 계기가 되지 않고서 유한한 원인 자체의 '구성'에 속할" 때이다(Rahner 1961, 69).

따라서 다음과 같은 변증법적 유물론의 주장은 유지될 수 없다. 이에 따르면 자기 능가는 오로지 자신을 넘어서는 존재자로부터만 설명될 수 있으며 그 어떤 초월적인 근거 지음도 필요하지 않다. 마찬가지로 유한한 존재자가 자신의 작용을 통해서 존재에 있어서 증가될 수 없다는 견해도 유지될 수 없다. 왜냐하면 그렇게 됨으로써 유한한 존재자에게 실제적으로 고유한 활동성이 부정될 것이기 때문이다.

291 가능한 한 오해를 피하기 위해서 다음과 같은 점에 주목해 보자. 당연히 이미 실존하는 존재자만이 자기 고유의 활동을 통

해서 존재적 성장을 달성할 수 있다. 따라서 발전할 능력이 있는 존재자는 결코 자기 존재의 원인이 될 수 없다. 하지만 존재자가 이미 존재하고, 이미 존재를 지님으로써 존재의 역동성에 참여한 후에는 다르다. 이후에 존재자는 자기 존재의 정도에 따라 활동을 수행하고 자신에게 작용한 모든 것의 합(合)보다 더한 어떤 것을 산출할 수 있다. 그 때문에 다음과 같은 점이 타당하다. 어떤 존재자의 존재 단계가 낮으면 낮을수록, 그 존재자의 작용은 다른 존재자로부터 넘겨 받은 작용들을 이어서 수행함으로써 더욱 많이 소진하게 되고, 보다 더 높은 존재 정도에 도달하기 위해서 다른 존재자들의 작용에 더욱 의존하게 된다. 반면에 어떤 존재자가 존재적으로 더 강력할수록, 이 존재자는 자기 자신의 완성에 보다 더 큰 역할을 한다. 물론 이때 오로지 자기 자신을 통해서만 완전하게 될 수 없다. 그 때문에 생명이 없는 물질의 영역에서는 작용의 자발성이 전혀 없을 수 없지만, 무시할 만큼 미미하다. 따라서 자기 발전을 위한 능력은 생명에 단계에서야 비로소, 그리고 완전히 분명하게는 오직 정신적 존재자에게서 지각될 수 있다.

/참/고/문/헌/
Rahner 1961, 44~78.

1.3. 가능적인 것에 대한 형이상적 이해

292 **(1)** 잠재성, 실제적 가능성은 존재한다. 그것은 유한한 존재

자가 자기 존재를 근거로 (단순히 정적으로, 이로써 추상적인 고찰 방식에 따라서) **지금 그렇게 있는 것보다 항상 이미 그 이상으로 있기** 때문이다. 따라서 유한한 존재자가 향할 수 있는 완전성은 이미 자신 안에 들어 있기 때문이다. 비록 이 존재자가 이 완전성을 아직은 지니지 않고 있더라도 말이다. 유한한 존재자와 이 존재자가 앞으로 실현할 수 있는 것이 이렇게 동일시되는 것은 존재 규정으로서의 가능성을 구성한다(이러한 동일시는 이 존재자로부터 생겨날 수 있는 것과의 차이를 배제하지 않는다). 유한한 존재자는 앞으로 될 수 있는 것을 자신의 존재에 근거해서 선취한다. 그 때문에 이 존재자는 가능적인 존재자로서 단순히 수동적인 잠재성일 뿐만 아니라 항상 능동적인 잠재성(가능태, Potentialität)이기도 하다. 순수하게 수동적인 가능성(가능태, Vermögen)은 실제로는 존재할 수 없는 추상물이다. 왜냐하면 가능적인 존재자는 항상 더 높은 존재 정도를 지니면 지닐수록 그 자체로 더욱 능동적인 존재자이기 때문이다. 이와 같은 역동성의 관점에서 보자면, 순수한 규정 가능성으로서의 "제일 질료"를 상정하는 것은 불필요하다. 왜냐하면 수동적인 유한한 존재자는 항상 그 자체로 능동적이기도 하기 때문이다. 물론 이때 "순수 능동성[순수 현실태]"(*actus purus*)으로 될 수 있는 것은 아니다. 모든 존재자가 항상 정적으로 보이는 그 이상이라는 것에 대한 최종적 근거는 근본적으로 각각의 존재자가 다른 모든 존재자와 관련되어 있다는 점에 있다. 이에 따르면 현실에서는 어떤 것도 고립되어 있지 않다. 그러나 이와 같은 관련성에 대한 결정적 계기는 유한한 존재자의 존재를 근거로 삼는 것으로서 유한한 존재자와 모든 존재의 절대적 근거의 결합성이다. 이러한 결합성을 통해서 유한한 존재자의 각각의 고유성과 고유 활동이 위협받지 않을 뿐만 아니라 오히려 보장된다(참조: Weissmahr 1983, 93 이하, 124 이하, 135~141).

293 **(2)** 존재자가 그 자체로 능동적이라면, 따라서 자기 능가가 유한한 존재자의 속성이라면, 그렇다면 진화, 곧 더 낮은 것으로부터 더 높은 것으로의 발전이 선험적으로 기대될 수 있다. 이로써 다른 관점에서 볼 때, 절대적으로 확정된 본질적 한계는 없으며, 그 때문에 고정된 본질성도 없다는 것이 입증된다(참조: 235~238항).

그렇다고 해서 다음과 같이 주장하는 것은 아니다. 말하자면 각각의 것으로부터 직접 모든 것이 생겨난다거나, 유한자가 발전을 통해서 언젠가는 절대자에 도달하는 것이 가능하다는 것은 아니다. 또한 유한한 존재자의 모든 활동이 항상 존재가 증가하도록 한다고 확정함으로써, 모든 활동으로부터 항상 더 낫고 더 완전한 어떤 것이 생겨난다는 결론이 나오는 것도 아니다. 이렇게 말할 수 있는 것은 존재자가 자신의 작용에서 다른 존재자로부터 완전히 독립해 있을 경우에, ("순수 현실태"와 같은 방식으로) 존재자가 작용하는 모든 조건이 자신에게 달려 있을 경우이다. 그러나 유한한 존재자에게서 이러한 점은 배제되어 있다. 존재자가 불완전하면 할수록, 존재자는 자신의 능력으로 고유한 발전을 하는 데 있어서 조건들을 더 적게 가지게 된다. 이로써 더 높은 완전성에 도달하기 위해서 자신과는 다른 존재자에, 외부로부터의 영향에 더욱 많이 의존하게 된다. 존재자가 다른 존재자에게 의존해 있음으로써 이 존재자는 다른 존재자에게 내맡겨지게 된다. 다른 존재자에 대한 이러한 의존성으로부터 자기 발전이 일어나지 않을 수도 있다는 것이 설명된다. 뿐만 아니라 적어도 어떤 제한된 영역에서는 존재 상실의 가능성도 있다는 것도 설명된다. 말하자면 어떤 존재자가 다른 존재자에 대해서 그 자신의 발전 수단으로 봉사함으로써, 이 존재자는 자신의 고유성이 파괴되거나 다른 존재자의 희생물이 될 수 있다. 그리고 그 자체로는 발전에 봉사하는 (지각 운동, 화산 폭발과 같은) 어떤 과정들이 더욱 발전된 존재자를 파괴하는 쪽으로 진행될 수도 있다.

294 **(3)** 여기서 발전된 가능성에 대한 이해로부터 무엇이 가능하고 무엇이 가능하지 않는가 하는 것도 더 상세하게 설명될 수 있다(참조: 209항). (실제로) 가능한 것은 아직 존재하지 않지만 존재할 수 있는 것이다. 그 때문에 가능적인 것은 그것을 산출할 수 있는 존재자가 있기 때문에 가능하다. 따라서 가능적인 것 자체는 그것을 산출할 수 있는 실제적인 힘이라는 의미에서 실제적인 잠재성에 의해 구성된다. 그러므로 실제적으로 가능한 것은 그것을 산출할 수 있는 하나의 원인의 현존으로부터 독립해서 규정될 수 없다. 그 때문에 자신의 내용을 구성하는 표징들의 무모순성에만 토대를 두는 가능적인 것에 대한 온갖 규정만으로는 불충분하다. 왜냐하면 가능적인 것은 (본질 형이상학에서 한편으로 이해하는 것처럼) 그 자체로 주어진 어떤 것이 아니기 때문이다. 오히려 가능적인 것은 (이미 말했듯이) 그것을 산출하는 능력을 통해서 자신이 가능적인 것으로 구성

되기 때문이다.

295 그럼에도 불구하고 다음과 같은 견해는 전적으로 틀린 것이 아니다. 이 견해에 따르면, 가능적인 것은 하나의 개념 속에 결합되어 있는 징표들의 단순한 무모순성을 통해서 규정될 수 있다는 것이다. 다시 말해서 여기서 존재의 절대적 충만함을 지니는 전능한 창조주 신을 가정할 수 있겠다. 이 신은 자신 안에서 모순적인 것만은 산출할 수 없다(그리고 절대자의 존재에 대한 적어도 비주제적인 앎은 모순적이지 않은 모든 것을 그 자체로 가능하다고 여기는 견해에 대한 암묵적 근거가 된다). 그렇다면 가능한 존재를 최종적으로 근거가 되게끔 하는 것은 개념의 단순한 무모순성이 아니라, 신의 절대적인 힘이다. 신의 유일한 "한계"는 절대적 존재인 신 자신이라고 하더라도 존재의 충만함인 자기 고유의 본성에 모순되는 것을 할 수 없다는 점에 있다. 따라서 절대적인 존재 충만 또는 신의 전능함을 전제할 때, 다음과 같은 명제를 수립할 수 있겠다. 존재 밖에 있지 않은 모든 것, 존재 자체에 모순되지 않는 모든 것은 가능한 것이다. 동어 반복처럼 들리는 이 논제는 존재 경험을 표현한다. 이러한 존재 경험은 동일률(103~109항, 124항)과 존재 원리로서 무모순율(참조: 249항 이하)에서도 표현된다. 그 때문에 가능한 것은 모순 없이 생각될 수 있는 것이라는 주장은 진리의 계기를 내포한다.

296 하지만 이로부터 구체적인 개별적 경우에 가능한 것을 개념 분석을 통해서만, 곧 경험과 무관하게 규정할 수 있다는 결론이 도출되는 것은 아니다. 모든 개념 분석은 필연적으로 경험에 의존하기 때문에 이렇게 주장할 수 없다. 최종적으로 경험으로부

터 취하지 않은 개념 내용은 우리에게는 주어져 있지 않기 때문이다. 따라서 우리의 모든 개념은 본래 경험으로부터 유래한다는 점을 고려하게 된다. 그럼에도 불구하고 구체적인 개별적 경우에 무엇이 가능하고 가능하지 않은지를 단지 개념 분석을 통해서만 규정하는 것은 가능하지 않다. 명시적으로 파악된 개념 내용은 항상 경험된 것 뒤편에 머물러 있다. 그 때문에 하나의 개념 속에 서로 결합되어 있는 추상적인 개별적 징표들의 결합 가능성 또는 결합 불가능성을 연구하게 된다. 이로부터 구체적인 개별적 경우에 가능한 것 또는 불가능한 것을 확실하게 이끌어 낼 수는 없다(참조: De Petter 1972, 96 이하).

/참/고/문/헌/

Boros 1961.
Delfgauw 1966.
Teilhard de Chardin 1965.
van Meisen 1966.

2. 역동성의 원리인 존재

297 앞서 행해진 연구로부터 존재자는 그의 존재의 정도에 따라 작용하는 자라는 것이 결론으로 이미 도출되었다. 이러한 통찰과 이로부터 도출되는 결론들은 보다 더 상세하게 설명되어야 한다.

2.1. 존재자는 작용자이다

298 (1) 우리에게 있어서 작용은 우선 그것을 통해 존재자가 어떤 것을 산출하는 존재자의 성질로 나타난다. 따라서 **작용**은 어떤 주체, 어떤 **작용자**를 전제한다. 그리고 **작용**은 이 작용자에 대립해서 먼저 다른 어떤 것으로 나타나는 **작용**으로 정향되어 있다. 작용을 통해 산출된 결과가 작용자 자신 안에 있는지 또는 작용자 바깥에 있는지에 따라서 두 가지가 서로 구별된다. 말하자면 전통적으로 "자신에게 머물러 있는 또는 내면으로 향한 작용"(*actio immanens*)과 "자신을 벗어난 또는 외부로 향한 작용"(*actio transiens*)으로 구별된다. "내면으로 향해진 작용"을 통해서는 작용자 자신이 완성되고, "외부로 향해진 작용"을 통해서는 작용자 자신과 다른 존재자를 완성한다.

299 내면으로 향한 작용과 외부로 향한 작용은 명백히 유한한 작용과 서로 연관된 측면들이다. 여기서 유한한 존재자의 작용에서 존재자 또는 그의 작용이 완전하면 완전할수록 내재적 작용의 측면은 더욱 분명하게 나타난다. 그리고 존재자 또는 그의 작용에서 존재 능력이 약하면 약할수록, 초월적 작용의 측면은 더욱 지배적인 것이 된다. 존재자로서 자기 자신과 완전하게 동일할 수 없는 유한한 존재자는 자기 자신을 실현하기 위해서 또는 자기 자신을 완성하기 위해서 자기 밖으로 나가야 한다. 그러나 자기 밖으로 향하는 작용은 항상 자기실현을 전제한다.

300 따라서 모든 작용의 본래적인 구성적 계기는 "내재적 작용"(*actio immanens*)이다. 이로부터 다음과 같은 점이 새롭게 귀

결된다. 그것은 존재자가 그 자체로 작용자이어야 하며, 존재와 작용 간에 근원적인 동일성이 상정되어야 한다는 것이다. 말하자면 존재와 작용 간의 근원적인 동일성 없이는 작용은 항상 존재에 대해서 낯선 것이 되고 말 것이다. 유한한 존재자의 존재가 단지 "작용 가능성"만을 정립하고 "순수 능동성(순수 현실태)"은 아니지만, 이미 항상 "자기 자신으로부터의 작용"은 정립하지 않는다고 가정해 보자. 그렇다면 유한한 "내재적 작용"의 한 특징인 "자기실현"도 생각될 수 없을 것이다. 작용은 유한한 영역에서도 존재자가 그의 존재 정도에 걸맞게 이미 항상 작용자일 때에만 이해될 수 있다. **따라서 작용은 자신의 고유한 존재를 능동적으로 점유하는 것이고, 존재자로서의 자기 자신과 존재자의 동일성을 실현하는 것이다.** 작용은 존재의 초월적 완전성이다. 다시 말해서 "모든 존재자는 작용자이다"(*omne ens est agens*). 전통적 형이상학은 "작용은 존재를 따른다"(*agere sequitur esse*). 곧 작용은 존재로부터 나온다는 것이 타당하다는 것을 알았음에도 불구하고 이와 같은 통찰에 이르지 못했다.

301 **(2)** 경우에 따라서는 매우 근소하기는 하지만, 어떤 "개별적인 고유성"은 모든 존재자의 존재에서 불가결한 계기이다. 그리고 그때마다 존재자의 이러한 불가역적인 고유성, 이러한 "자신으로서의 존재"는 자신의 작용에서도 드러난다. 그렇기 때문에 모든 존재자에게는 그에게만 고유한, 자신의 "일반적인 본성"을 통해서 분명하게 규정되지 않는 작용이 속하게 된다. 물론 이는 말의 온전한 의미에서 존재자의 이와 같은 고유한

작용이 항상 가능한 최고의 지향성에서만 수행될 수 있어야 한다는 것을 의미하지 않는다. 오히려 이러한 작용은 잠정적으로 매우 잠재적일 수 있다. 하지만 어쨌든 이러한 논제로부터 다음의 결론이 나온다. 존재자의 모든 작용에는 (엄밀하게 보는 것이 아니라 대략 보자면) 어떤 계기가 있다. 이 계기는 존재자에서 개별적으로 고유한 것에로만 (그 "자신"에게로만) 환원되며, 따라서 자신에게만 의존한다. 그러나 이 점은 모든 존재자에게는 어떤 고유 원인, **"자기 자신을 규정함"이 속한다**는 것을 의미한다. 물론 모든 존재자는 자기 작용에 있어서 "외부로부터", 다른 존재자들로부터 여러 가지 규정들을 수용한다. 동시에 존재자의 작용은 가능한 자기 고유의 "특수한 본성"을 통해서 (그리고 이러한 의미에서 "내면으로부터") 규정된다. 하지만 이러한 결정 요인들을 통해서는 (이 역시 대략 본 것이기에) 존재자의 구체적인 작용이 온전하게 규명되지는 않는다. 왜냐하면 존재자는 (자신의 존재 정도에 따라서) 자기규정의 또 다른 계기를 고려해야 하기 때문이다.

302 여기서 분명히 다음과 같은 물음이 제기된다. 그렇게 됨으로써 모든 존재자에게는 자유가 인정되는가? 그리고 그렇게 됨으로써 정신적 (곧 자기의식을 지니는) 존재자와 비정신적인 존재자 간에 명백하게 성립되는 구별이 사라지는 것은 아닌가?

본질 형이상학은 인간 이하의 영역에서는 모든 자기규정을 부정한다. 이에 대한 근거에 의하면 이성이 부여된 존재에게만 자기규정을 말할 수 있다. 왜냐하면 자기규정의 노력(열망)은 단 하나의 행위로 정해져 있지 않기 때문이다. 이렇게 단 하나의 행위로 정해져 있지 않은 노력, 곧 자기규정을 위한 여지를 제공하는 노력은 오직 다음과 같은 존재에게만 있을 수 있다. 이 존재는 자신의 노력에 있어서 상이한 개별적 대상들을 상대적 가치들로서, 곧 그때마다 어떤 관점에서는 가치성을 지니지만 "좋음[선] 자체"는 아닌 그러한 가치들로서 파악할 수 있다. 하지만 이러한 비교하는 판단을 위해서는 이성이 필요하다. 따라서 자기규정은 이성적 존재에게만 있을 수 있다.

303 하지만 이성적 판단과 함께, 겉으로 드러나는 자기의식도 모든 자기규정에 있어서 필요충분조건이라는 견해는 중대한 어려움을 지닌다. 왜냐하면 이러한 견해로부터 **첫 번째로**, 인간 이하의 영역에는 모든 것이 일의적으로 규정되어야 한다는 결론이 나오기 때문이다. 이로부터 두 가지의 매우 문제가 있는 결론이 도출된다. 그 하나의 결론은, 모든 존재자는 고등 동물을 비롯한 모든 생물을 포함해서 움직인다. 더욱이 이들이 다른 것들에 의해 움직여지는 한에서만 그러하다(물론 이 점은 특정한 [반]작용 도식에 고정된 경향을 통해서도 일어날 수 있다). 따라서 고등 동물이라고 할지라도 복잡한 기계에 불과해 버린다. 그 또 하나의 결론은, 인간의 자유는 인간 이하의 영역에서는 결코 그 유래를 찾아볼 수 없는, 세계에서 전혀 새로운 요소이다.

두 번째로, 자기규정 자체는 이성적 판단을 가리키는 것으로서도 실제로는 분명하게 밝혀질 수 없다는 점을 유념해야 한다. 물론 인간이 자기 이성의 힘으로 사물들을 상이한 관점으로 파악함으로써 사물들을 상대적으로 인식할 수 있다는 것은 맞다. 이로써 인간은 사물들과 거리를 확보하게 되고, 이로써 의식적 선택 자체가 비로소 가능하게 된다. 하지만 동시에 인간의 지성적 본성으로부터 그의 선택이 이성적으로 근거가 되어야 한다는 결론이 나온다. 그러나 합리성에서 자기규정의 유일한 근거를 찾으려고 한다면, 선택이 어떻게 실제로 자기규정일 수 있는가를 알 수 없게 된다. 왜냐하면 인간은 자신의 선택이 비합리적이지 않아야 한다면, 구체적인 점에서 결코 더 나쁜 것을 선택할 수 없어야 하기 때문이다. 물론 어떤 사람이 객관적으로 가치가 없는 것을 선택하는 가능성이 배제되어 있지는 않다. 그렇기는 하지만 그는 그것을 자신에게 더 가치 있는 것으로 여기기 때문에 이 가능성을 선택한다. 그러나 선택이 어떤 동기를 통해서 규정되면서도 인간이 이 동기에 어떤 영향도 미칠 수 없다면, 실제적인 자기규정에 대해서 말할 수는 없다.

304 따라서 인간의 자유를 인간의 이성적 본성으로부터 이끌어 내는 논증은 자기의식이 없이는 그 어떤 자기의식적인 자기규정도 있을 수 없다는 것을 증명해 주기는 한다. 그렇지만 이 논증은 어떤 반성도, 어떤 형상적인 자기의식도 없는 곳에서는 유비적 의미에서 결코 어떤 자아도 있을 수 없다는 것을 증명하지 못한다. 다시 말해서 자신에 대해서 작용이 실제적으로 현재하는 중심도 현재할 수 없다는 것을 증명하지 못한다는 것이다. 왜냐하면 인간의 자유를 그의 이성적 본성으로 되돌리는 논증은 자유의 중대한 문제, 곧 자기규정 자체를 설명할 수 없기 때문이다. 그 때문에 다음과 같은 점이 포기될 수는 없다. 말하자면 우리의 이전 숙고들로부터 결론을 이끌어 내어서, 모든 존재자의 그때마다의 자립성의 정도에 따라서 그들의 자기규정에

대해서 말할 수 있는 것이다. 그런데 이는 그때마다 유비적으로 해석되어야 할 자기규정에 관련된다. 그 때문에 자기규정의 상이한 방식들 간의 차이뿐만 아니라 이러한 방식들의 연속성도 보장된다(참조: Weissmahr 1973, 133~138).

2.2. 원인성

305 비록 그 명칭은 사용하지 않았지만, 우리는 이미 생성의 조건들을 다루면서 원인성에 대해서 언급했다. 이러한 숙고들은 여기서 보다 상세하게 전개되어야 한다.

원인에 관한 체계적인 이론은 아리스토텔레스에 의해 전개되었다. 그는 생성된 것의 생성에 대해서 그때마다 다른 방식으로 원인으로 작용하는 네 가지 조건들을 구분했다. 이 중에서 두 가지는 생성된 것에서, 곧 질료와 형상(소위 "내적 원인")에서 발견된다. 그리고 나머지 두 가지는 생성된 것 밖에 있는 것으로서 작용인과 목적인(소위 "외적 원인")이다. 질료는 규정될 수 있는 것이며, "그로부터 어떤 것이 되는" 그러한 것이다. 그 때문에 아리스토텔레스에게서 질료는 규정하는 것인 형상과 함께 합성된 존재자의 참된 원인으로 간주된다. 자신의 활동을 통해서 어떤 것을 산출하는 데 작용하는 원리는 작용인이다. 이 원리는 "그로부터 변화 또는 정지가 최초로 시작되는" 그러한 것으로서 규정된다. 마지막으로 실현되고자 애쓰는 데 있어서 행위하는 것의 행위에 영향을 미치거나 원인이 되는 것이 목표이다(참조: *Met* V 2; 1013a 24 bis 1013b 2). 아래에서는 원인의 마지막 두 가지 방식을 다룰 것이다.

2.2.1. 생성된 것의 "유래"로서의 작용인

306 "새로운 존재 또는 새로운 존재자는 어디에서 나오는가?"라는 물음은 이미 앞에서 상세하게 다루었다(283~291항). 아주 일반적으로 말하자면, 새로운 존재는 항상 있는 존재자의 작용을 통해서 생겨난다는 것이 입증되었다. 하지만 이렇게 확정된 것은 다음과 같이 상세하게 설명되어야 한다. **첫 번째로** 그 작용을 통해서 새로운 존재가 (새로운 존재 완전성이) 생겨나는 존재자는 더 완전하게 되는 것과 상이한, 그와 별개의 다른 존재자일 뿐만 아니라, 항상 존재적으로 성장하는 그 존재자 자신이기도 하다는 것은 분명하다. **두 번째로** 유한한 존재자의 영역에서 자기완성뿐만 아니라 모든 존재 전달에 대한 최종적으로 가능한 조건이다. 이 조건은 존재자 일반과 더불어 존재자를 작용하는 자로서도(고유한 자신의 작용을 가지는 자로서도) 정립하는 절대적 존재의 자기 전달이다.

307 이 두 번째의 상세한 서술을 통해서만 작용 원인적인 연관성의 본질적 특징들이 우리 세계의 현실에서 성립되는 그런 모습으로 제시된다. 왜냐하면 작용 원인의 형이상학적 이해에는 개념적으로 배타적이며, 그 때문에 이율배반적인 두 가지 관점들의 종합이 속하기 때문이다. 말하자면 모든 개별적 존재자는 그 작용에서 다른 존재자에 의존한다는 것이 첫 번째 관점이며,

모든 개별적 존재자는 자신으로부터 작용하는 것이라는 것이 두 번째 관점이다. 첫 번째 관점은 유한한 존재자의 우연성을 표현한다. 왜냐하면 자신의 작용에 있어서 다른 존재자에 의존하는 어떤 존재자는 존재자로서는 필연적이 아니고, 그의 존재의 근거를 자기 자신 안에 지니지 않기 때문이다. 반면에 두 번째 관점은 존재자가 일단 존재한다면, 그 존재자에게는 어떤 무제약성이 속한다는 것을 타당하게 한다. 왜냐하면 존재하는 모든 것은 **그것이 존재하는 한에서** 존재하지 않을 수 없기 때문이다. 그 때문에 존재하는 모든 것은 **그것이 존재하는 한에서** 모든 제약(모든 '만약에'라는 조건)을 벗어나 있다. 따라서 **그것이 존재하는 한에서** 그것은 무제약적이다. 이제 이렇게 개념상 대립되는 두 관점에서 근본적으로 개념적 사유에 대해서 항상 이율배반적으로 나타나는 유한한 존재자의 존재 구조가 표현된다는 것을 고려하게 된다(이러한 존재 구조에 대해서는 유한한 존재자가 그의 존재에서는 제약된 것으로서 그의 존재 소유 정도에 따라서는 상대적인 무제약성으로 자유롭게 된다는 것이 타당하다). 그렇다면 두 관점의 종합에 있어서 최종적인 가능성의 조건은 절대존재를 향해서 크게 내딛는 것이다. 분명하게 말해서, 절대적 존재를 (함께) 고려하지 않고서는 세계에서 작용 원인성은 이해될 수 없다. 그러나 이는 세계에서 단지 절대자만이 능동적이라는 것을 의미하는 것은 아니다. 오히려 이는 절대자가 존재하는 모든 것에게 그의 존재 전달 정도에 따라서 자립성과 고유한 활동성이 부여되어야 한다는 것을 의미한다.

308 각각의 개별적인 앎에 함축된 존재 경험을 근거로 우리는 선

험적으로 '무로부터는 아무것도 생겨날 수 없다'는 것을 알게 된다(참조: 87~94항). 그 때문에 생겨난 모든 것, 곧 존재하는 그 것이 존재하는 이상 존재하지 않을 수 없는 그 모든 것은 그의 실존의 설명으로서 필연적으로 한 존재자(작용인)의 작용을 전제한다는 것을 알게 된다. 이러한 선험적인 앎은 **형이상학적 인과 원리**라 불린다. 이 선험적인 앎은 다음과 같다. **실제로 존재하는 모든 우연적인 것은 그의 실존의 근거로서 필연적으로 그에게 존재를 전달하는 자에, 그 때문에 최종적으로는 자기 존재의 근거를 자신 안에 지니는 절대적 실재에 의존하고 있다.** 절대적 존재에 대한 앎은 실존하는 우연적인 것의 충분한, 곧 최종적이기도 한 근거가 필연적이라는 (그 때문에 가능하다는) 앎에 함축되어 있다. 이와 같은 절대적 존재에 대한 앎은 형이상학적 인과 원리로 정식화된 통찰의 본질적인 계기이다. 이러한 통찰의 다른 중요한 계기는 다음과 같은 점이다. 그것은 우연한 것의 실존을 기반으로 삼는 존재자가 우연하게 실존하는 것과는 단지 다른 존재자일 뿐인 것으로서 파악되지 않아야 한다는 것이다. 이를 통해서만 다음의 사항이 이해된다. 인과성을 통해서 원인과 결과는 외적으로만 서로 결합된 것이 아니라, 존재적으로 서로 관통하는 것이다. 이는 실제적인 존재의 전달을 말할 수 있는 데 대한 조건이다. 그리고 이 점을 통해서만 자기 운동 또는 자기 능가도 있을 수 있다는 것을 파악할 수 있다.

309 앞서 제시한 형이상학적 인과 원리의 정식에는 인과 원리의 토대가 되는 존재 경험이 아직 더 보완되어야 하기는 하지만,

그럼에도 본질적인 통찰을 전달해 줄 형식이 요약되어 있다. 이제 이러한 존재 경험을 명백한 구별을 지향하는 개념적 사유의 필요성에 따라서 표현할 수 있겠다. 이를 표현한다면, 우리는 칸트와 더불어 다음과 같이 말할 수 있다. "어떤 것이 일어나는 것을 경험할 때, 우리는 항상 [이 사건에] [시공간에서의 이 사건과는 다른] 어떤 것이 선행한다는 것을 전제한다. 이 어떤 것은 하나의 [필연적이고 근본적으로 정확하게 지시될 수 있는] 규칙에 따라서 사건이 뒤따라 발생한다"(*KrV* B 240). 하지만 이러한 설명에서는 단지 자연 과학적인 연구에 있어서 표준이 되는 인과율에 대한 이해만을 표현하고 있다. 이는 칸트의 원문에 추가된 괄호 안의 보완적인 설명을 통해서 분명해진다. 이러한 인과율에 대한 해석은 그에 대한 표현이 형이상학적 인과 원리인 인과성에 대한 이해와는 구분해야 한다. 그 때문에 이는 **자연 과학적 인과율**이라고 불러야 한다. 말하자면 자연 과학적 연구에서는 새로운 존재자 또는 새로운 존재 완전성이 어떻게 일어나는가에 대한 이해에 관련되는 것이 아니다. 오히려 여기서는 단지 현상들의 연결에서 규칙성들을 확정하는 것에 관련된다.

형이상학적인 인과 원리와 자연 과학적인 인과율 간에 성립되는 차이는 더 정확하게 설명될 필요가 있다. 이를 위해서는 이 일련의 철학 기초 과정 시리즈의 『철학적 신론』에서 해당되는 부분(Weissmahr 1983, 90~92)을 참조하면 될 것이다.[4)]

310 자연 과학적 인과율은 존재 경험에서 선험적으로 파악된 형이상학적 인과 원리에 대해서 단지 모델적이고, 그 때문에 함께 관련된 것들을 서로 분리해서 서술하는 것뿐이라는 것을 고려해야 한다. 그렇다면 흄과 칸트에 의해 제기된 인과 원리의 타당성에 대한 반론들은 쉽게 해소될 수 있다. 왜냐하면 이러한 반론들은 단지 존재 경험과는 유리된 자연 과학적 인과율에만 해당되기 때문이다. 흄과 칸트는 이러한 인과율을 [형이상학적] 인과 원리로 생각했던 것이다.

/참/고/문/헌/
Titze 1964. Ingarden 1974.
Weizsäcker 1970, 80~117.

2.2.2. 생성된 것의 "목적"으로서 목적인

311 **(1)** 존재자는 왜 작용하는 것인가? 이 물음은 작용을 한다는 것이 존재자의 존재에 속한다는 것만을 가리킬 때에는 아직도 충분한 답을 찾을 수 없다. 왜냐하면 "왜"라는 물음에는 "무엇을 위해"라는 물음도 함축되어 있기 때문이다. 이 점은 존재자의 활동이 어떤 앎으로부터 생기는 인식하는 자와 관련될 때에는 항상 타당하다(이 앎은 경우에 따라서는 자연적, 본능적 앎일 수도 있다). 왜냐하면 적어도 인간의 행위에서 목표 지향성(목적성,

4) B. 바이스마르, 『철학적 신론』, 허재윤 옮김, 서광사, 1994, 123~126쪽.

목적론)이 간과될 수 없기 때문이다. 그러나 동물의 행동에서도 여러 가지 목표 지향성이 나타난다. 그래서 두 가지 물음이 제기된다. 첫 번째 물음은 인간이 스스로 목표를 설정하고 그것을 실현시킬 수 있다고 생각한다면, 이는 단지 환상에 불과한 것인가? 두 번째 물음은 인간에게 목표 지향성이 환상이 아니라면, 다음과 같이 물어야 한다. 이러한 고찰은 일반화될 수 있는가? 작용 일반이 목적에 대한 추구로서 파악된다면, 다음과 같이 말해야 한다. 곧 모든 작용은 목적을 향해서 생기는가, 아니면 이는 사실이 아닌가?

312 작용에 대한 **기계론적** 이해는 극단적으로 목표 지향성을 전적으로 부정하든지, 아니면 단지 인간에게만(또는 기껏해야 동물에게만) 인정하려고 한다. 이 점은 자연적 인과성의 경우에 목표 지향성에 대해서 말하는 것이 의인론이나 현실에 대한 주관적인 해석일 뿐이라는 것을 의미하게 된다. 반면에 **목적론적** 이해에 의하면, 작용의 결과를 단지 자연적 필연 또는 우연적으로 생겨난 결과로 볼 때에는, 존재자의 작용과 그 전체 역동성이 충분히 이해될 수 없다.

313 **(2)** 이하에서는 작용의 목표 지향성이 아주 일반적으로 제시될 것이다. 이러한 목표 지향성은 앞에서 알게 된(285~291항) 작용 자체의 근본적인 성질에 대한 분석으로부터 귀결된다.

앞서 보았듯이, 존재자의 작용은 자신으로부터 새로운 존재완전성을 산출한다. 이는 고유 활동을 통해서 이루어진다. 이러한 활동성이 무생물의 영역에서는 종종 실제적으로 나타나지 않을 때에도 인정되어야 한다. 더욱이 존재자가 (다른 것들에 의해 완성될 뿐만 아니라) 자신에게 고유한 작용을 통해서 자신을 완성한다는 것을 인정하게 된다. 그렇다면 목적성을 이미 받아들인 셈이다. 자기 능가와 더불어서 존재적으로 더 낮은 것으로부터 더 높은 것이 생성되는 것은 작용의 법칙으로 생각될 수 있다. 말하자면 이는 **더 높은 존재 완전성이 작용의 결과일 뿐만 아니라, 존재자가 자신의 작용에서 더 높은 존재 완전성의 실현을 지향했다는** 것을 의미한다. 그런데 이는 더 높은 존재 단계가 존재자의 활동 목적으로 간주되어야 한다는 것을 의미한다. 더욱이 이러한 통찰은 "능력[가능성]"에 대한 올바른 이해에 이미 함축되어 있다. 왜냐하면 가능태는 항상 실현을 지향하기 때문이다. 따라서 가능적으로 존재하는 것은 "잠재성에 있어서"(*in potentia*) 지향하고 있는 것을 실현시키기 위해 노력한다.

314 따라서 존재자의 작용은 목표 지향적이라고 주장할 수 있게 된다. 그렇다면 존재자가 지향하는 목표는 **한편으로는** 비규정적인 어떤 것일 수는 없다. 왜냐하면 전혀 비규정적인 것은 존재하지 않기[무이기] 때문이다. **다른 한편으로** 목표는 완전하게 일의적으로 미리 규정된 어떤 것일 수는 없다. 말하자면 이러한 목표는 존재자에 의해서 단지 고정된 프로그램에 따라 강제적인 필연성으로 실현되는 것은 아니다. 왜냐하면 그러한 목표 지향성의 개념은 적어도 인간 이하의 영역에서는 모든 고유한 역동성의 부정으로 귀결되기 때문이다. 따라서 이러한 목표 지향성을 일의적으로 결정된 지향성으로 이해하지 않도록 유념해야 한다. 왜냐하면 여기서 목표 지향성은 "외부로부터" 존재자

에게 덧붙여지는 것이 아니라, 오히려 "내부로부터" 이 존재자에게서 유래하기 때문이다. 이러한 목적성은 인간에 의해 제작된 도구들에 해당되는 목적성과는 달리 "자연적 목적성"이라고 부를 수 있겠다. 여기서 "자연"이라는 용어는 종적으로 특수화된 자연만을 의미하지 않는다는 점이 전제된다. 이 특수화된 자연은 (해당되는 종에 속하는 존재자들의 모든 작용을 일의적으로 규정하기 때문에) 항상 개별적 존재자에 대해서 어떤 외적 원리로 간주되어 버린다. 다시 말해서 어떤 존재자의 구체적인 목표 지향성은 항상 자연적 역동성과 자기 역동성의 통일이다. 이러한 목표 지향성은 어떤 특정한 자연의 개별자의 역동성이다. 또는 달리 말하자면, 이 목표 지향성은 특정한 본성을 지니는 개별자에게 있어서 가능한 자기 능가의 방향이다.

315 그 때문에 "목적성"은 어려운 개념이다. 왜냐하면 이 개념은 참된 형이상학적 개념으로서 항상 유비적으로 형성되고, 그 때문에 결코 일의적으로 객관화되거나 정확하게 조작될 수 없기 때문이다. 정확하게 조작될 수 있는 것은 단지 결정론적으로 파악된 작용 원인성뿐이다. 그러나 작용 원인성은 생성된 것의 생성에 대한 온전한 설명이 될 수는 없다. 결정론적인 작용 원인성만이 존재한다는 가정과 작용의 목표 지향성의 거부는 사태의 본질상 서로 결합되어 있다. 말하자면 작용을 단순히 결정론적인 과정으로 해석할 때, 목표의 의미(와 함께 목적 원인성의 의미)는 완전히 사라져 버린다. 왜냐하면 이 경우에 목표라는 생각은 일의적으로 의식될 수 있기 때문에, 작용 원인에 의해 더 잘 인식되지 않는 어떤 것도 표현하지 못하기 때문이다.

이 경우에 목표에 대한 진술은 불필요하거나 순전히 의인론적인 것이 된다. 반면에 고유한 역동성의 계기를 인정할 때는, 목표라는 사유에 어떤 의미, 어떤 설명 가치가 부여된다. 더욱이 목표는 (결정론적으로 이해되는) 작용 원인성의 방식으로는 어떤 것도 설명하지 못한다. 이러한 작용 원인성을 통해서는 미래에 벌어질 사건을 예상함으로써 인간에게 봉사하는 데 기여할 수 있기는 하다. 그러나 어떤 사건 또는 어떤 상태가 어떤 작용의 목표였다는 통찰은 이러한 작용을 예상될 수 없는 계기들에서도 "이해될 수" 있도록 한다. 다시 말해서 목적성에서는 본성적 자발성 또는 자유의 이성적 특성이 표현된다. **목적성은 항상 유비적으로 실현되는 존재자들의 자기규정에 대한 (비결정적으로, 그때마다 더 높은 것으로 지향되는) "규정성"이다.**

316 **(3)** 앞서 말한 것을 오해하지 않기 위해서 다음과 같은 세 가지 견해를 언급하고자 한다.

(a) 작용인과 목적인을 서로 대립시켜서는 안 된다. 목적 원인성을 받아들이더라도, 결코 작용 원인의 의미를 부정하는 것은 아니다. 왜냐하면 목표 지향성(목적 원인)은 작용 원인(또는 다수의 작용 원인들의 합동 작용) 없이는 결코 관철될 수 없기 때문이다. 말하자면 목적 원인에 대해서는 비본래적인 의미에서만 이 목적 원인이 "작용한다"고 말할 수 있기 때문이다. 목적 원인은 항상 작용 원인을 "통해서"만, 작용 원인의 "도움으로"만 작용한다. 목적 원인이 작용 원인이 작용하는 데 대한 근거가 됨으로써 그러하다.

(b) 목적성의 원리에 대해서: "모든 작용은 목표를 향해서 발

생한다." 이 명제는 단지 모든 작용에는 더 높은 존재 단계를 지향하는 작용적 존재자로부터 "방향"이 주어진다는 것을 의미할 뿐이다. 하지만 목적성의 원리는 존재자의 작용이 목표로 향하는 그것을 그 실현에 앞서서 정확하게 규정하도록 우리에게 허용하지는 않는다.

317 **(c)** 그 밖에도 **목적 지향성이 무제약적인 목적 확정성**을 의미하는 것도 아니라는 점을 유념해야 한다. 목적 지향성은 본성적 경향성에 대해서 (또는 더 낫게 말하자면 존재자 자체의 경향성에 대해서) 제대로 말할 수 있다는 것을 의미한다. 하지만 목표가 모든 개별 경우에 있어서 실제로 도달된다는 것을 의미하는 것은 아니다. 왜냐하면 세계에서 어떤 구체적 사건도 어떤 유일한 작용의 결과는 아니기 때문이다. "모든 작용은 목표 지향적이다"라고 말하게 된다. 이때 작용은 작용자의 본성적 역동성과 자기 역동성에 상응하는 한에서 고찰되는 것이다. 그러나 작용의 결과가 다른 존재자의 작용을 통해서 수정되거나 무효가 될 수 있는 한에서 고찰되는 것은 아니다. 따라서 목적성의 원리는 올바로 이해되어야 한다. 목표 지향성은 모든 사건이 원인들로부터 유래한다는 의미에서 모든 작용의 한 측면이다. 이 원인들에는 더 높은 존재 단계를 향한 지향성이 스스로 속해 있다. 그러나 이로부터 원인들의 공동 작용으로부터 귀결되는 모든 구체적인 사건들이 모든 경우에 전체 과정에 관여하는 개별적인 원인들의 목표들이라는 결론이 귀결되는 것은 아니다. 말하자면 우연이 존재한다는 것이다.

318 **(4) 우연**이라는 말로써 상이한 원인들의 공동 작용이 생긴다

는 것을 이해하게 된다. 그러나 이러한 원인들이 스스로 이러한 결과를 초래했다고 말할 수는 없을 것이다. 우연은 세계에서 한편으로 존재자들의 존재에 대한 무기력함으로부터(우연성으로부터) 나온다. 그 결과 존재자들은 자신들의 작용 결과에 대해서 완전하게 통제하지 못한다. 다른 한편으로 우연은 존재자들의 고유한 역동성으로부터 나온다. 자연적 사건도 일의적으로 결정되어 있지 않은 것은 이러한 고유한 역동성에 기인한다.

우연은 개념적으로 규정되기 어렵다. 어쨌든 다음과 같은 점은 확정될 수 있다. 첫째, 합법칙성이 없으면 우연도 있을 수 없을 것이다. 만일 세계에서 모든 것이 혼란으로 아무렇게나 진행된다면, 우연은 인식될 수 없을 뿐만 아니라 생각될 수도 없다. 둘째, 그러나 반대로 만일 모든 것이 뚜렷하게 일의적으로 결정된다면, 우연도 존재하지 않을 것이다. 그렇다면 우리가 우연이라고 부르는 것은 필연적인 연관에 대하여 우리가 무지하다는 표현일 따름일 것이다. 셋째, 우연의 개념에 대해서는 자연에서 우연과 목표 지향성이 서로 배척하지 않는다는 것을 확정하는 것도 중요하다. 왜냐하면 다수의 법칙을 통해서는 우연을 매개로 자연적 경향이 두루 미치기 때문이다.

/참/고/문/헌/

Hartmann 1951.
Möslang 1964.
Weiss 1967.
Gesetzmäßigkeit und Zufall 1968.
Eigen-Winkler 1975.
Luyten 1975.
Hörz 1980.
Spaemann-Löw 1981.

3. 실체-우유성 도식과 그 문제점

319 **(1)** 아리스토텔레스에게 있어서 변화의 가장 단순한 예는 다음과 같다. 그것은 어떤 존재자가 변화 과정 중에 새로운 규정을 얻거나 이미 지니고 있던 규정을 상실하는 경우이다. 그에게 있어서 존재자가 무엇인가는 이미 확정되어 있다. 말하자면 존재사는 다른 것들과 구별되는 개별적으로 독립적인 것으로서, 일차적 의미에서 "실체"(*οὐσία*, 곧 "제일 실체." 참조: 193항)이다. 아리스토텔레스에 의하면 이러한 실체의 동일성이 손상되지 않는 변화에서 그는 실체-우유성 도식의 타당성이 증명된 것으로 보았다. 그의 철학의 토대가 되는 이 도식은 다음의 설명을 통해서 특징지어진다. 지속되는 실체는 그에게 있어서 동시에 사물들의 본질이기도 하다(물론 이 점은 문제가 된다. 참조: 183항 이하, 193항). 실체는 그것들의 주체로서 그것들에 수반되어 추가되는 규정들, 곧 우유성들을 통해서 확장되어 규정된다. 이에 따라 실체는 한편으로는 우유성들에 대해서 "자립성"을 지니는 것("지속적인 것"[Subistenz]으로서의 실체)이다. 다른 한편으로 실체는 변화의 주체 또는 담지자로서 변화에서 "기저를 이루는 것"("기체"[sub-stat, 떠받치는 것]로서의 실체)이다. 반면에 우유성들은 실체를 확장해서 규정하는 것으로서, 이들에게 자립성은 없으며 이들을 지탱해 주는 주체에 의존한다.

320 이 도식의 실제적인 타당성을 제시하기 위해서, 아리스토텔레스는 우유적인 성질을 지닌 변화의 예들을 든다. 앞서 말했듯이 이 예들은 변화의 가장 단순한 경우들이다. 변화에서 변화하

는 존재자의 자기 동일성은 손상되지 않고 그대로 유지된다. 이때 변화는 단지 실체를 확장해서 규정하는 속성들을 실체가 추가로 얻든지 아니면 상실하든지 하는 점에서 성립된다. 이렇게 생각하는 것이 순수한 현실태-가능태 이론과 일치하지 않는다는 것은 여기서는 더 이상 설명될 필요는 없다(참조: 270, 277항). 이와 같은 "우유적 변화"로부터 "실체적 변화"가 구별된다. 실체적 변화에서는 자립성 또는 존재자에게 자신의 본질로부터 속하는 자기 동일성이 상실된다. 실체적 변화의 해석을 위해서 아리스토텔레스는 변화 일반의 최종적 기체로서 "제일 질료"를 필요로 했다(참조: 185, 275, 280항).

321 실체-우유성 도식의 실제적인 타당성의 근거를 마련하기 위해서 우유적 변화의 경험을 가리키는 것이 중요하지 않은 것은 아니다. 그럼에도 아리스토텔레스는 본래 이 도식에 대한 앎을 변화에 관한 연구로부터 얻은 것은 아니다. 오히려 그는 이러한 앎을 문법적 주어가 항상 독립적인 어떤 것을 보여 주는 것으로 여겨지는 가장 단순한 진술 명제의 분석에서 얻었다. 이 독립적인 어떤 것은 결코 어떤 다른 것에 관한 규정으로 말해질 수 없고, 오히려 그것에 대해서 고유한 성질들이 서술될 수 있다(참조: *Kat* 5; *Met* VII, 1).

322 **(2)** 아리스토텔레스가 제기하였고 이후의 본질 형이상학에 의해서도 수용된 실체-우유성 도식은 여러 가지 결함을 드러낸다. 이러한 결함들은 모두 아리스토텔레스가 실체를 개념적으로 명백하게 주체로서 동일시될 수 있는, 감각적으로 지각될 수 있는 개별 사물로부터 규정한다는 점으로부터 나오게 된다. 따라

서 여기서도 본질 형이상학에 있어서 특징적인 방식으로, 직관적인 것으로 정향된 개념적인 사유의 즉흥적인 실재 해석은 참된 존재론적인 분석과 혼동된다(196항 또는 Flasch 1973, 47~50). 개별적으로 볼 때 다음과 같은 결함들에 주목해야 한다.

323 **(a)** 실체적이 아닌 변화는 실체와 전혀 관련을 맺지 않는다고 생각하는 것은 잘못되었다. 실체는 불변적인 어떤 것, 변화되거나 분리되는 우유성 하에서 확고하고 불변하게 머물러 있는 어떤 것이 아니다. 모든 변화, 따라서 존재자의 우연적인 변화도 실체 자신의 변화이다. 하지만 우연적인 변화에서 실체는 우유적으로 변화할 뿐이어서, 실체는 동시에 자기 자신과의 동일성을 보존하고 있다. 모든 변화는 실체와 관계한다. 그 때문에 변화를 "실체적" 변화와 "우연적" 변화로 나누는 것은 너무 조악할 뿐만 아니라 오해를 불러일으키기도 한다. 왜냐하면 실체는 여러 변화에 의해 상이하게 "깊숙이" 영향을 받기 때문이다. 또한 실체들로서(자립성을 갖는 존재자들로서) 상이한 존재자들에게 상이한 "존재의 깊이"가 속한다는 점도 고려되어야 한다.

324 **(b)** 아리스토텔레스의 이해에 의하면, "자립성을 가짐"의 의미에서 실체적임은 "자립성"이 어떤 존재자에게 속할 수도 있고 속하지 않을 수도 있다. 이와는 달리 실체적임은 존재자의 존재 능력의 정도에 따라서 더 크거나 더 작을 수도 있는 철저하게 유비적인 규정이다. 절대적 존재, 곧 "자존하는 존재"(*esse subsistens*)만이 자기 자신 외에는 어떤 것에도 의존하지 않는 방식으로 자립성을 지닌다. 온전한("형상적인") 의미에서 자립성은 자기의식을 지니는 정신적 존재자에게만 속한다. 따라서 자

립성은 다른 존재자들로부터 단순한 질료적 분리를 통해서 구성되는 어떤 것이 아니다. 여기서 다음과 같은 점도 잊지 말아야 한다. 그것은 자립성과 (실체성과 관계성과 같은) 다른 것과의 관련성은 서로 배척하는 것이 아니라 오히려 서로를 조건짓는다는 것이다.

325 **(c)** 무엇이 한 존재자로서, 이로써 결국 한 실체로서 보아야 하는가를 규정할 때, 감각적 경험에 의존해서는 안 된다. 물론 본질 형이상학도 이러한 점을 알고 있었다. 말하자면 본질 형이상학은 실체의 통일성을 개별 존재자 안에서 실현된 실체적인 형상의 통일성을 통해서 규정했다. 하지만 본질 형이상학에서는 동일성(통일성)은 비상이성(非相異性)으로서, 상이성은 비동일성(非同一性)으로서 간주되었다. 그 때문에 여기서 실체에 대한 사유는 그 형이상학적 단초에 있어서 올바르다고 하더라도 사물에 대한 표상으로부터 자유로울 수 없었다. 따라서 고전적 형이상학에서 항상 되풀이해서 나타나는 것으로서 실체가 사물화되는 경향은 다음의 이유 때문에 귀결된 결과이다. 그것은 고전적 형이상학이 단일성과 다수성의 문제를 만족스럽게 해결하지 못했기 때문이다(여기서는 단지 생물에 있어서 "복수적 형상들"[*pluralitas formurum*]에 대한 중세의 논의를 상기하기 바란다. 또는 실체 형이상학은 그 본질로부터 개체주의적일 수밖에 없다는 점을 유념하기를 바란다. 왜냐하면 실체 형이상학은 인간의 공동체성을 항상 인간의 실체적 존재에 이차적으로 추가되는 소여성으로서만 기술할 수 있기 때문이다).

326 **(3)** 앞서 말해진 것으로부터 실체-우유성이라는 개념 쌍이 그

어떤 존재 형이상학적인 의미도 지니지 않는다는 점이 귀결되는 것은 아니다. 그러나 이러한 의미를 밝히기 위해서는, 이 개념 쌍을 통해 표지되는 실재들을 엄밀하게 서로 관련된 계기들로, 곧 존재 원리들로 이해되어야 한다. 이는 개별적으로 다음과 같은 점을 의미한다.

327 **(a)** (실체-관계의 조직과는 달리) 실체-우유성의 구조는 존재 자체와 공존하는 초월적인 규정에 속하는 것은 아니다. 오히려 이 구조는 존재 그 자체는 아닌 존재자들의 유한성으로부터 생겨난 것이다. 말하자면 존재자의 자기 동일성이 완전한(절대적인) 동일성이 아닌 곳에서는, 곧 그 어떤 절대적인 통일성이 없는 곳에서는, 불완전함을 의미하는 차이성(Differenziertheit)이 등장한다. 이러한 차이성이 존재자의 자기 동일성을 전적으로 제거하지 않는다고 하더라도, 이 차이성은 이러한 자기 동일성을 내적으로 약화시키고 외화시키며 자신으로부터 소외시킨다. 그 때문에 모든 유한한 존재자에서 **완전한 자기 동일성**(=실체)**인 한에서 존재자의 자기 동일성과 불완전하고 외화된** (자기 자신과 대립되는) **자기 동일성**(=우유성)**인 한에서 자기 동일성**을 구별해야 한다. 이로부터 또한 다음의 사실이 귀결된다. 존재자에 있어서 어떤 존재자의 우연적인 규정성은 그것의 존재 능력과 더불어 그것의 실체성이 감소하는 정도에 따라서 그 의미가 더 많아지게 된다(우연적 규정성은 서로 분리되고 외면적이며 명백하게 양화될 수 있는 규정들로 해석된다). 실체성과 우유성이 무엇인가를 우리는 본래 우리 자신을 자기 동일성이 그에 속하는 어떤 존재자로 파악함으로써 우리의 고유한 자아로부터 이해한

다. 이러한 자기 동일성은 어느 정도 자신으로부터 소외되어 실존하며, 그 때문에 단지 비자아(非自我)를 통해서만 자기 자신에게로 돌아올 수 있다. 그렇다면 (떨어져 있는 사물들에 대한 지각으로부터가 아니라) 이러한 경험으로부터 출발해서 우리는 유비적으로(*per analogiam*) 다른 생물에서, 최종적으로는 무생물의 영역에서도 실체성을 인식할 수 있다.

328 **(b)** 이와 같은 관점에서 실체들은 어떻게, 무엇을 통해서 서로 구별되는가? 달리 말해서, 어떤 경우에 **하나의** 실체에 대해서 말해야 하고, 어떤 경우에 **다수의** 실체를 상정해야 하는가? 이 물음에 대해서 적합한 답을 하기는 어렵다. 왜냐하면 하나의 실체에 관련되는 또는 여러 실체에 관련되는 형이상학적으로 중요한 규정에서 공간적인 연속성 또는 물질적인 분리성의 기준에 토대를 둘 수는 없기 때문이다. 실체는 자립성을 지니는 것으로서 규정될 수 있다. 그 때문에 우리가 형이상학자로서 생각한다면, 오직 한 점에서 있어서는 확실할 수 있다. 그것은 우리가 모든 인간이 자신에 대해서 하나의 고유하고 타자와 구별되는 실체라는 것을 안다는 것이다. 왜냐하면 우리 각자 안에 현존하는, 자기 자신을 파악하는 의식과 이 의식과 함께 병행하는 의식적으로 수행되는 고유한 활동성이 자립성의 틀림없는 표지이기 때문이다. 우리는 생물, 특히 고등 동물을 이 동물들 자신에 의해 조정되는 고유한 활동성의 중심으로도 경험한다. 그 때문에 비록 인간과 비교할 때는 단지 유비적으로는 차등적이지만, 생물을 자립성과 실체성을 분명히 지니는 존재로 알아보게 된다. 그 밖에도 우리는 다음과 같은 가정으로 자

연스럽게 기울게 된다. 그것은 생명이 없고 서로 구별되지만, 그 자체로는 연결되어 있는 대상들이 그때마다 상이한 여러 실체라는 것이다. 하지만 이러한 가정은 여러 가지 이유에서 문제가 있다. 첫 번째 이유는 물질적 실재에서 무엇을, 그 자체로 연결되면서 다른 것과는 구별되는 대상들로 생각해야 하는가를 규정하는 것이 어렵기 때문이다. 이러한 대상들은 개별적인 거시적인 대상들인가 또는 분자 또는 원자인가 아니면 원자 이하의 미립자인가? 두 번째 이유는 복합성이 실체의 동일성을 배제하지 않는다는 것이 우리의 고유한 실체성에 대한 체험으로부터 볼 때 명백하기 때문이다.

329 이 최종적인 체험은 다음의 사실을 암시한다. 그것은 더 낮은 (형상적인 자립성을 지니지 못하는) 실체들의 실체성은 더 높은 실체들에 의해 자신 안에 통합될 수 있다는 것이다. 그 결과 더 높은 실체로 받아들여진 더 낮은 실체는 더 높은 실체의 규정("우유성")이 됨으로써, 자신의 실체성을 상실하거나 단지 잠재적으로만 보존하게 된다. 형상적이지 않은 (정신적이지 않고 의식적으로 자기 자신을 소유하지 않는) 실체들에는 항상 우유적인 것으로 기우는 "희박한" 실체성만이 속한다. 이러한 가정하에서 무생물적 물질의 실체성(더 정확하게 말하자면, 미시 물리학이 다루는 물질의 "토대들"의 실체성)은 그것이 복합적 구조 안에 조직되어서 드러나는 정도가 적으면 적을수록, 더욱 미미하게 된다. 그렇다면 이러한 관점하에서는 물질세계 전체를 작은 부분적 요소들의 차츰 적어지는 실체성과 상보적 관계를 지니는 하나의 실체로 보는 것은 수긍될 수 있다. 물론 이 하나의

실체는 매우 희박한 극소의 실체성만을 지니고 있다. 이와 같은 견해에 동의한다면, 우주의 진화는 항상 더 고차원적인 통일성들이 점점 증가하는 분화의 과정으로 이해될 수 있다. 그 결과는 항상 더 높은 실체들이며, 최종적으로 형상적 실체인 인간이다. 이와 같은 과정과 병행해서 실체들의 항상 더 높고 활동적인 상호 관련성도 생겨난다. 이는 실체성과 관계성이 서로 긴밀하게 결합되어 있음을 가리킨다. 하지만 실체성과 관계성의 이러한 공속성의 문제는 그 의미가 중요하기 때문에 따로 떼어 독립적으로 다루어져야 한다.

/참/고/문/헌/
Rombach 1965, 1966. Stegmaier 1974.

4. 역동적 실재의 근본 구조로서 "실체-관계"의 조직

330 관계의 형이상학적 의미는 이미 앞서 상이한 것들의 동일성으로 규정됨으로써 해명되었다(264~266항). 그러나 그의 그때마다 개별적으로 고유한 존재 실현에 따라서 상이한 것은 자립적인 것, 자존적인 것이다. 그 때문에 실체성과 관계성의 존재론적 연관을 설명하는 것은 실재에 대한 철학적 해석에 있어서 매우 중요하다. 이와 같은 숙고의 근거를 마련할 수 있기 위해서 우선 고전적인 본질 형이상학의 관계 이론을 제시해서 평가해야 한다.

4.1. 본질 형이상학의 관계 이론과 그에 대한 평가

331 본질 형이상학에서 관계에 대한 일반적인 이해의 예로서 다시금 토마스 아퀴나스의 해당 이론을 거론해야 한다.

(1) 관계는 토마스에게 있어서 아홉 가지 우유성 중의 하나이다. 관계는 우유성으로서 존재자에 부차적으로 추가되는 규정이다. 더욱이 이러한 규정에 따라서 어떤 존재자는 다른 존재자에게로 질서 지어진다. 따라서 관계는 "다른 존재자에게로 향해져 있음"(*ad aliquid*)이다. 이러한 표현에서 관계의 가장 중요한 성질이 이미 언급되었다. 말하자면 관계는 (인간 존재가 철수와 순희에게 속해 있듯이) **그 자체로 또는 절대적으로 여겨지는 것**에 속하는 것과는 반대로, **상대적인** 어떤 것이다. 다시 말해서 관계는 그것과는 상이한 어떤 것을 동시에 함께 고려하지 않고서는 그 자체로서 파악될 수 없는 어떤 것이다(예컨대 아버지로서 철수의 존재는 자기 자녀와의 관계에서만 말해질 수 있다). 그 때문에 관계에서는 적어도 두 존재자가 필요하다. 그것은 **관계 목표**("자녀")와 **관계의 담지자**("아버지")이다. 관계 담지자로부터 그의 관계 근거("생식 작용")에 의해 관계 목표에 대한 관계("아버지임")가 성립된다.

332 관계 그 자체는 자신 안에서 파악될 수 있는 것과는 대립적으로(곧 실체 또는 양과 성질과 같은 "절대적인" 우유성과는 대립적으로) 규정된다. 그렇기 때문에 관계는 매우 긴장된 형상이다. 토마스 자신도 관계 안에서 두 측면을 구분함으로써 이 점을 드러낸다. 말하자면 관계가 우유적인 것인 한에서, 그 존재는

"어떤 실제적 주체에서 현존함"(*inesse subiecto*)이 속하게 되는 그러한 것으로서 이해되어야 한다. 하지만 관계가 이러한 우유성인 한에서, 곧 그의 고유한 본질에 따라서 볼 때, 관계는 "다른 어떤 것으로 향해져 있음"(*esse ad*)을 의미할 뿐이다(참조: 예를 들어 *Summa theol.* I q. 28 a. 2).

333 이러한 난해한 구조는 범주의 다른 영역에서는 없는 관계의 구별을 이해하게 만든다. 다시 말해서 토마스는 **실제적인 관계들**에 대해서, 곧 현실적으로, 따라서 인간의 사유 작용에서 독립해서 존재하는 것들에 대해서 뿐만 아니라, **(단지) 생각되기만 한 관계들**에 대해서도 말하고 있다. 생각되기만 한 관계들을 토마스는 서로 상이한 것들을 관련지어 주는 사유의 작용을 통해서 성립되는 관계로 이해한다(참조: *Summa theol.* I q. 28 a. 1).

관계는 두 축을 가지고 있기 때문에, 관계는 세 가지 방식으로 현실적인 어떤 것 또는 단순한 사유물일 수 있다. 관계가 두 축으로부터 단순히 생각되는 경우들이 있다. 이 경우들에 대해서 토마스는 자기 동일성 또는 사유 구성물들의 분류를 생각한다. 다른 관계들은 두 축에서 실제적인 어떤 것이다. 양 또는 질로부터, 또는 작용과 작용됨으로부터 나오는 모든 관계가 여기에 해당된다. 그러나 때로 관계는 이 두 축의 어느 한쪽에서만 실제적인 어떤 것이지만, 다른 쪽에서는 단지 생각된 어떤 것일 수 있다. 두 축이 서로 상이한 존재 질서에 속하는 경우가 그러하다. 이러한 관계는 이후에 "혼합된 관계"로 불리게 된다. 아리스토텔레스로부터 물려받은(참조: *Met* V, 15; 1021 a 26~b 3) 이에 대한 토마스의 전형적인 예는 인식하는 자와 인식될 수 있는 것의 관계이다. 말하자면 인식하는 자는 인식될 수 있는 것에 대해서 실제적인 관계를 갖지만, 반면에 인식될 수 있는 것은 인식하는 자에 대해서 단지 생각된 관계일 뿐이다(참조: *Summa theol.* I q. 13 a.7).

334 **(2)** 형이상학적 입장으로부터 이와 같은 관계 이론에 대한 비판적인 견해가 다음과 같이 개진된다.

(a) 단지 생각된 관계라는 개념은 기껏해야 한계 개념으로서만 사용될 수 있다(참조: 201, 205항). 말하자면 현실에서 그 어떤 실제적인 토대도 없는 어떤 것을 생각한다면, 거짓된 어떤 것을 생각하는 것이다. 존재 방식과 우리가 어떤 것으로 명시적으로 인식하는 방식 간의 차이 때문에, 모든 확정된 관계에서 구성된 어떤 계기가 현존할 것이다. 하지만 이 계기는 (사유도 여기에 속하는) 실재 내에서 움직이는 한에서 결코 전체가 아니다. 물론 전화번호부에서 내 이름 바로 다음에 어떤 사람의 이름이 나온다는 사실이 어느 정도로 나와 관련이 있는지를 물을 수 있다(참조: G. Patzig 1973, 1227). 하지만 이에 대해서 두 사람은 같은 도시에 살기에 한 전화 통신망을 사용하며 고유한 이름이 있는 인간임이 틀림없다고 답할 수 있다.

335 **(b)** 인식하는 자와 인식될 수 있는 것 간의, 한편으로는 실제적인 관계, 다른 한편으로는 단지 생각된 관계라는 가정은 초월적 사유의 결핍을 나타낸다. 말하자면 토마스와 더불어 다음과 같이 주장할 수는 없다. “인식될 수 있는 것은 그 자체로 볼 때 그것이 인식되든지 인식되지 않든지 간에 동일한 방식을 취한다”(*Contra Gent.* IV 14, 3507). 왜냐하면 어떤 것을 인식될 수

있는 것으로(또는 대상이나 어떤 것으로도) 나타냄으로써, 이미 그것을 인식하는 자의 인식과 관련시키기 때문이다. 인식하는 자에 대한 인식될 수 있는 것의 관계는 인식될 수 있는 것에 대해서 **절대적으로 구성적인 것은 아닐 것**이다. 이러한 근거에서 보자면, 관념론은 틀렸고, 그 때문에 질료적 대상과 형상적 대상도 서로 구별될 수밖에 없다. 그러나 (다른 모든 구별처럼) 이러한 구별도 항상 동일성 안에서의 구별이다.

336 **(c)** 토마스의 관계에 대한 이해로부터 다음과 같은 결론이 도출된다. 곧 관계에 실재가 더 적게 귀속될수록, ("고유한 존재"[*esse in*]를 더 적게 가질수록) 관계는 자신의 고유한 본질(*esse ad*)을 더 완전하게 실현한다. 그 때문에 토마스와 그의 제자들은 다음과 같이 말한다. 곧 관계에는 가장 약하고 가장 불완전한 존재가 귀속된다(참조: *Contra Gent*. IV 14, 3508). 그러나 이 점은 토마스에게서 나타나며, 종종 찬탄에 마지않는 다음과 같은 통찰에 정면으로 모순된다. 그에 의하면, 존재는 완전성의 척도이다. 존재에 대한 관점의 이와 같은 전회로부터 귀결되는 것은 관계의 본질이 바로 그저 생각된 관계로부터 가장 완전하게 실현된다는 것이다.

337 **(d)** 더 나아가서 관계는 항상 외적인 요소에 의해 함께 규정된다. 그 때문에 관계는 관계된 것을 이것의 밖에 있는 것에 의존하게 만든다. 이러한 이유로 이러한 숙고로부터 관계가 더 적게 실제적일수록, 관계는 더욱 적은 불완전성을 의미한다는 모순적인 결론이 귀결된다.

338 **(3)** 이러한 어려움의 본래의 근거는 주체에 "절대적으로" 속

하는 것과 "상대적으로" 속하는 것 간의 명백한 구별을 고수하는 데에 있다. 그러나 우리는 다음과 같이 물을 수밖에 없다. 토마스는 왜 이로부터 나오는 곤란한 결론에도 불구하고 이러한 구별을 고수했는가? 이는 아마도 다음과 같은 확신 때문이었을 것이다. 말하자면 어떤 주체에서 실제적 관계들은 주체 밖에서 진행되는 변화들을 통해서만 생성되고 소멸할 수 있다는 것이나. 그러나 어떤 관계가 주체 자신 안에서 그 어떤 변화도 없이 변할 수 있다면, 관계는 주체 또는 주체 안에서 현존하는 근거와는 다른 실재로 여겨져야 한다. 이러한 사물적이고 추상적인 고찰 방식의 전체적인 문제가 뚜렷이 드러나는 한 예가 있다. 외동 자녀를 잃는 것은 그 아버지의 "아버지 됨"을 사라지게 하지만, 그의 인간 됨에 자체에는 결코 관여하지 않는다.

339 덧붙여서 언급하자면, 토마스는 이러한 난해한 결론들을 전혀 회피하려고 하지 않았다. 왜냐하면 이러한 결론들은 바로 신학적 문제들과 연관해서 다루어질 것이기 때문이다. 토마스는 아리스토텔레스로부터 한편으로 실제적인 관계와 다른 한편으로는 사유된 관계를 받아들였다. 이러한 관계는 신과 세계의 관계에 적용된다. 그것은 신에 대한 피조물들의 절대적인 의존성뿐만 아니라 피조물에 대한 신의 완전한 비의존성을 확실하게 하기 위해서이다(Weissmahr 1983, 127). 더 나아가서 관계 그 자체는 (곧 "자신의 고유한 본질"[*esse ad*]은) 불완전성을 의미하지 않는다. 그 때문에 토마스에 의하면 관계는 실체 외에 신 자신에게 적용할 수 있는 유일한 범주이다. 그는 한 신 안에서 삼중성(三重性)의 무모순성을 증명하기 위해서도 이 범주를 사용한

다. 하지만 여기서 근본적 사태의 문제 많은 전회가 일어난다. 왜냐하면 관계는 피조물의 영역에서 모든 실재성을 결여할 때에도 관계라고 불릴 수 있다는 이유만으로도 결코 불완전성을 의미하지는 않기 때문이다. 그러나 이제 관계는 그 어떤 불완전성도 의미하지 않는다는 자신의 고유성을 보존한다. 심지어 신 자신에게 적용할 때에도 말이다. 물론 이 경우에는 관계가 절대적인 신적 실체와 동일시되어야 한다. 이와 병행해서 피조물의 영역에서는 가장 약한 존재가 귀속되는 관계가 신 안에서는 실재 가운데 최고의 것, 곧 인격[위격]을 구성해야 한다.

340 존재 형이상학적 관계 이론은 다음과 같은 경우에만 전개될 수 있다. 그것은 관계를 이미 그 자체로 온전히 구성된 실체에 첨가되는 어떤 규정으로 여기는 것이 아니라, 각각의 존재자가 자신의 존재를 근거로 다른 것(다른 모든 존재자)과 관련된다는 점으로부터 출발할 때이다. 이러한 통찰은 우유적인 관계 외에 초월적인 관계(본질적인 관계)도 받아들였던 후기 스콜라 철학자들을 이끌었을 것이다. 그러나 그 자체로는 올바른 그들의 통찰은 영향을 미칠 수 없었다. 왜냐하면 이 통찰은 본질적 관계를 현실태와 가능태의 관계에만 제한했기 때문이다.

341 여기서 다음과 같은 점에도 주목해야 한다. 어떤 것에 "그 자체로"(곧 "절대적으로") 속하는 것과 어떤 것에 대해서 단지 다른 어떤 것과 관련해서만(곧 "상대적으로"만) 말해질 수 있는 것 간의 날카로운 구분을 극복하는 것이 이미 일상 언어에서도 이루어진다는 점이다. 왜냐하면 철수라는 어떤 사람에 대해서는 아버지라는 고유성뿐만 아니라 본래는 인간 존재를 비롯한 다

른 모든 고유성도, 역시 이러한 고유성들을 갖고 있는 다른 사람들과의 관련에서도 말해지기 때문이다. **보편성과 결합된 것으로서 실존하지 않는 개별적인 것은 없다.** 앞서 이미 여러 차례 전개한 이러한 근본 통찰은 이제 실체와 관계의 연관성에 적용해야 한다.

/참/고/문/헌/
Horvath 1914.
Breton 1951.
Krempel 1952.
Bakker 1968.

4.2. 자기 자신과의 동일성 및 다른 것과의 동일성의 존재 계기들인 실체와의 관계

342 존재 형이상학에서 관계는 자신의 실체성에서 이미 구성된 존재자에 덧붙여지는 우유성에 불과한 것이 아니다. 오히려 관계는 존재자의 존재를 함께 구성하는 원천적인 규정이다. 관계는 그것에 의해서 그들의 개별적으로 고유한 존재에 적합한 정도로 상이한 또는 자립적인 존재자들이 서로 동일하게 되는 그러한 것이다. 그리고 관계는 그것에 의해서 존재자들이 서로 의존함이 없이 서로 관통하는 그러한 것이다. 어떤 존재자의 존재 단계가 높을수록, 더 많은 자립성과 실체성을 지니며, 더 많이 다른 존재자들과 관련을 맺는다. 형이상학적으로 이해된 실체성뿐만 아니라(327항 이하) 존재 관련성도 존재자의 존재 정도에 비례해서 증가하거나 감소한다. 이 점을 확정하기 위해서 무

생물 존재자들의 차원에 있는 실체성과 관계성을 그에 상응하는 생물의 실체성 그리고 관계성과 비교해야 한다. 그리고 이를 다시 정신적으로 인식하고 추구하는 인간의 실체성 그리고 관계성과 비교해야 한다.

관계성과 실체성은 그 자체로는 완전성만을 의미할 뿐이다. 이들 안에서 상보적이고 서로 동등한 가치를 지니는 존재자들의 존재 계기들이 표현된다. 앞서 이러한 존재 계기들은 존재자들에 공통된 존재를 근거로 한 이들의 상호 동일성으로서(219, 226항), 그리고 이들의 그때마다 개별적으로 고유한 존재 방식을 근거로 해서는 서로 간의 상이성으로서(221, 228항) 기술되었다. 이와 같은 기술은 이제 다음의 설명으로 보충될 수 있다. 존재 정도에 따라 주어져 있는 각각의 개별적으로 고유한 존재자의 존재 방식은 이 존재자의 자립성과 더불어 실체성을 의미한다는 것이다.

343 물론 유한한 존재의 영역에서 모든 실체성과 모든 관계성은 항상 불완전성을 통해서도, 완전하게 된 존재적 충만에 대한 결핍을 통해서도 특징지어진다. 이로부터 유한한 실체에 대해서 그의 우연적인 규정성 또는 그의 구성됨은 분리성을 통해서도 귀결된다. 관련성에 대해서는 존재 완전성에 있어서 결핍이 작용한다. 이러한 결핍의 작용은 존재자의 증가하는 분리에서, 그리고 이러한 분리에서 나오는 의존성에서 나타난다. 이 의존성은 분리를 통해서 의존적으로 되는 존재자가 자신의 외부에 있는 것에 내맡겨짐으로써 생긴다.

여기서는 언어를 통해서 제한된 실체성과 관계성 간의 구별을 보여 주어야 한다. 말하자면 실체성은 용어의 의미상 항상 완전성을 의미하는 반면에, 이 점은 관계성에는 적용되지 않는다. 왜냐하면 "관계"라는 말은 용어의 사용에 따라서 긍정적인[적극적인] 어떤 것을 나타내기 때문이다. 이는 자립적인 개체성을 제한하지만 배제하지는 않는 존재 공동성이다. 뿐만 아니라 관계는 부정적인[소극적인] 어떤 것을 나타내기도 한다. 이는 소외로서, 그리고 이러한 소외로부터 따라 나오는 의존성으로서 주어지는 것이다. 이와 같이 언어적으로 주어진 사실을 나타내는 것은 중요하다. 왜냐하면 이로써 유한한 영역에서 모든 관계에 속하는 의존성이 관계 자체의 본질적인 표지라는 오해를 피할 수 있기 때문이다.

344 여기서 고전적 형이상학의 통찰을 보다 포괄적으로 보는 방식으로 통합할 가능성이 제시된다. 고전적인 형이상학에서는 "모든 존재자는 하나이다"(*omne ens est unum*)라는 명제가 타당했다. 이는 어떤 **존재자**가 그것이 **하나의 것**임으로써 자신으로 존재하는 것이라는 의미이다. 따라서 "하나의 것임"은 존재자에게 어떤 새로운 사실적인 규정성을 추가하는 것이 아니다. 오히려 하나의 것임은 단지 그것을 통해서 자신 안에서[그 자체로] 하나인 것[통일적인 것]인 (그리고 다른 존재자와는 상이한 것인) 존재자의 비분할성만을 표현한다(참조: Aristoteles, *Met* IV 2, 1003b 23~31; Thomas von Aquin, *Summa theol.* I q.ll a.l).

"하나임"을 "초월적 완전성"으로 이렇게 규정하는 것은 옳기는 하지만, 본질 형이상학의 나머지 모든 언술이 그러한 것처럼, 일면적이다. 이러한 규정은 "모든 존재자는 하나이다"라는 명제가 그 형식상 서로 대립되지만 내용적으로는 서로를 제한하는 두 가지 진술을 포함하고 있음을 고려하지 않는다. 첫 번째 진술은 각각의 존재자가 자립적인 존재의 실현을 근거로 **자기 자신과 동일하다**(*omne ens est unum secum*)는 것이다. 두 번째 진술은 각각의 존재자가 존재에서 근거가 된 공통성을 근거로 **다른 존재자들과 동일하다**(*omne ens est unum cum aliis*)는 것이다(참조: 119항 이하, 213항 이하, 224항). 따라서 초월적 완전성으로서 고전적인 "하나"(*unum*)는 실체성과 관계성이라는 두 가지 서로 상보적인 계기들로 분화된다. 각각의 존재자는 자기 자신과 동일한 한에서 **관계를 맺는 실체**(*substantia relata*)이다. 그리고 각각의 존재자는 다른 존재자와 동일한 한에서 **자립성을 갖는, 곧 자존적인 관계**(*relatio subsistens*)이다. 그 때문에 절대적 존재는 절대적으로 자존하는 관계들과 절대적으로 관계를 맺는 실체이다.

제3장_ 전망: 정신적 실재로서의 존재

345 지금까지 설명한 모든 것으로 선험적 존재 이해의 전개로서 형이상학이 다 완결된 것은 아니다. 그 이유는 다음과 같다. 한편으로 모든 것이 가능한 반론 또는 철학사에서 이미 정식화된 반론들에 직면해서 더 상세하고 철저하게 다루어질 수 있었던 것은 아니기 때문이다. 다른 한편으로 많은 중요한 주제들이 전혀 상세하게 다루어지지 않았기 때문이다. 이렇게 해서 존재와 공존하는 규정으로서의 좋음[선]도, 인격의 개념이나 상호 인격의 개념도, 그리고 정신-물질의 문제도 체계적으로 서술되지 못했다. 이러한 문제에 대해서는 본 기초 과정의 제1권인 『철학적 인간학』(*Philosbische Antropogie*, Haeffner 1982)[5]을 참조하길 바란다.

물론 여기서 상세하게 전개하지 못한 주제들은 앞서 다룬 내

5) '본 기초 과정'은 콜함머(Kohlhammer) 출판사에서 '철학 기초 과정'으로 발간한 총 10권의 단행본을 말한다. 바이스마르가 저술한 『존재론』(본 번역서)은 이 과정의 제3권이며, 그는 『철학적 신론』(제5권)도 저술했다.

용 속에 꾸준히 언급했다. 왜냐하면 실재란 본래 무엇인가 하는 점은 특히 자기의식에서 나타난다는 것이 이 연구의 일관되고 주된 사유였기 때문이다. 나는 나의 의식에서 존재와 인식의 동일성을 체험한다. 물론 이 체험은 결코 직접적으로가 아니라 항상 대상인 타자에 대한 경험으로 통해서 매개적으로만 이루어진다. 오직 이로써만 나는 "정신적 존재"와 더불어 "존재 일반"이 무엇인가에 대한 원천적인 앎을 얻게 된다. 그리고 타자와의 동일성과 타자에 대한 차이성은 서로를 배제하지 않고 오히려 서로를 제약한다. 이러한 형이상학적인 근본 통찰도 특히 상호인격적인 관계에서 밝혀지는 경험을 주제화하는 것이다. 그 때문에 존재론에 고유한 인식 방식은 개념적으로 대립되는 것을 통합할 수 있는 개념을 넘어서는 이성적 인식이다.

/참/ 고/ 문/ 헌/

[A]

Apel, Karl-Otto, "Das Problem einer philosophischen Theorie der Rationalitätstypen", in: H. Schnädelbach (Hg.), *Rationalität. Philosophische Beiträge*, Frankfurt a.M. 1984, 15~31.

__________, "Wittgenstein und Heidegger. Die Frage nach dem Sinn von Sein und der Sinnlosigkeitsverdacht gegen alle Metaphysik", in: *Phil. Jahrbuch* 75(1967/68), 56~94.

Ayer, Alfred Jules, *Die Hauptfragen der Philosophie*, München 1976.

__________, *Sprache, Wahrheit und Logik*, Stuttgart 1970.

Aristoteles' *Metaphysik*, griech.-dt. in der Übers, von H. Bonitz. Neu bearb. mit Einl. u. Komm, von H. Seidl, Hamburg (Halbd. 1) 1978 / (Halbd. 2) 1980.

[B]

Bakker, Anton, "Relatie als kommunikatie. Kritische beschouwing van de thomistische relatieleer", in: *Bijdragen* 29(1968), 259~287.

Baudry, Léon, *Lexique philosophique de Guillaume d'Ockham*, Paris 1958.

Beck, Heinrich, *Der Akt-Charakter des Seins*, München 1965.

Beierwaltes, Werner, *Identität und Differenz*, Frankfurt a.M. 1980.

Berger, Herman, *Op zoek naar identiteit. Het aristotelische substantiebegrip en de mogelijkheid van een hedendaagse metafysiek*, Nijmegen/Utrecht 1968.

Bocheński, I.M., *Grundriße der Logik* (übers, u. bearb. von A. Menne), Paderborn 1973.

Boros, Ladislaus, "Evolution und Metaphysik", in: *Orientierung* 25(1961), 237~241.

Breton, Stanislas, *L''esse in' et l''esse ad' dans la métaphysique de la relation*, Rom 1951.

Brugger, Walter, "Methode der Metaphysik und der Einzelwissenschaften", in: *Theologie und Philosophie* 43(1968), 1~17.

__________, *Summe einer philosophischen Gotteslehre*, München 1979.

__________, "Das Unbedingte in Kants 'Kritik der reinen Vernunft'", in: Joh. B. Lotz (Hg.), *Kant und die Scholastik heute*, Pullach 1955, 109~153.

Brunner, August, *Der Stufenbau der Welt. Ontologische Untersuchungen über Person, Leben, Stoff*, München/ Kempten 1950.

[C]

Carnap, Rudolf, *Scheinprobleme in der Philosophie. Das Fremdpsychische und der Realismusstreit*, Frankfurt a.M. 1966.

__________, "Überwindung der Metaphysik durch logische Analyse der Sprache", in: *Erkenntnis* 2(1931), 219~242;

"abgedruckt", in: G. Jánoska / F. Kauz (Hg.), *Metaphysik*, Darmstadt 1977, 50~78.

Casper, Bernhard, "Die Unfähigkeit zur Gottesfrage im positivistischen Denken", in: J. Ratzinger (Hg.), *Die Frage nach Gott*, Freiburg 1972.

Conrad-Martius, Hedwig, *Das Sein*, München 1957.

Coreth, Emerich, "Dialektik und Analogie des Seins. Zum Seinsproblem bei Hegel und in der Scholastik", in: *Scholastik* 26(1951), 57~86.

__________, "Identität und Differenz", in: Joh. B. Metz, u.a. (Hg.), *Gott in Welt. Festgabe für K. Rahner*, Bd. 1, Freiburg 1964, 158~187.

__________, *Metaphysik. Eine methodisch-systematische Grundlegung*, Insbruck ^{2}1964 / ^{3}1980.

Coreth, Emerich / Schöndorf, Harald, *Philosophie des 17. und 18. Jahrhunderts*, Stuttgart 1983.

[D]

Daly, C.B., "Metaphysics and the Limits of Language", in: I. Ramsey (Hg.), *Prospect for Metaphysics*, London 1961.

de Finance, Joseph, *Connaissance de l'être. Traité d'Ontologie*, Paris / Bruges 1966.

Delfggauw, Bernhard, *Teihard de Chardin und das Evolutionsproblem*, München 1966.

De Petter, D.M., *Begrip en werkelijkheid. Aan de overzijde van het conceptualisme*, Hilversum/Antwerpen 1964.

__________, *Naar het metafysische*, Antwerpen 1972.

de Vries, Josef, "Die Unvermeidlichkeit der Seinsaussage, erläutert an Kants 'Kritik der reinen Vernunft' ", in: N. Fischer, u.a. (Hg.), *Alte Fragen und neue Wege des Denkens. Festschrift für Josef Stallmach*, Bonn 1977, 125~133.

Diels, H. / Kranz, W., *Die Fragmente der Vorsokratiker*, 3 Bde., Berlin [10]1961.

[E]

Eigen, Manfred / Winkler, Ruthild, *Das Spiel. Naturgesetze steuern den Zufall*, München 1975.

Ettelt, Wilhelm, *Die Erkenntniskritik des Positivsmus und die Möglichkeit der Metaphysik*, Amsterdam 1979.

[F]

Fichte, Johann Gottlieb, "Grundlage der gesamten Wissenschaftslehre von 1794", in: R. Lauth / H. Jacob (Hg.), *J.G. Fichte - Gesamtausgabe* I, 2, Stuttgart / Bad Cannstatt 1965.

Fink, Eugen, *Zur ontologischen Frühgeschichte von Raum, Zeit und Bewegung*, Den Haag 1957.

Flasch, Kurt, *Die Metaphysik des Einen bei Nikolaus von Kues*, Leiden 1973.

__________, "Artikel 'Wesen' ", in: *Handbuch philosophischer Grundbegriffe*, München 1974, 1687~1693.

[G]

Geissler, Erich E., "Das Eine und das Viele. Eine Interprctationsstudie zu Schellings Identitätsphilosophie", in: *Scholastik* 39 (1964), 67~86.

Gesetzmäßigkeit und Zufall in der Natur, Würzburg 1968.

Gochet, Paul, "La nature du principe de contradiction", in: *Actes du 13ème Congr. Int. de Phil.*, Mexico 1963, Bd. 5, 469~489.

[H]

Haeffner, Gerd, *Heideggers Begriff der Metaphysik*, München ^{2}1981.

__________, *Philosophische Anthropologie*, Stuttgart 1982.

Haller, Rudolf, "Metaphysik und Sprache", in: P. Weingartner (Hg.), *Grundfragen der Wissenschaften und ihre Wurzel in der Metaphysik*, Salzburg/München 1967, 13~26.

Hartmann, Nicolai, *Teleologisches Denken*, Berlin 1951.

Hegel, Georg Wilhelm Friedrich, "Wissenschaft der Logik", in: G. Lasson(Hg.), *Sämtliche Werke* Bd. I~IV. Leipzig 1934.

Heidegger, Martin, *Einführung in die Metaphysik*, Tübingen ^{3}1966.

__________, "Der Satz der Identität", in: *Ders., Identität und Differenz*, Pfullingen 1957, 11~34.

Heimsoeth, Heinz, *Die sechs großen Themen der abendländischen Metaphysik und der Ausgang des Mittelalters*, Darmstadt ^{5}1965.

Henrici, Peter, "Die metaphysische Dimension des Faktums", in: G. Jánoska / F. Kauz (Hg.), *Metaphysik*, Darmstadt 1977, 370~377.

Henrich, Dieter, "Fichtes ursprüngliche Einsicht", in: *Subjektivität und Metaphysik. Festschrift für Wolfgang Cramer*, Frankfurt a.M. 1966, 188~232.

Hirschberger, Johannes, *Geschichte der Philosophie. Altertum und*

Mittelalter, Freiburg [11]1979.

Hörz, Herbert, *Zufall. Eine philosophische Untersuchung*, Berlin (Ost) 1980.

Holz, Harald, *Transzendentalphilosophie und Metaphysik*, Mainz 1966.

Holz, Harald, *Einführung in die Transzendentalpnilosophie*, Darmstadt 1973.

Holz, Harald, *System der Transzendentalphilosophie im Grundriß*, Bd. 1 und 2, Freiburg 1977.

Horváth, Alexander, *Metaphysik der Relationen*, Graz 1914.

Hume, David, *Ein Traktat über die menschliche Natur*, Hg. Th. Lipps, 2 Bde. Hamburg 1978.

Husserl, Edmund, *Philosophie als strenge Wissenschaft*, Frankfurt a.M. 1965.

[I]

Inciarte, Fernando, "Metaphysik und Verdinglichung. Zur sprachanalytischen Metaphysikkritik", in: *Phil. Jahrbuch* 85(1978), 19~41.

__________, "Sinnlosigkeit und Sein. Zur positivistischen Metaphysikkritik", in: *Phil. Jahrbucn* 79(1972), 320~334.

Ingarden, Roman, *Über die kausale Struktur der Welt*, Tübingen 1974.

[K]

Kant, Immanuel, *Kritik der reinen Vernunft*, Hg. R. Schmidt, Hamburg 1976.

__________, *Prolegomena zu einer jeden künftigen Metaphysik*, *die als Wissenschaft wird auftreten können*, Hg. K. Vorländer, Hamburg 1976.

Kaulbach, Friedrich, *Einführung in die Metaphysik*, Darmstadt 1972.

Keller, Albert, *Allgemeine Erkenntnistheorie*, Stuttgart 1982.

Kern, Walter, "Einneit-in-Mannigfaltigkeit", in: Joh. B. Metz, u.a. (Hg.), *Gott in Welt, Festgabe für K. Rahner*, Bd. 1, Freiburg 1964, 207~239.

Klubertanz, George P., *St. Thomas Aquinas on Analogy*, Chicago 1960.

Körner, Stephan, *Grundfragen der Philosophie*, München 1970.

Krampf, Wilhelm, *Die Metaphysik und ihre Gegner*, Meisenheim am Glau 1973.

Krempel, A., *La doctrine de la relation chez Saint Thomas; exposé historique et systématique*, Paris 1952.

Krings, Hermann, "Erkennen und Denken. Zur Struktur und Geschichte des transzendentalen Verfahrens in der Philosophie", in: *Phil. Jahrbuch* 86(1979), 1~15.

__________, *Fragen und Aufgaben der Ontologie*, Tübingen 1954.

__________, "Wie ist Analogie möglich?", in: Joh. B. Metz, u.a. (Hg.), *Gott in Welt. Festgabe für K. Rahner*, Bd. 1. Freiburg 1964, 97~110.

Küng, Guido, *Ontologie und logische Analyse der Sprache. Eine Untersuchung zur zeitgenössischen Univcrsaiienaiskussion*, Wien 1963.

[L]

Lauth, Reinhard, *Die Entstehung von Schellings Identitäts-*

philosophie in der Auseinandersetzung mit Fichtes Wissenschaftslehre (1795~1801), Freiburg 1975.

Liebrucks, Bruno, "Sprache und Metaphysik", in: G. Jänoska / F. Kauz (Hg.), *Metaphysik*, Darmstadt 1977, 190~212.

Lotz, Johannes B., *Die Identität von Geist und Sein. Eine historisch-systematische Untersuchung*, Roma 1972.

Lotz, Johannes B. (Hg.), *Kant und die Scholastik heute*, Pullach 1955.

Lotz, Johannes B., *Die transzendentale Erfahrung*, Freibure 1978.

Luyten, Norbert A. (Hg.), *Zufall, Freiheit, Vorsehung*, Freiburg 1975.

[M]

Marc, André, *Dialectique de l'affirmation. Essai de métaphysique réflexive*, Paris/Bruxelles 1952.

Maréchal, Joseph, *Le point de départ de la métaphysique. Cahier V.: Le thomisme devam la philosophie critique*, Bruxelles/Paris [2]1949.

Martin, Gottfried, *Einleitung in die allgemeine Metaphysik, Köln 1957*, Stuttgart, Reclam 1965.

__________, *Allgemeine Metaphysik. Ihre Probleme und ihre Methode*, Berlin 1965.

__________, *Platons Ideenlehre*, Berlin 1973.

Metaphysik, hg. von Jánoska, Georg, und Kauz, Franz, Darmstadt 1977.

Möller, Joseph, *Vom Bewußtsein zum Sein. Grundlegung einer Metaphysik*, Mainz 1962.

Möslang, Alois, *Finalität. Ihre Problematik in der Philosophie*

Nicolai Hartmanns, Freiburg/Schw. 1964.

Montagnes, B., *La doctrine de l'analogie de l'être d'après St.Thomas d'Aquin*, Paris/Louvain 1963.

Moody, Ernest A., "William of Ockham", in: P. Edwards(Hg.), *The Encyclopedia of Philosophy*, Bd. 8, New York/London 1967, 306~317.

Muck, Otto, "Metaphysische Erklärung als ganzheitliches Verfahren", in: *Akten des XIV. Internat. Kongresses für Philosophie*, Wien 1968, Bd. 2, 419~425.

__________, *Die transzendentale Methode der scholastischen Philosophie der Gegenwart*, Innsbruck 1964.

[N]

Nink, Caspar, *Zur Grundlegung der Metaphysik. Das Problem der Seins- und Gegenstandskonstitution*, Freiburg 1957.

__________, *Ontologie. Versuch einer Grundlegung*, Freiburg 1952.

[O]

Occam, Gullielmus de, *Opera Plurima*, Lyon 1494~1496 (Bd. III~IV: Super 4 Libros Sententiarum), Reprint 1962.

Oeing-Hanhoff, Ludger, "Sprache und Metaphysik", in: H.G. Gadamer (Hg.), *Das Problem der Sprache*, München 1967, 449~468.

[P]

Patzig, Günther, "Artikel 'Relation' ", in: *Handbuch philosophischer Grundbegriffe*, München 1973, 1220~1231.

Platon, Spätdialoge, *Eingeleitet von O. Gigon, übenragen von R. Rufener*, Bd. l, Zürich/Stuttgart 1965.

Przywara, Erich, *Analogia entis*, München 1932; erweiterter Text in: E. Przywara, *Schriften*, Bd. 3, Einsiedeln 1962.

[R]

Rahner, Karl, "Die Hominisation als theologische Frage", in: Paul Overhage / Karl Rahner, *Das Problem der Hominisation*, Freiburg 1961, 13~90.

Ramsey, Ian, *Prospect for Metaphysics. Essays of Metaphysical Exploration*, London 1961.

Ritter, Constantin, *Die Kerngedanken der platonischen Philosophie*, München 1931.

Röd, Wolfgang, "Über die Möglichkeit der Metaphysik unter den Bedingungen der Gegenwartsphilosophie", in: *Alle. Zeitschrift für Phil.* 1(1976) 3~18.

Rombach, Heinrich, *Substanz, System, Struktur. Die Ontologie des Funktionalismus und der philosophische Hintergrund der modernen Wissenschaft*, Freiburg/München 1965(Bd. l) / 1966(Bd. 2).

Ross, W.D., *Platon's Tneory of Ideas*, Oxford [5]1966.

[S]

Scheltens, D., "Het essentialisme van de scholastieke metafysiek", in: *Tijdschnft voor Filosofie* 30(1968), 325~339.

__________, "De Filosofie van P.D.M. De Petter", in: *Tijdschrift voor Filosofie* 33(1971), 439~506.

Scheuer, Pierre, "Notes de Métaphysique", in : *Nouvelle Revue*

Theologique 53(1926), 329~334, 447~451, 518~525.

Schulz, Walter, *Philosophie in der veränderten Welt*, Pfullingen 1972.

__________, *Wittgenstein. Die Negation der Philosophie*, Pfullingen 1967.

Shine, Daniel J., *An Interior Metaphysics. The Philosophical Synthesis of Pierre Scheuer SJ*, Weston 1966.

Siewerth, Gustav, *Der Thomismus als Identitätssystem*, Frankfurt a.M. ²1961.

Siewerth, Gustav, *Die Analogie des Seienden*, Einsiedeln 1965.

Spaemann, Robert / Löw, Reinhard, *Die Frage Wozu? Geschichte und Wiederentdeckung des teleologischen Denkens*, München 1981.

Spinoza, Baruch, *Die Ethik. Lat.-dt. Übersetzung: J. Stern, I. Rauthe-Welsch*, Stuttgart 1977.

Stallmach, Josef, *Dynamis und Energeia*, Meisenheim am Glan 1958.

Stegmaier, Werner, *Der Substanzbegriff der Metaphysik. Aristoteles, Descartes, Leibniz*, Tübingen 1974.

Stegmüller, Wolfgang, *Glauben, Wissen und Erkennen. Das Universalienproblem einst und jetzt*, Darmstadt ³1974.

__________, *Metaphysik, Skepsis, Wissenschaft*, Berlin/Heidelberg/New YorK ²1969.

__________ (Hg.), *Das Universalien-Problem*, Darmstadt 1978.

[T]

Takatura, Ando, *Metaphysics. A Critical Survey of its Meaning*, The Hague 1963, ²1974.

Teilhard de Chardin, Pierre, *Der Mensch im Kosmos* (Phénomène humain), München 1965.

Titze, Hans, *Der Kausalbegriff in Philosophie und Physik*, Meisenheim am Glan 1964.

Thomas von Aquin, *De ente et essentia. Das Seiende und das Wesen.* Lat.-dt. übersetzt und hg. von F.L. Beeretz, Stuttgart 1979.

__________, *Liber de Veritate Catholicae Fidei contra Errores Infidelium seu Summa contra Gentiles.* Hg. C. Pera/P. Marc/ D. Caramello, Turin/Rom 1961.

__________, *In duodecim libros Metaphysicorum Aristotelis expositio (Abkürzung: In Met)*, Hg. M.R. Cathala / R.M. Spiazzi, Turin/Rom 1950.

Tugendhat, Ernst, *Selbstbewußtsein und Selbstbestimmung*, Frankfurt a.M. 1979.

__________, "Die sprachanalytische Kritik der Ontologie", in: H.G. Gadamer(Hg.), *Das Problem der Sprache*, München 1967, 483~493.

[V]

van Leeuwen, A., "L'analogie de l'être. Genèse et contenue du concept d'analogie", in: *Revue néoscol. de phil.* 38(1936), 293~320, 469~496.

van Meisen, Andreas G.M., *Evolution und Philosophie*, Köln 1966.

Van Steenberehen, Fernand, *Ontologie*, Einsiedeln/Zürich/Köln 1953.

Vignaux, Paul, *Le Nominalisme au XIVe siècle*, Montréal 1948.

__________, "Nominalisme", in: A. Vacant / E. Mangenot / É.

Amann (Hg.), *Dictionnaire de théologie catholique*, Bd. 11/1, 1931, 717~784.

[W]

Wahl, Jean, *L'experience métapnysique*, Paris 1965.

Walsh, W.H., "Metaphysics, Nature of", in: P. Edwards (Hg.), *The Encyclopedia of Philosophy*, Bd. 5, New York / London 1967, 300~307.

Weingartner, Paul, "Der Gegenstandsbereich der Metaphysik", in: Thomas Michels (Hg.), *'Heuresis'. Festschrift für Andreas Rohracher*, Salzburg 1969, 102~140.

__________, "Das Problem des Gegenstandsbereiches in der Metaphysik", in: *Salzburger Jahrbuch für Phil.* XIX/1974, Salzburg 1974, 35~70.

__________ (Hg.), *Grundfragen der Wissenschaften und ihre Wurzel in der Metaphysik*, Salzburg/München 1967.

Weinrich, Harald, *Linguistik der Lüge*, Heidelberg ^{5}1974.

Weiss, Helene, *Kausalität und Zufall in der Philosophie des Aristoteles*, Darmstadt 1967.

Weissmahr, Béla, *Gottes Wirken in der Welt. Ein Diskussionsbeitrag zur Frage der Evolution und des Wunders*, Frankfurt a.M. 1973.

__________, *Philosophische Gotteslehre*, Stuttgart 1983.

Weizsäcker, Carl Friedrich von, *Zum Weltbild der Physik*, Stuttgart ^{11}1970.

Welte, Bernhard, "Zum Seinsbegriff des Thomas von Aquin", in: *Ders.: Auf der Spur des Ewigen*, Freiburg 1965, 185~198.

Wittgenstein, Ludwig, *Schriften* [Bd. 1]: Tractatus logico-philosophicus, Tagebücher 1914~1916, *Philosophische Untersuchungen*, Frankfurt a.M. 1960.

Wolff, Christian, *Gesammelte Werke, 2. Abt. Lateinische Schriften*, Bd. 3: *Philosophia prima sive Ontologia*. Hg. von J. École, Hildesheim 1962.

/내/ 용/ 색/ 인/

[ㅊ]

[ㅌ]

[ㅍ]

/인/ 명/ 색/ 인/

[ㅋ]

[ㅌ]

[ㅍ]

[ㅎ]

바이스마르의 존재론

일반 형이상학 또는 근본적 형이상학

제1판 제1쇄 펴낸날 • 2023년 4월 10일

지은이 • 벨라 바이스마르
옮긴이 • 김형수
펴낸이 • 원종철
펴낸곳 • 가톨릭대학교출판부

주소 • 03083 서울시 종로구 창경궁로 296-12
전화 • 02-740-9718
전송 • 02-745-9793
전자우편 • cukpress@catholic.ac.kr
홈페이지 • http://press.catholic.ac.kr
인쇄제작 • 재영아트
등록번호 • 제300-1989-1호(1989년 1월 13일)

ISBN 978-89-7108-362-8 93110

값 19,000원